区块链新时代：赋能金融场景

The New Era of Blockchain: Empowering Financial Scenes

巴曙松　朱元倩　乔若羽　王　珂　著

科 学 出 版 社

北　京

内容简介

本书从区块链技术的相关概念和基础知识入手，分别探讨了区块链技术在贷款技术、证券交易、资产管理、供应链金融、票据业务、财产权登记、大宗商品交易、保险领域、跨境支付、征信行业和数字货币这11个金融场景中的应用，在分析各金融场景目前面临的困境和难点的基础上，从理论分析的角度论证了区块链技术对其带来的优势和改进，以案例的形式展现了区块链技术在该金融场景中的应用，并对未来区块链在该领域的应用进行展望和评述。

本书是面向大众介绍区块链技术在金融领域的应用的通俗读本，可供有兴趣了解区块链技术、未来金融、未来财富的人阅读参考。

图书在版编目(CIP)数据

区块链新时代：赋能金融场景 / 巴曙松等著. — 北京：科学出版社，2019.8（2019.11 重印）

ISBN 978-7-03-061068-3

Ⅰ.①区… Ⅱ.①巴… Ⅲ.①电子商务-支付方式-研究 Ⅳ.①F713.361.3

中国版本图书馆 CIP 数据核字（2019）第 074375 号

责任编辑：张 展 叶苏苏 / 责任校对：彭 映

责任印制：罗 科 / 封面设计：墨创文化

科学出版社出版

北京东黄城根北街16号

邮政编码：100717

http://www.sciencep.com

四川煤田地质制图印刷厂印刷

科学出版社发行 各地新华书店经销

*

2019年8月第 一 版 开本：B5（720×1000）

2019年11月第二次印刷 印张：19 3/4

字数：330 000

定价：78.00 元

（如有印装质量问题，我社负责调换）

序 言

拥抱智能时代，在未知中寻找确定

2016 年的初秋，我邀请巴曙松教授参加了创新工场的年度峰会，与郭台铭先生等一起，共同讨论中国创投的新方向。我们均认同人工智能正步入黄金时代，这一浪潮有机会重新定义未来人类工作的意义以及财富的创造方式，带来前所未有的经济重塑。彼时，我们和众多的与会人员，甚至当时的开发者和研究者，都难以确切地料到，在此后一年多的时间里，随着数字货币的风起云涌，特别是比特币价格过山车式的大幅涨跌，区块链技术以如此广受关注的姿态闯进公众的视野。时至今日，尽管比特币的狂欢逐渐落幕，其背后的底层技术——区块链已成为信息化领域的前沿技术。在巴曙松教授组织的许多专题电话会议和网上讨论中，有不少就是以区块链和人工智能为主题的。

从技术本质去理解价值，推演未来可能的业务和应用，是另一种视角。所以当新技术出现的时候，我会用较宽容的态度打量这门技术是否拥有此前技术无法达成的能力。我相信区块链技术带来了一些特别的东西，一些前所未有的东西，但区块链技术目前也有明显的局限和不确定性。

区块链技术可以使业务“自证清白”

区块链科技是计算机科学领域中更为底层、更为硬核的部分，是分布式网络系统，是密码学，也是安全算法和协议。它要打造一套全新的计算架构，基于对等(peer-to-peer，P2P)网络通信架构，用共识算法，实现在线业务计算逻辑的去中心运作和执行。区块链技术最早以加密数字货币的形态被大家认知，试图用货币发行原则，打造一个全球货币系统。这个项目最早从密码朋克圈子开始，逐渐拓展影响到极客社区、计算机工程师、风险投资家，一直到现在更大范围的互联网业务经营者，到传统金融机构乃至世界上一部分国家和地区，只用了 10 年时间。

2018 年夏天有个叫做 Fomo3D 的区块链游戏。游戏规则非常简单：玩家以递增的价格买钥匙，如果一段时间内无人买钥匙则游戏停止。最后一个钥匙买家赢得沉淀资金的一半，另一半资金均价回购所有的钥匙。没错，这就是一个典型的庞氏游戏，游戏说明也没有任何包装遮掩，而是直白的规则描述，项目方完全匿名，没有任何背景可查，分分钟准备“跑路”的样子。在互联网世界里，没有人会相信这样的游戏模式是成立的，因为没有人会相信你宣称的规则会被严格执行。但在区块链的世界里，游戏就在这样一个完全没有信任背书的情况下开始了。无数的玩家参与，非常火爆，甚至严重阻塞了区块链网络的正常吞吐，首轮结束时瓜分了价值 298 万美元等值的以太币。整个游戏过程中，之前约定的所有规则都被严格执行了，没有任何意外。

这就是区块链技术的核心价值之一：区块链系统是一个规则透明、规则不可篡改并保证严格执行的系统，在全部业务信息可形式化的范畴内，让这个信息服务系统可以“自证清白”。这是此前其他技术都不曾具备的“信任共识”特质。“信任”是有价值的。

区块链技术能搭建信任共识，得益于其在计算架构上的本质突破。目前通用的计算模型是 1945 年冯·诺伊曼提出的，假设计算过程始终在一个固定的计算设备上完成，计算系统有统一控制者。这个系统的控制者只要预防好黑客，控制者本人就可以完全信赖系统了。而其他人对这个系统则没有信任的依据，系统控制者也无法向第三方证明系统是可信的，即使开源了也不行，即使用上了可信计算环境技术也没什么本质帮助。区块链技术将这个计算架构进一步拓展，将计算过程同特定的物理计算设备分离。计算过程的实际步骤在全球不同的不可预知的计算设备(节点)上完成，同时通信没有一个固定接入点不依赖于特定 IP 地址。这从根本上避免计算过程被单一控制方掌控的可能，并且计算过程无法被篡改，也很难被阻止，从而让所有人都可以信赖这个计算系统及其产生的结果。

仍有数个核心问题需要解决

但区块链技术不是万能的，能够“自证清白”地运行是有前提的。它依赖于相关业务的信息必须能够被形式化并体现在系统内部，其涉及的规则和业务状态能够被完整地形式化，否则就是“忽悠”了。而且目前的区块链技术并非完美。为脱离对特定的计算设备的绑定，区块链技术在性能上付出了很大的代价。在不同的节点上间歇完成计算步骤，需要每个节点都准备好计算所需要的上下文和输入数据。在一个计算步骤完成之后，需要每一个节点都同步，并更新上下文。期间涉及大量的冗余信息传递、存储和相应的计算。

区块链技术创造了一个可被任一第三方信赖的计算范式，我相信未来一定还会有更多优秀团队改进这一设计，提升其性能和容量。创新工场的团队 2019 年也刚刚在国际网络系统顶级会议 NSDI[①]2019 上发表了一篇关于区块链全分片架构的论文，给出了可伸缩高性能区块链的优化方案。

所以我们在拥抱区块链之前，需要解决几个核心的问题。这些问题正如巴曙松教授在该书开篇中所提出的：PoW（proof of work，工作量证明）带来的算力消耗问题尚无完美的解决方案；币链的捆绑仍然过紧，与加密货币完全脱钩的区块链应用尚未出现；统一而灵活的监管尚未明确，统一的行业标准有待制定，等等。正是由于这些不确定性，区块链还在被证明的路上，需要理论创新和产业应用的进一步突破，这需要在加强应用的不断试错中，找到更优的发展路径。根据麦特卡尔夫定律，对于区块链这样一种共享性、协议式、需要大规模社会协作参与的颠覆性技术，只有加快应用落地，吸引更多的客户、获取更大范围的认可和使用，才能形成“收益

① USENIX Symposium on Networked Systems Design and Implementation（高等计算机系统协会网络系统设计与实现研讨会），是国际计算机网络顶级学术会议之一，专注于网络和分布式系统的设计原则、实现和实际评估，2019 年的第 16 届会议在美国马萨诸塞州波士顿举办。

递增”的良性循环，真正体现出各自的价值。

信任机制是金融活动的基石

在数据为王的时代，金融领域正在成为创新技术尝试和运用的沃土。从数据量来看，金融作为数字化程度极高的行业，无论是贷款、保险还是投资，都具有高质量的大数据及客观正确的标注成果，各细分市场清晰且不跨界。从技术转化来看，金融行业距离资本较近，容易产生商业价值，利于技术的经济转化和价值提升。具体到区块链技术而言，区块链与金融具有天然的耦合性，从该书的梳理中清晰可见，诞生于金融危机的背景、首个成熟的应用就是比特币这类数字加密货币。以价值传递重构信用机制这一金融活动的基石，区块链在创造价值阶段最有希望首先敲开的是金融的大门。因此，面对复杂多样的金融产品、规模巨大的金融市场，区块链必然会在该领域不断尝试并衍生出大量的投资机会。我相信这也是巴曙松教授选择区块链的金融场景作为该书研究主题的重要原因。

就像巴曙松教授在该书回溯 2000 年互联网泡沫历史时总结的，泡沫的破灭让人们开始真正反思互联网的应用价值，促使其发展回归到自身的商业化上来，而与此同时，一批真正伟大的互联网公司的种子，也就在那个时候种下了。讨论区块链，我们可能也同样需要抛开比特币的短期大幅涨跌，从不确定性中找出确定性的趋势，在未知中寻找已知。从技术的本质来看，区块链实现了信息的可信传递，这种不可篡改的安全性有望在未来发挥重要作用。

目前，区块链领域正处于从“概念阶段”到“开始应用”的技术拐点，距离“规模化普及”和“很好用”还有诸多瓶颈，这无疑可能引发巨大的争议。布道者对其推崇备至、批评者驳斥其一无是处，鱼龙混杂的市场信息令大众莫衷一是，也可能会阻碍大量投资者和创业者的步伐。在这样一个充满各种分歧与争议的时代，该书从应用场景的现状和趋势出发，从金融传统业务的痛点切入，落脚在一个个具有生命力的项目案例上，以期探索技术可行性约束下区块链技术的赋能空间，无疑具有积极意义。

与其犹豫不前，不如积极拥抱，迎接智能时代的冲击；

与其舔舐恐惧，不如踏出脚步，驾驭智能时代的巨变。

对于未来的世界，最大的不变就是变化本身。智能时代已经来临，未来会有更多美妙的技术纷至沓来。或许多年后我们回望这个时代，会发现巴曙松教授这本新书介绍的区块链技术和金融应用场景，也是通往智能时代的基石。

李開復

创新工场董事长兼 CEO

2019 年 5 月 8 日

目　录

区块链在金融领域的发展简述

近年来，金融科技的发展非常迅速，成为广大学者关注与热议的话题。金融科技以技术为驱动，以数据为依托，通过将金融与科技深度融合，有望创新和颠覆传统金融模式和业务，为企业和个人提供一系列全新的服务。而区块链(blockchain)作为全球金融科技领域备受关注的核心技术之一，亦成为全球各大监管机构、金融机构及商业机构等争相讨论的对象。自2015年以来，全球主流金融机构纷纷开始布局区块链，如高盛(Goldman Sachs)、摩根大通(JPMorgan Chase & Co.)、瑞银集团(Union Bank of Switzerland)等银行业巨头分别成立各自的区块链实验室，发布区块链研究报告或申请区块链专利，并参与投资区块链初创公司[1]。在国内，以京东、腾讯为代表的互联网企业以及各个金融机构也积极投入区块链技术研发和应用推广，区块链在金融领域的发展势头迅猛。“区块链+金融”的研究和应用正在世界范围内如火如荼地展开[2]。

一、区块链的基本技术

区块链的概念和理念由比特币的创始人中本聪(Satoshi Nakamoto)首次提出，作为比特币等多种数字货币的底层技术，区块链依靠分布式数据存储、去中心化数据传输、加密算法等技术创造了独特的新模式，将一个个区块以链式结构连接，构成一个分布式的共享账本。在这个账本中，由共识算法来决定记账者，由密码学签名和哈希算法保证账本中的交易不可篡改，由时间戳和哈希函数保证区块间的链接不可篡改。可见区块链技术并不是一种新的技术，而是P2P网络、共识算法、非对称加密等技术的新型组合。自2009年问世以来受到了广泛关注，区块链技术革命性地解决了“拜占庭将军问题”，具有不可篡改、可追溯等安全特性，为我们提供了一种不同于以往的信用创造机制。

区块链有多种分类方式，根据开放程度划分，可分为公有链、联盟链和私有链[3]。如表1.1所示，公有链没有准入要求，是一种完全去中心化的、不受任何机构控制的区块链。在公有链中，网络节点可以自由加入、退出、保存和参与更新公共账簿，并就公共账簿更新达成一致。联盟链是多中心结构，只对联盟成员开放，参与用户需要事先经过审查和授权，联盟成员共同保存、更新和维护公共账簿。私有链更像是一种中心化系统，一般由一家机构负责管理整个区块链，在用户准入、共识规则和更新账簿等问题上享有控制权，该机构与各节点之间是隶属或者合作关系，因此一般不需要激励机制。

表1.1 公有链、联盟链、私有链的比较

	公有链	联盟链	私有链
参与者	所有人	联盟成员	个体或公司内部
共识机制	PoW/PoS/DPoS①	改进后的分布式一致性算法	分布式一致性算法
记账人	所有参与者	联盟成员协商	自定义
激励机制	需要	可选	不需要
中心化程度	去中心化	多中心化	中心化
突出特点	信用的自建立	效率和成本优化	透明和可追溯
承载能力	3～20笔/秒	1000～10000笔/秒	1000～100000笔/秒
典型场景	数字货币	支付结算	发行、审计

资料来源：作者整理

① PoS: proof of stake，权益证明。DPoS: delegated proof of stake，委托授权证明。具体解释见本章第三部分。

根据独立程度划分，区块链还可以分为主链和侧链。主链是指正式上线的、独立的区块链网络。侧链并不特指某个区块链，而是遵守侧链协议的所有区块链的统称。侧链的技术基础是双向锚定技术，双向锚定技术可以暂时将数字资产在主链中锁定，同时将等价的数字资产在侧链中释放；同样，当等价的数字资产在侧链中被锁定的时候，主链的数字资产也可以被释放，从而实现数字货币在主链和侧链之间价值“转移”。侧链的概念是相对主链而言的，所有符合侧链协议的区块链，如比特币区块链、以太坊区块链等都可以成为侧链。需要注意的是，侧链本身也可以理解为一条主链。而如果一条主链符合侧链协议，它也可以被称为侧链。如图 1.1 所示，主链和侧链彼此之间都是独立运转的系统，但彼此又互通有无。

图 1.1　主链和侧链的联系

资料来源：https://www.jianshu.com/p/422741d61181[2019-02-12]

如图 1.2 所示，区块链系统自下而上可分为数据层、网络层、共识层、激励层、合约层及应用层[4]。数据层封装了数据区块、非对称加密、Merkle 树和时间戳等技术；网络层包括了 P2P 网络、传播机制和验证机制；共识层包含各种共识算法，如 PoW、PoS 等；激励层包括数字货币的发行机制和分配机制；合约层主要有脚本代码、算法机制和智能合约；应用层则是区块链的各种应用场景。

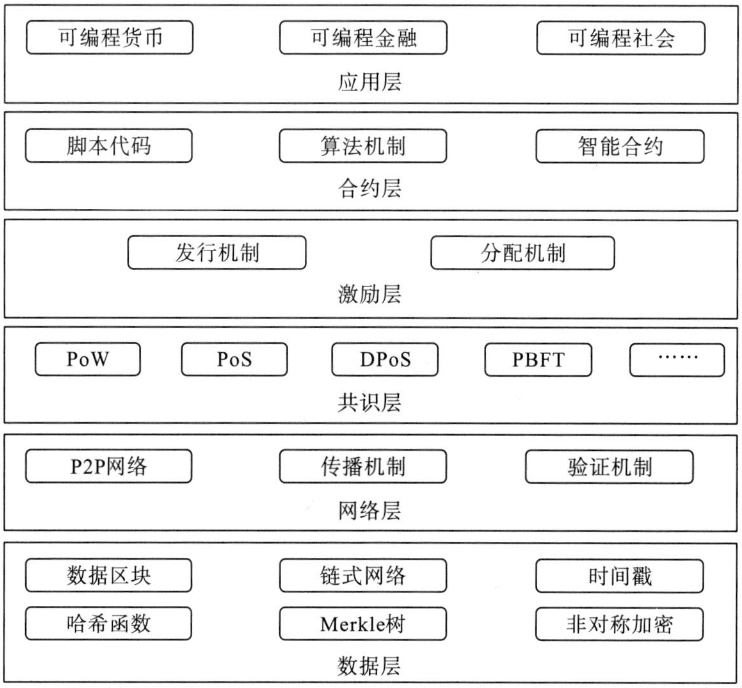

图 1.2　区块链技术的架构层

PBFT：practical Byzantine fault tolerance，实用拜占庭容错

(一)数据层——保证数据不可篡改

数据层包含哈希函数、Merkle 树、非对称加密等众多底层技术，实现了数据存储和交易安全两个功能。数据的连续分布式存储主要依靠 Merkle 树和时间戳技术来实现，交易安全则由数字签名、哈希函数和非对称加密等多种密码学算法和技术来确保，保证了交易在没有中心信任节点的情况下可以安全地进行[5]。

1. 时间戳

时间戳是一种能够表示一份数据在一个特定时间点已经存在的技术。它为用户提供一份电子证据，以证明用户的特定数据产生的准确时间。通过时间戳可以确保数据存储时的连续性、完整性和不可修改。每一笔数据登记后形成一个数据块，每一块数据在存储时都会引用上一块数据的哈希值，并盖上当前存储的时间戳，这三种数据信息一并储存，按时间串成链，就构成了不可逆向修改的“数据链”。

2. 哈希函数

哈希算法(图 1.3)是信息技术领域的核心技术，它实际是一种压缩映射，可以把任意长度的数据转化成固定长度为 128 位的二进制值，即哈希值，其优点如下。

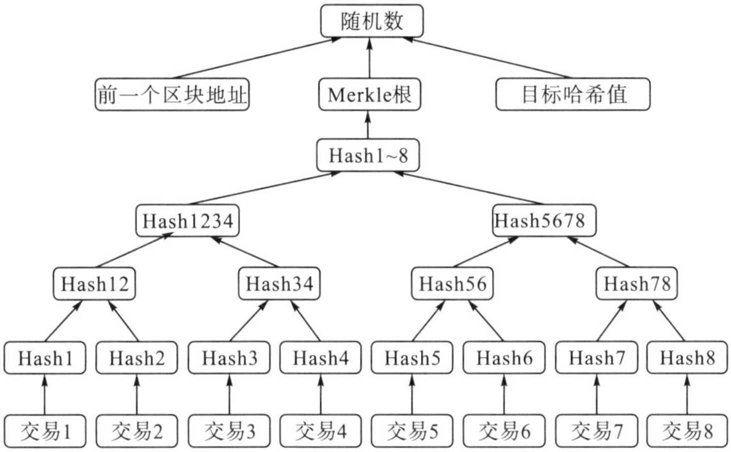

图 1.3 哈希算法结构图

1) 哈希函数运算是不可逆的，即 A 经由哈希运算生成 B，而由 B 无法推出 A，即保证了数据的隐秘性。

2) 输入值即使只相差一个字符，输出值也会千差万别，即保证了数据的不可预测性。

3) 哈希函数会将任意大小的字符串在一个固定长度的时间内生成一个固定长度的输出值，即哈希值，比如“hello world”和“how are you”虽然哈希值不一样，但是它们的哈希值长度是一样的，而且其哈希运算的时间是一样的，即保证了数据的可控性。

3. Merkle 树

Merkle 树是一种二叉树，由 Merkle 根节点、一组中间节点和一组叶节点组成。最下面的叶节点包含存储数据或其哈希值，每个中间节点是它的两个子节点内容的哈希值，根节点也是由它的两个子节点内容的哈希值组成。Merkle 树的特点是，底层数据的任何变动都会传递到其父节点，一直到树根。

假设A收到B传过来的文件，A需要确认文件是否正确或者文件是否损坏。A可以对文件进行一次哈希运算，然后和B给的哈希值相比较，从而就可以知道文件有无损坏。但是如果文件达到几个 GB，为了保证文件传输的效率和稳定性需要把这个文件分成很多小的数据块进行传输，如果一一对照每个数据块的哈希值将是一个很大的工作量，这时Merkle树的作用就体现出来了。如图1.4所示，交易经过两两哈希运算，可以得到 Merkle 根，在实际应用中，我们只要确保获取一个正确的Merkle根，再计算比较文件的Merkle根，就可以清楚是否接收了正确的文件。

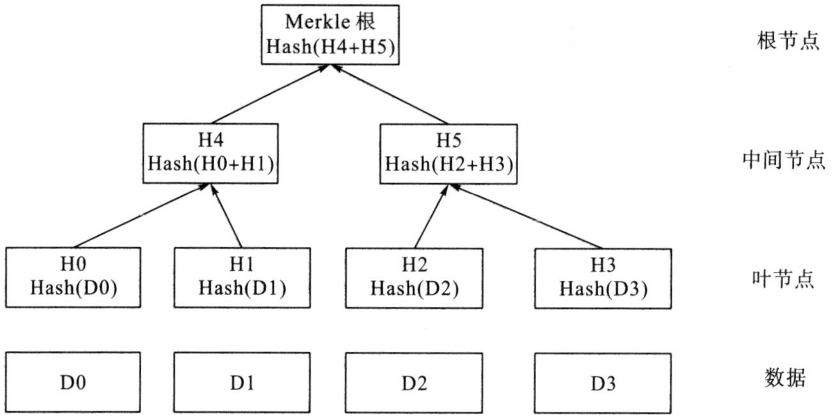

图1.4　Merkle树的机制

资料来源：邹均，张海宁，唐屹，等. 区块链技术指南[M]. 北京：机械工业出版社, 2016

4. 非对称加密

非对称加密算法是为确保交易安全的进一步加密机制[6]。如图1.5所示，非对称加密过程会使用公钥和私钥两个非对称的密码。非对称密钥对具有两个特点：一是公钥和私钥是一一对应的关系；二是私钥是必须保密的，无法通过公钥推算出相应的私钥。非对称加密技术主要应用在以下场景。

1）信息加密场景：假设 A 给 B 发送一个信息，A 可以使用 B 的公钥对信息加密后再发送给 B，B 利用自己的私钥可以破解这个信息。

2）数字签名场景：A 也可以使用自己的私钥对信息加密后再发送给 B，B 使用A的公钥可以破解这个信息。

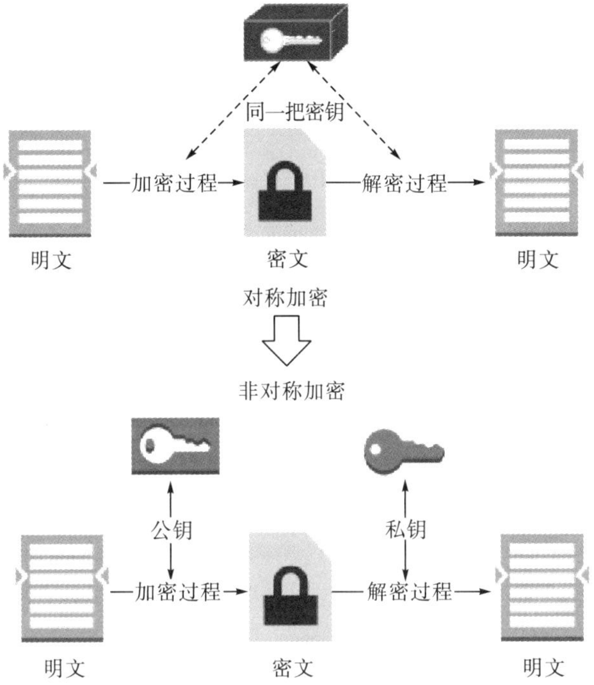

图 1.5　非对称加密技术的机制

3) 登录认证场景：类似于数字签名场景，客户端使用私钥对登录信息加密后发送给服务器，服务器使用这个客户端的公钥进行解密并认证登录信息。

(二) 网络层——点对点共享数据

网络层包括 P2P 网络、传播机制等，参与交易的海量用户时时刻刻都在交易，没有了中介，该如何有效记录和有序管理以达到传递和共享呢？P2P 技术可以有效解决这个问题。如图 1.6 所示，全网所有节点在产生新的信息后，在第一时间就通过 P2P 网络将新信息分发给其他各节点，其他节点先对接收到的新消息缓存，达到一定数量后，每个节点会分别把这些信息打包成块(区块)，再盖上时间戳，通过后块引用前块哈希值的方式串在一起，就形成了区块链。

P2P 保证了区块链的去中心化特性。每个节点均享有竞争开发新区块的权利并肩负着验证区块的有效性、发布新节点、维持更新区块链数据等义务。P2P 网络也进一步增强了区块链的容错性，区块链网络受到攻击后，只要有一个节点正常运行，就可以恢复区块链主链的全部数据。

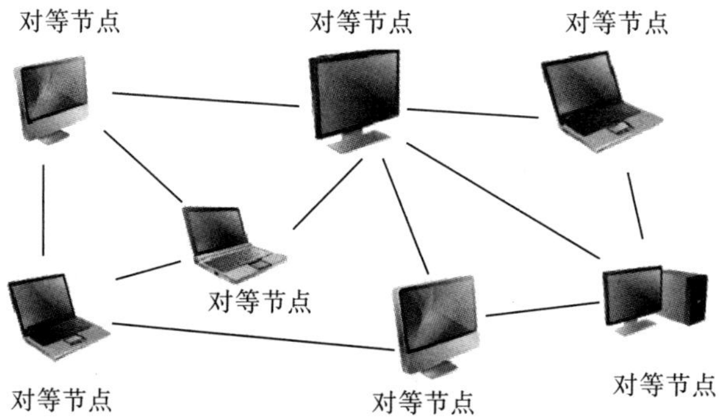

图 1.6　P2P 传递机制

(三)共识层——达成共识、避免诈骗

共识层主要封装网络节点的各类共识算法，是区块链技术的核心，主要是为了促进在没有中心控制的分布式系统中，彼此没有信任基础的个体之间就交易的合法性等高效地达成共识，链上的信息都是经过各方共识认证的，所以可以确保链上信息的真实有效，而且共识机制的协议可以确保主链总是随着大众的共识而更新。此外，共识机制还可以防止双花攻击(一笔钱花费两次)，由于每一笔消费都需要各方确认，从根源上解决了双花攻击的问题。

目前已经有不少共识算法模型，最为著名的分布式共识机制是 PoW，由中本聪在 2008 年末创建比特币时首创，但是 PoW 算法存在高耗能、低效率等缺陷，后人针对算法机制进行了改进，相继研究出 PoS、DPoS 及 PBFT 等算法。

(四)激励层——奖励机制

数据层、网络层、共识层都是研究区块链底层技术的，而激励层将经济因素融入区块链技术体系，包括经济激励的发行机制和分配机制等，这主要体现在公有链中。在公有链中没有中心节点，所以需要奖励机制来鼓励遵守规则的记账节点，同时惩罚恶意破坏规则的节点，进而保证区块链系统可以良性发展。而在私有链当中，不需要激励，因为参与记账的节点往往是在链外完成了博弈，通过强制力或自愿要求参与记账。

(五)合约层——算法执行

合约层封装区块链系统的脚本代码、算法以及衍生出的更为智能化的智能合约。基于以上的讨论，数据层、网络层和共识层分别承担数据表示、数据传播和数据验证功能，合约层则是建立在区块链上的商业逻辑和算法，是实现区块链系统可编程化和可操作性的基石。

1. 脚本

脚本是区块链实现自动验证、自动执行合约的一种非常重要的技术。交易的合法性验证是依赖于脚本的。一般分为两类脚本：锁定脚本与解锁脚本。锁定脚本是在输出交易上加上条件，只有满足脚本要求的条件，才能获取这个脚本上对应的资产。解锁脚本与锁定脚本相对应，需要满足锁定脚本要求的条件，才能花掉这个脚本上相应的资产。比特币的脚本机制比较简单，而以太坊的脚本机制是一套支持脚本的图灵完备语言。

2. 智能合约

智能合约是一个由计算机处理的、可执行合约条款的交易协议，其目标是能够满足特定的合约条件(支付、抵押、保密等)并尽量减小恶意攻击或意外事件发生的可能性，以及去中心化。智能合约高效的实时更新、准确的执行、较低的人为干预、去中心化及低成本等优点已经被广泛认可。

(六)应用层

以比特币为代表的可编程货币标志着区块链 1.0 时代的来临，具有智能合约的以太坊区块链标志着区块链 2.0 时代的来临，区块链 2.0 是可编程金融，是经济、市场和金融领域的区块链应用，本书将介绍区块链技术在 11 个金融场景的应用。区块链 3.0 时代会迈进以 EOS（Enterprise Operation System，为商用分布式应用设计的一款区块链操作系统）为代表的可编程社会。EOS 是一种新的区块链架构，旨在实现分布式应用的性能扩展，构造一个全球性的分布式记账系统，它不仅能够记录金融业的交易，而且几乎可以记录任何有价值的能以代码形式进行表达的事物。

应用层封装了区块链的各种应用场景和案例，如基于区块链的跨境支付平台。这个层面与电脑上的应用程序、浏览器上的门户网站、搜索引擎、电子商城或是手机端上的 App 很相似，将区块链技术应用部署在以太坊、EOS 等系统上并在现实中落地，成为大众可以真正直接使用的产品[7]。

图 1.7 所示为区块链基于上述技术的交易流程：一笔新的交易产生后，这笔交易会通过 P2P 网络在全网传播，所有节点会争取这笔交易的记账权(开发新区块的权利)。基于公平的原则，由区块链的共识机制负责给节点出题，节点按照该种共识机制的规则进行复杂的数学运算，最先求解的节点可以最先获取记账权，即可以产生一个待接入主链的新区块，如图 1.8 所示，这个区块包括区块头和区块体两个部分，区块头包含了“Merkle 根值”“前一区块地址”“时间戳”等信息；区块体包含了交易的信息，这些交易通过哈希函数运算可生成区块头中的 Merkle 根值[8]。

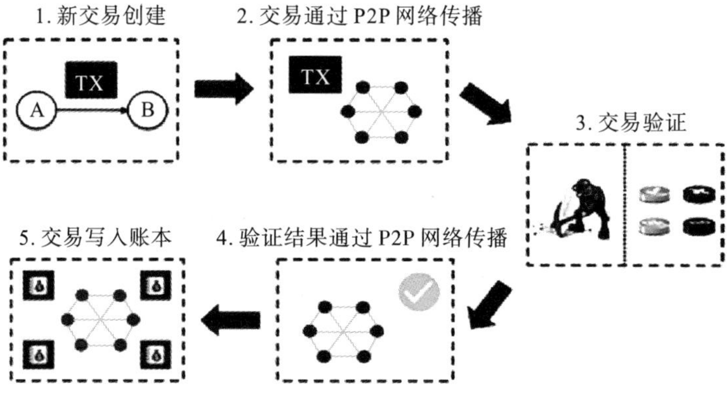

图 1.7 区块链上交易的流程

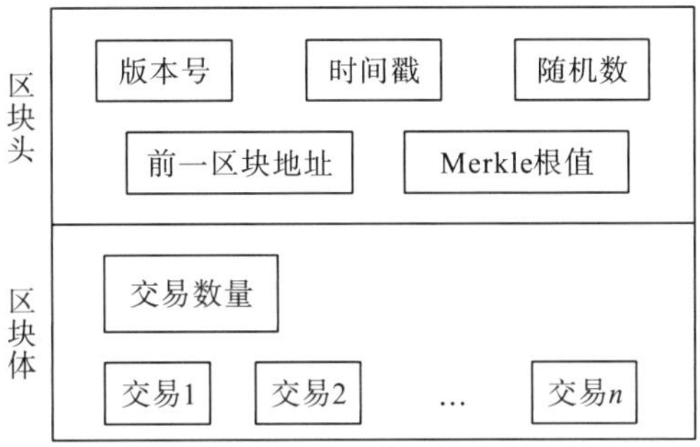

图 1.8　区块的构成

新的区块被盖上时间戳后发送给其他节点进行验证，其他节点通过验证该区块中以下三项信息的有效性，来决定是否接受该区块：第一步，需要核对该节点关于复杂运算所求出的解是否正确；第二步，需要核对前一区块的有效性，即新区块中的“前一区块地址”和该节点所保存的区块链中的最后一个区块地址是否相同；第三步，确认本笔交易的有效性，如确认区块中的每笔交易信息里是否包含支付款的来源、付款方的余额是否充足等。若其他多数节点均证实这三点均满足，则新的区块可以连接到区块链上。

如前所示，依靠分布式数据存储、P2P 网络、非对称加密算法等技术将区块以链式结构连接，构成一个分布式的共享账本。在这个账本中，由共识算法来决定记账者，由数字签名和哈希算法保证账本中的交易安全，由时间戳和哈希函数保证区块链上的信息可以追溯源头，可见区块链技术并不是一种新的技术，而是 P2P 网络、共识算法、非对称加密等技术的新型组合[9]。

二、区块链的技术优势

相对于传统的互联网技术和金融基础设施架构，区块链技术凭借其具备高容错性的分布式数据库、现代密码学技术和点对点的 P2P 网络，可从底层技术基础上解决金融业的信任问题，具有多项变革性的优势。随着大家对区块链技术的关注度不断提高，其天然具备的技术优势正成为金融服务领域广泛关注的焦点。

一是去中心化。与传统中心式记账网络系统对比，分布式数据库和点对点交易实现的去中心化是区块链技术的本质特点。第一代互联网的数据库管理模式均是中心化记录和储存，政府等权威部门和拥有庞大用户基础的大型机构掌握中央处理节点，集中资源和数据实现单点控制，进行权威背书。而区块链技术颠覆了对中心和权威的依赖，不再设置中心化的管理机构，如图 1.9 所示，通过分布式 P2P 的网络结构，实现各节点同级平等，都享有争取开发新区块的权利以及验证区块有效性、维持区块链数据更新的义务。全网各节点共同维护数据账本，有效避免了传统中心化系统中的服务器超载、管理者失职、单点故障与攻击、单点腐败等风险。

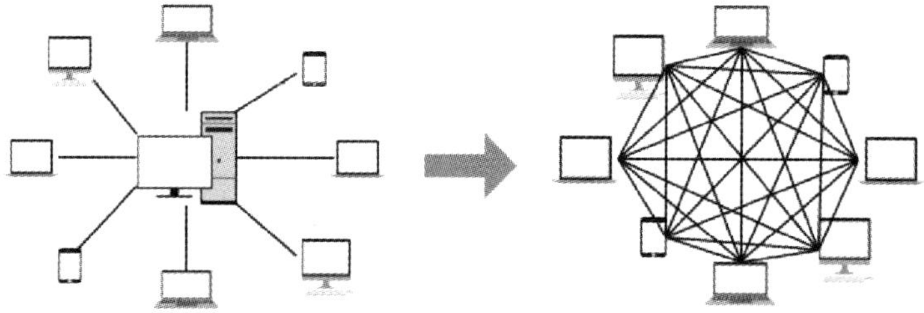

图 1.9　区块链去中心化的实现

二是去信任化。区块链通过共识机制重构了信用范式。与去中心化特征紧密相连，区块链以技术规则加持信用，经共识算法实现自我约束，在很大程度上取代了传统的信用建立方式，构建了点对点之间的信任关系。从而，系统的所有节点都能在“去信任”的环境下自动安全地交换数据，无须任何人为干预。传统的互联网模式通过权威的中央节点或第三方机构进行信息验证和信用积累，而区块链包含的大量网络节点之间通过各种加密技术和数学算法进行工作量的证明，进而达成共识，依靠预定的算法规则、完整可靠的数据库和非对称加密技术完成了信用背书。这种自证其信的信用范式，极大地降低了信任成本。

三是可编程性。开源技术架构和智能合约使得区块链具有极大的扩展性。通过事先写入程序，可将广泛的指令嵌入区块链，即通过脚本编程为链上交易设置条件，当条件被触发，系统就会自动执行程序，可保证交易活动的自动性和完整性。智能化和可编程的特征拓展了区块链的应用范围与创新维度，从而满足了复杂场景的业务需求。

四是高安全性。区块链的加密机制和去中心化的节点分布共同保障了系统的安全可靠。首先，区块链采用的哈希函数和非对称加密技术是最前沿的密码学手段，当前很难破解，从技术上保障了安全性；其次，分布式记账的链条下，每个节点都备份了数据和信息，在防止单点故障的同时，单个节点除非控制51%的算力才能进行数据篡改，但在实际中为发动51%攻击所耗费的算力成本往往远大于收益，进而有效防止了黑客攻击风险。

五是匿名性。区块链通过非对称加密技术实现了透明数据后的匿名性，可保护个人隐私。其密码学原理如图 1.5 所示，传统的对称加密算法在加密和解密时都使用同一把密钥，交易各方需预先进行密钥协商；而区块链所采用的非对称加密机制则是使用“密钥对”，其中公钥和私钥成对出现，发送方使用公钥进行加密，接收方通过配对的私钥解密和签名，双方无须公开身份来获取对方的信任。公钥无法推算出私钥，后者也就代表了交易方的身份，也代表其账户里面的资产所有权，由此形成了相关的密码机制的保护与确权。

三、区块链的技术短板

尽管区块链技术具备诸多优点，但是在区块链技术的发展过程中存在的一些问题暴露出区块链技术的短板，如 PoW 共识算法会耗费大量能源、智能合约的去人为干涉性导致遇到攻击无法及时弥补损失、P2P 方式下存储和交易效率受到一定的限制等，区块链技术仍亟待完善。

（一）共识算法需突破耗能的瓶颈

首先，比特币区块链是最初的公有链，但是其采用的 PoW 共识算法会导致中心化并耗费大量能源。在 PoW 算法的要求下，矿工需要把新生成的交易记录到一个区块，以交易信息为输入计算出一个 Merkle 根值，将 Merkle 根值与前一个区块的地址、时间戳等信息装入区块头，以区块头为输入不断遍历来寻找一个随机数，使得随机数与区块头中的其他信息进行哈希运算后小于一定难度条件的目标值，如果可以最先找到一个满足难度条件的随机数，就会获得开发一个新区块的权利。PoW 算法的最初目的是通过消耗一定的算力在一定程度上增加入侵者攻击的成本，降低系统被入侵的可能。根据比特币区块链的规则，如果新开发一个区块会有相应的比特币奖励，而能否开发出一个区块则与算力有直接关系，因此产生了“矿池”（大规模的专业挖矿设备集群），专门去挖比特币。比特币区块链遵从少数服从多数的原则，在极端情况下，矿池如果掌控了 51%以上的算力，则可以在别人开发出一个新区块后故意不予认可。由于 51%以上的节点不认可，这个区块无法接入区块链，从而导致了节点之间的不对等及中心化。此外，矿池的出现会消耗大量算力和电能，如果挖矿成功会有比特币奖励，而如果没有成功则白白消耗大量算力和电能。

不过，针对这些问题，开发者已经研究出 PoS、DPoS 等相对节能的共识算法，在 PoS 共识机制中，节点需要提供自己的代币数量的证明来争取开发新区块链的权利。节点把一定的代币投入到 PoS 算法中（类似押金），PoS 算法根据节点所投入的代币数计算出对应的权重，随机选择一个挖矿人（打个比方，一个投入 10000 代币的节点可以开发新区块的概率是一个投入 1000 代币的节点的 10 倍，即拥有的代币数量越多，可以挖矿的概率越大）。如果挖矿者无法成功挖矿，会重新按照这个机制再次选择一个新的挖矿者。显然，PoS 不需要所有节点都参与挖矿，相比于 PoW 更加节能高效，但是 PoS 是不公平的，如果单纯依靠代币余额来决定挖矿者，必然使得富有者胜出，从而会导致一定程度的中心化。DPoS 赋予每个持股人一定的股权，每个股东将其投票权投给一个代表节点。最后选出 100 个代表节点，他们轮流平等地开发新区块。和 PoS 一样，假如某个代表节点无法在给定的时间内开发出新区块，由下一个代表节点来开发这个新区块，持股人可以随时通过投票更换这些未开发出新区块的代表节点。所有的代表节点将获取等同于一个平均水平的区块所含交易费的 10%作为报酬。比较之下，采用 DPoS 共识算法能够在一定程度上避免 PoW 算法的高耗能和 PoS 算法的高度中心化。但是，DPoS 比较依赖代币数量，而很多商业应用是不需要代币的，预期未来在共识算法的改进上会有进一步的突破[10]。

目前并不存在一种完美的共识算法，不同的共识算法存在各种不同的瓶颈，但相信随着科研人员的潜心研发，会有更多相对完善的共识算法出现。

（二）智能合约的灵活性和适应性有待提高

智能合约当中所有的执行条件都由计算机代码来评估完成，计算机代码能够即时客观地执行合约的所有条款，保证了区块链的公平、公正。但是一个优秀的智能合约应该考虑到所有可能发生的情况。然而从目前的情况来看，智能合约还存在不少缺陷，其中之一就是智能合约的开发和部署过程缺乏有效的安全审查机制和测试验证工具，并且智能合约的去人为干涉会使得系统出现问题时无法及时弥补损失。2016 年 4 月上线的众筹项目 The DAO 在一个月内就募集到价值超过 1.5 亿美元的以太币用于建立该项目，但一个月之后，以太币的创始人之一 Vitalik Buterin 发表了声明表示 The DAO 存在巨大的漏洞，有大量的以太币被盗，由于智能合约的去人为干涉特性，该缺陷无法在线上修补，只能眼睁睁看着以太币继续被盗。并且区块链一旦写入便不可篡改的特性使得失误操作或错误交易等事件不可回退，需要设计额外追索修正机制，灵活性较差[11]。

此外，去信任化是智能合约的核心特征，但是在去信任化的环境里，智能合约发挥作用离不开现实世界数据的支持，预言机是智能合约与外部环境进行数据交互的唯一途径，如果交易的对象不是区块链上的数字资产，而是实物资产时，智能合约和预言机是一对必备的组合，智能合约在链上，预言机在链下，预言机可以和智能合约通信，为智能合约提供链外数据。外部数据作为智能合约的输入参数经过预言机流入智能合约程序，图 1.10 所示为预言机的操作流程。从本质上来说，还是需要信任流入预言机的数据是客观准确的，这与区块链去信任的思想相悖。

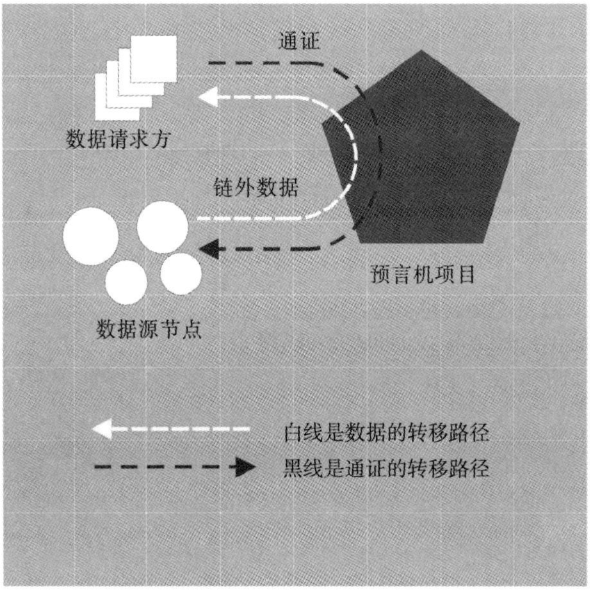

预言机项目管理工作流程，步骤如下：

1. 从请求方收取代币
2. 向数据源节点发布数据请求
3. 分析、整理从数据源节点收到的数据
4. 将整理好的数据反馈给数据请求方
5. 将代币奖励提供合格数据的数据源节点

图 1.10　预言机操作流程

资料来源：https://www.jianshu.com/p/a5b23258346e[2019-03-01]

（三）P2P 方式下交易和存储效率受到一定限制

虽然 P2P 方式能够大大提高交易的效率，但是在日常交易中，区块链的交易与存储效率却不高，这主要是因为 P2P 网络自身具有消息延迟和消息重复两个缺陷。消息延迟是因为各个节点进行消息的转发并不是同时发送给所有节点的，在有些网络中，是随机转发给其他部分节点的，这就导致消息需要进行多次转发才能到达所有节点；消息重复是指每个节点都进行消息的转发，所以同一个节点会收到同一个消息多次，这就导致了消息的重复、冗余，还有可能会产生数据冲突，效率不高[12]。以比特币为例，在比特币区块链中，固定地会在 10min 产生一个大小为 1MB 的新区块。这种设计是为了减少数据冲突，最基本的比特币交易大小是 250B，处理速度为 1024000（1MB）÷250÷600（10min）≈6.8pcs/s，即每秒可以处理 6.8 个比特币的交易。而目前支付宝、微信等支付结算中心每秒可以处理上万笔交易，上海证券交易所、深圳证券交易所、香港交易及结算所有限公司等都已经具备每秒处理几十万笔交易的能力。相比之下，目前区块链技术的处理能力是无法满足大规模支付场景的需要的。针对这些问题有闪电网络、区块扩容等解决方案，但这些方案的可靠性仍在进一步探索中。

(四)非对称加密技术存在被破解的风险

非对称加密过程会使用公钥和私钥两个非对称的密码。非对称密钥对具有两个特点：一是公钥和私钥是一一对应的关系；二是私钥是必须保密的，无法通过公钥推算出相应的私钥。非对称加密技术加密和解密花费时间长、速度慢，安全能得到保障。但是随着数学、密码学和量子技术的发展，计算机的运算能力极大地提高，非对称加密技术在未来将有可能被破解，从而将大大削弱区块链的安全性[13]。不过，密码学家也在研发新的抗量子计算的密码，如格密码。

此外，区块链技术还存在硬分叉、重放攻击等问题，有待进一步完善。如图 1.11 所示，硬分叉是指比特币区块格式或交易格式发生改变时，一些未能及时升级的节点会拒绝验证已经升级的节点生产出的区块，然后节点们会各自延续自己认为正确的链，所以分成两条链。

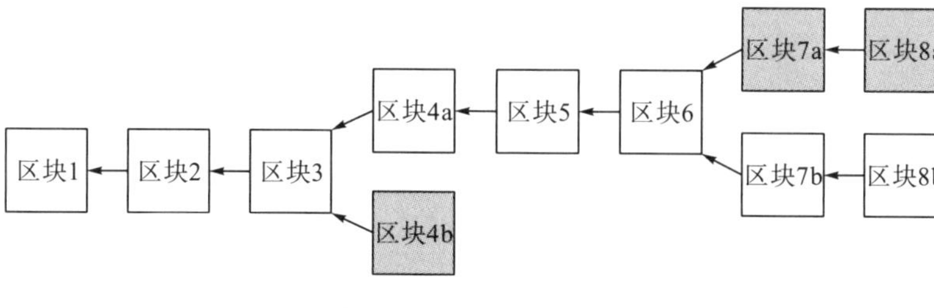

图 1.11　硬分叉

我们从两个角度讨论硬分叉的影响：从比特币矿工的角度看，获得更多用户认可的那条链才是符合矿工利益的理性选择，因此会影响矿工们短时间内的判断；从比特币产业链的角度看，用户比较关心数字货币资产的安全和价值的变化，但是安全会受到“重放攻击”的威胁。重放攻击是在 S 链(新链)上找到一个有效的交易，把该交易提供给 W 链(旧链)。因为两个链的历史账本、地址私钥等信息是一样的，所以交易发送到两个链上都是可行的。那么如何利用这一点进行攻击呢？比如 A 有 10 个比特币，B 有 100 个比特币。A 在 S 链上把 10 个数字货币传给 B，B 再把这 10 个比特币返还给 A，因为交易发送到两个链都是可行的，同样的交易请求也会发送到 W 链上，即在 W 链上操作一次。这么一看还挺正常，但是攻击者设法使得在 S 链上有 10 个比特币的 A，W 链上的比特币为 0 个。那么，因为在 S 链上 A 给 B 支付了 10 个比特币，B 也发送了还 10 个比特币的请求，这个请求在全网传播，使得 B 在 S 链和 W 链上都还给 A 10 个比特币，而 A 在 W 链上因为余额不足无法执行给 B 10 个比特币的请求，因此，A 白白从 B 那里赚了 10 个比特币。

四、区块链在金融领域的应用

区块链是“信任的机器”，而金融的本质又是基于信任的合作，因而区块链与金融有着天然的契合度。区块链基于非对称加密技术、智能合约、P2P 网络等技术的分布式架构可以从底层实现去信任化，这种去信任可以有效地传递价值，价值的核心是共识，共识又会带来信任，信任会带来更多合作机会，从而创造更多价值。相比于第三次科技革命带来的信息传递，区块链技术带来的价值传递又是一次科技革命的飞跃。

(一) 区块链赋能金融

诺贝尔经济学奖得主罗伯特 • 希勒(Robert J. Shiller)指出：“金融的本质是通过资金的流动来完成资源的整合和配置，提高整个社会的福祉和效率。”[14]正如其所总结，金融的本质就在于通过跨时间、跨空间的价值交换[15]，实现资金的融通，其中，货币是金融运行的重要载体，信用是金融交易的基础，风险控制是金融管理的核心内容。基于这一内涵，金融的职能相应地主要体现在信用中介、支付结算、货币融通和风险管理四个方面。

随着互联网技术与金融行业的结合，信息可以实时传递，使得信息更加对称，提高了金融行业的支付结算效率，降低了货币融通的成本，并且基于大数据技术使得风险管理更加有效，但是总体来说，互联网技术带来的只是形式和手段的改进，并没有改变金融的本质。伴随着金融科技的发展热潮，区块链技术似乎成为开启新一次技术革命的钥匙，区块链技术实现的价值传递以及无须信用中介、高安全性、去中心化和去官方货币化等性质是对金融行业的一种根本性颠覆。

1. 价值互联网：从信息传递到价值传递

互联网的诞生宣告了信息时代的到来，由此信息突破时空限制以前所未有的速度进行处理和传输。这场信息革命几乎完美地解决了信息传递问题，信息可在世界范围内无限复制，信息传递的边际成本近乎为零。但是，由于资产权属的唯一性，互联网所依托的 TCP/IP 协议不能实现信息确权，因此第一代信息互联网仍有赖于通过中介机构承担记账功能实现价值传递，这严重制约了数字经济的进一步发展。

引入区块链分布式账本的记录机制能够推动互联网从信息互联到价值互联的转变。互联网交换传递信息，但区块链技术能够传递价值，价值和信息的区别在哪呢？例如，A 表示要通过互联网给 B 授权一个剧本的版权，B 可能会有所顾忌，因为 A 的电脑里面还存储有副本，B 无法确定 A 是否还会给其他人授权这个剧本，即使 B 知道别人也有这个剧本的授权后追查是否是 A 授权的成本也很高，所以为了维护 B 的权益，必须高度依赖线下的合同和第三方公正等中介机构来证明。而区块链就可以有效地解决这个问题，通过价值的传递，让全网的每一个节点知道 A 把版权给了 B，A 手里即使有副本，全网也不会承认这是 A 的版权，这就是区块链技术带来的价值传递。如图 1.12 所示，信息通过复制进行传递，而区块链通过全新的记录机制进行资产确权，实现了价值转移[7]；从互联网通信协议层级来看，这种价值传递的过程被打包定义为区块链“信用层”协议[16]。

由此，信息不再只停留于虚拟世界，而是实现了与现实世界间产品的一一对应，互联网开始从信息高速公路升级为价值高速公路。事实上，通过智能合约技术，区块链可以用程序语言来代表金融交易中的业务逻辑，股权、债券、产权等都可在区块链技术的帮助下以数字形式进行价值存储或转移。数字化的优势表现在权力界限明确、交易方便，并且所有交易流程公开透明可溯源，为监管提供便利的同时，也杜绝了重复交易问题的发生。

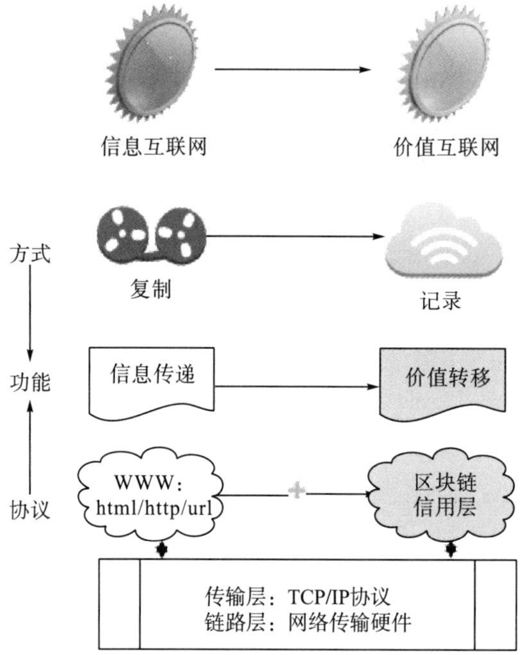

图 1.12　信息互联网和价值互联网

2. 信用机制的颠覆：重构金融生态和金融基础设施

区块链的本质是一种分布式共享记账技术，通过使用全新的非对称加密认证手段和点对点的网络架构，维护一个无法篡改的连续账本数据库，能够让区块链中的参与者在无须相互认知和建立信任关系的前提下直接实现价值传递，而不再依赖于线下中介机构，被誉为“超越信息传递的第二代互联网技术”[17]。这种信用范式的重构，在全球化的互联网金融基础设施中构筑起新的信用大厦，对金融机构和金融创新来说意义重大，有望成为金融科技的重要底层技术。

(1)分布式架构下的去中介化挑战传统金融机构的信用中介角色

现代金融的核心职能是信用中介。从早期古典经济学家如亚当•斯密、约翰•穆勒等提出的“信用媒介论”[18]，到货币金融学中的“信用创造论”[19-21]，信用一直是金融活动的基础；与此同时，信息不对称问题又决定了金融交易过程中介存在的必要性。根据乔治·阿克罗夫(G. A. Akerlof)[22]等的研究，不同市场参与主体之间存在较高的信息壁垒，供求双方对产品信息的了解存在或多或少的差异，从而会导致市场信息不对称，所以“道德风险”和“逆向选择”问题无法避免，掌握信息全面的一方，往往会利用信息优势攫取对方利益，信用问题随之产生。金融领域的骗贷、骗保等现象，就是资金需求方极力掩盖自身的不良信息，甚至提供虚假信息，而资金供给方无法识别造成的，这些行为严重影响了资源配置效率，阻碍了金融体系正常运转。

互联网的出现使得信息可以实时传递，以移动互联、云计算和大数据为标志，互联网进入了新时代，越来越多的人类活动从线下向线上迁移，这一变革拉近了人与人、商家与客户的距离，大大缓解了信息不对称的不利影响。但是，互联网时代的交易主要是信息的直接交互，而非交易双方直接面对面进行，交易双方相互了解不够深入，因此存在难以逾越的信任障碍。互联网金融中信用构建的基础在于信用数据的收集和分析，信用评级以及风险控制模型的准确度主要取决于互联网金融机构对数据的积累和理解，信用数据俨然已经成为互联网金融企业竞争的核心要素。然而，传统的信用数据获取仅限定于特定的征信企业，受自身利益关联和用途难以把控的影响，这些企业所获得的信用数据往往无法有效快捷地共享给互联网金融机构，而互联网金融机构又因为无法获取有关征信的资质，所以缺乏其客户发展所需要的真实有效数据，使得互联网金融陷入两难的局面。因此，互联网金融的大数据技术和 P2P 等技术在有效减少信用构建成本的同时，也造成了“数据孤岛”乃至“信用孤岛”的问题。

区块链技术的出现则有效化解了这一难题，区块链技术通过共识算法、非对称加密等技术可在完全陌生的节点间建立信用，重建了征信行业的信用机制，所有的信用数据都被维护在区块链上，各个企业只要有客户提供的私钥就可以访问相关信息，且信息难以被篡改、安全可靠、公开透明。如图 1.13 所示，区块链中分布式的账本经由去中心网络中的各节点共同维护并处理所有权的记录，价值转移的方式不再依赖于信用中介所维护的集中式账本。这种新的信用机制，以算法而不是线下中介机构或第三方平台为信任背书，通过智能合约自动执行交换和权属转让等操作，使得“去中介化”成为可能，互联网金融逐渐逼近与瓦尔拉斯一般均衡相对应的无金融中介或市场情形，进而在底层架构上对传统金融机构建立在简单信息中介之上的业务产生了巨大的冲击。

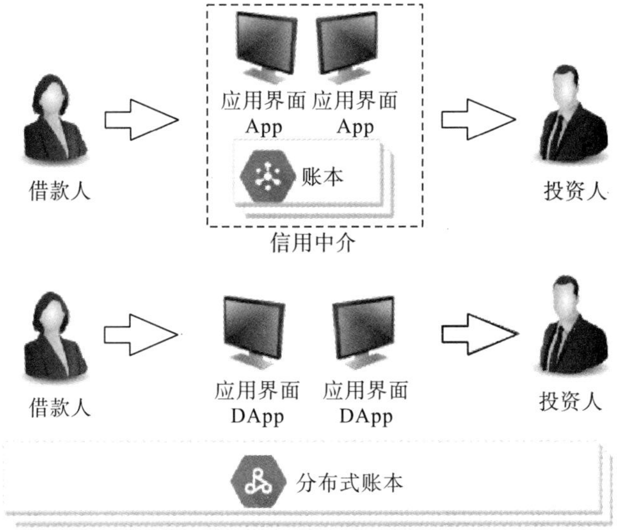

图 1.13　区块链重塑信用：分布式账本取代信用中介

(2)数字货币对传统货币的挑战引发货币融通方式的变革

金融的目的就在于实现货币资金的融通。自 1776 年亚当 • 斯密的《国富论》出版，市场和政府这“两只手”的关系及定位，几乎就是不同经济学流派争论的焦点与核心。随着新自由主义经济学派的兴起，以哈耶克为代表的奥地利学派再次进入经济学理论与实践的聚光灯下。在周期性金融危机的阴影下，人们重新提出了哈耶克[23]当年提出的问题：完全去中心化和非国家化的货币发行，能否通过自由竞争形成更加稳定的货币体系？

诞生于 2008 年金融危机、最初以比特币底层技术的身份问世的区块链，正是对哈耶克自由主义的拥抱。以比特币为代表的数千种加密数字货币的涌现，特别是首个国家法定数字货币——委内瑞拉石油币的出现，引发了对当前以政府信用为背书的信用货币体系的思考。相较传统货币，数字货币的发行与交易具有低成本、高效率的特点，随着商业化创新和监管的完善，数字加密货币势必获得进一步的发展，同时也将丰富传统的货币和支付理论。

除了货币的发行机制，区块链还可以有效改变当前的货币流通机制，提升金融运行效率。区块链系统将代替央行掌握、控制货币供应量，资金由区块链根据市场供需注入公共货币供应系统并进入交易市场，而央行则转为直接监控公共货币系统运行状况，银行等传统金融机构只需通过验证和“挖矿”等形式获取资金并注入交易市场。经由区块链，货币进入交易市场的方式更为直接，对央行等金融机构的依赖性也进一步降低，从而通过货币融通实现对传统金融运行本质上的变革。

(3) 去中心化的价值转移奏响传统支付结算体系变革的前奏

金融作为经济的血液，“支付就是金融的血管”，在不同主体的金融交换和货币债权转移过程中，支付成为“一切商业行为的入口，数据和流量的中心”。支付结算体系是金融系统的核心基础设施，关乎金融业的效率与稳定，事实上，支付结算体系的构建与维护伴随着银行的诞生与发展，已成为现代经济中各国中央银行的基本职责之一。而传统的支付结算体系依托清算中心进行银行间的数据交互，通过中心化机构的背书来解决信用问题，因此受制于多中心、多环节，对账、清算、结算的成本较高；同时涉及大量的重复性人工流程，一方面效率低，另一方面操作风险和道德风险高企。互联网通过技术手段提升了支付结算的效率，但并没有改变其中心化的架构，一方面易受黑客攻击，安全性不高；另一方面，单点故障往往导致整个系统瘫痪，稳定性差。

区块链技术的核心特质是能以准实时的方式，在无须可信第三方参与的情况下实现价值转移。与传统支付体系相比，区块链支付使得交易双方直接进行数据交互，实现点对点支付，不涉及中介机构，在极大地降低中心化支付方式的系统性风险的同时，还具备成本和效率优势，同时，系统自动完成结算过程，实现了“交易即结算”。区块链技术在支付结算领域，除了可以改造现有的央行支付系统，还可以通过跨境支付、数字票据和智能支付创新支付产品；其中，在跨币种、跨国界、多种经济合约下，成本高且时间效率低的跨境支付是支付结算系统中应用区块链技术的较优场景。

(4) 技术的高安全性带来金融市场风险管理的优化

金融是一种不确定和动态的经济过程，金融风险是金融活动的内在属性，普遍存在于现代金融行业之中。随着金融风险管理理论的演进，除了防范损失，现代风险管理还包括风险定价等以盈利及回报为中心的活动，金融风险管理已成为各类金融机构的主要业务。传统互联网技术对信息传输的变革带来信息的透明化，大数据为信息处理和信用分析提供了便捷的手段，这都在一定程度上有助于风险管理的完善。但是互联网金融本身亦存在较大的安全隐患，一方面，大数据本身需要庞大数据库的支撑，随着数据的集中，固有的数据库存储和加密技术难以防范数据篡改和信息盗取等风险；另一方面，信用风险高发，P2P 借贷平台违约事件不断。

区块链分布式的记账手段、共识算法以及现代加密手段，使得数据在公开透明可追溯的同时，实现了去中心化，进而不易被篡改和盗取。同时，在区块链构建的新的信用机制下，所有信息公开透明、真实有效，有助于建立白名单和黑名单以准确对客户进行信用评级，在保险和贷款等行业有效进行事前风险控制。此外，区块链技术还可以有效防范贷款行业的金融诈骗行为。利用区块链独有的分布式加密手段和数据的不可篡改技术可以保证交易信息的安全，不可逆和可追溯源头的特性使得互联网金融交易的过程和结果可以进行唯一性认定，从而减少了重复和伪造的诈骗可能性，同时，在智能合约的协助下，所有交易过程都可以智能化执行，降低操作风险。

(二) 区块链赋能金融可能存在的挑战

一是技术短板有待改进。PoW 共识算法会消耗大量的算力，浪费大量社会资源；智能合约的漏洞可能会给公民的财产安全带来严重的威胁，影响到金融市场的稳定性；P2P 网络模式的效率低下，影响日常结算效率，会影响金融市场的流动性；非对称加密算法存在被破解的可能性，从而影响到金融市场的安全性，这些技术短板都亟须改进，否则会影响金融市场正常的运转。

二是隐私保护有待加强。在隐私层面上，区块链技术的去中心化使得所有参与者都能够获得完整的数据备份，数据库完全透明共享。通过密钥对，只需要发起方提供的公钥就可以完成交易，交易双方不用彼此了解，只需要彼此的交易地址和发起交易方的公钥就可以完成交易，因此密钥可以隔断交易地址和地址持有人真实身份的关联，达到匿名的效果。但如果区块链需要承载更多的业务，如实名资产，又或者通过智能合约实现具体的借款合同等，就会出现隐私保护和合同验证的矛盾。未来通过合理设计系统链上的数据，安排链外信息交换通道等机制，或许可以规避一些隐私保护的难点。此外，区块链消除了中介的角色，通过程序算法建立起信用担保，如客户征信信息被储存在区块链中进行信息共享，只能通过密钥识别，信息的这种不可逆性将增大信息泄露等安全问题的追责难度，一旦密钥丢失往往可能会造成客户资产无法挽回的损失。在安全层面上，由于所有的交易记录全部公开透明，客观上也可能会增加恶意诈骗和信息泄露的风险，因此网络安全认证体系的建设责任更大。

三是对金融监管形成较大挑战。虽然区块链的透明性、不可篡改、信息共享等特性在理论上有利于穿透式监管，但是区块链去中心化的特性使其成为一个分散均衡的节点体系，降低了金融监管的针对性和有效性，并且区块链技术在不同程度上给传统的管理机制、业务流程、交易模式带来了颠覆性的变化。

目前区块链领域的学术研究还处于初级阶段，理论研究和准备也并不是十分充分，各国的监管机构还处于观察和研究阶段。当创新技术发展速度快于监管出台速度时，容易造成监管短期内的缺失，可能带来金融系统性风险上升；而如果在市场起步阶段盲目监管过严又可能会在一定程度上阻碍区块链创新技术的正常发展。不仅区块链技术，人工智能、大数据等技术亦是如此。如图 1.14 所示，如何通过技术进步，以分片、Plasma 和 Casper 等各种共识机制求出突破区块链“不可能三角”的最优解，是未来区块链能否实现大规模应用的关键问题。

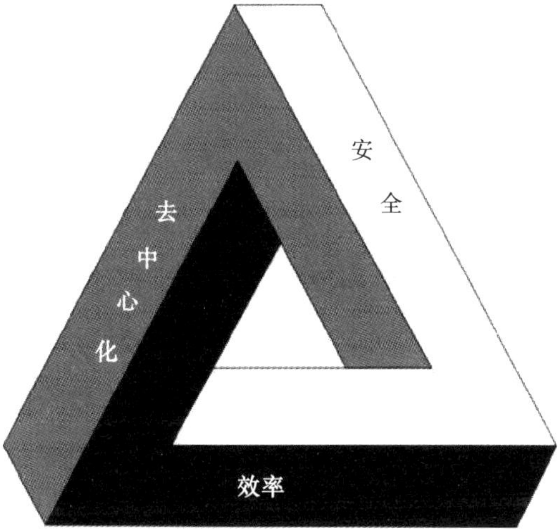

图 1.14　区块链的“不可能三角”

为了协调金融的创新发展与有效监管，监管机构必须具有前瞻性的战略眼光与清晰的监管思路。一方面，监管分类应该更加细致，基于区块链技术的金融产品日趋多样化，监管机构可以针对监管对象、机构主体和业务范围进行更细致的分类监管；另一方面，应该注意协调，金融科技的跨界性、混业经营与传染性会使得风险外溢，应该建立有效的综合监管机制。

（三）区块链赋能金融的发展趋势

由于区块链技术对记账技术带来的革命性变革，区块链引起了金融行业的普遍关注，加上其因诞生于比特币而天然具有的金融契合度，权威金融机构、国际金融巨头和一些金融科技公司已经提前快速地在区块链上布局和抢道。但囿于技术层面和制度层面的约束，大多数产品还处于研发和试验的初级阶段，如何落地到金融实践中还有相当长的路要走。从目前的情况展望，未来区块链技术在金融业的应用具体呈现出以下几个方面的趋势。

一是实践先行，金融机构纷纷试点探索去中心化与中心化结合之路。尽管理论上还存在不少争议，以华尔街为代表的金融业界已纷纷在实践中探索区块链的应用空间，如高盛、瑞银、德勤（Deloitte Touche Tohmatsu Limited）、纳斯达克（National Association of Securities Dealers Automated Quotations，NASDAQ）等，具体本书将在各场景的案例中详细介绍。在实践的探索中，最初的比特币底层的完全中心化的公有链早已不能满足各类细分金融场景的差异化需求，私有链和联盟链应运而生。前者指需要预先设定满足条件的参与者和记账人区块链，区块的生成与否可由记账人共同决定，其他参与交易的节点不具有记账权，实质上属于多中心化，应用广泛；后者由公司或者私人控制，记账权限的开放度由掌控者决定，实质上属于弱去中心化，凭借其较强的隐私保障、较快的交易速度、较低的交易成本，在企业的中心化系统中得到极大的应用。此外，侧链等在内的区块链技术的进步和升级进一步扩大了应用空间，实践探索与技术发展相辅相成。

二是各金融机构有可能会逐步组建联盟，共同制定区块链技术标准。随着各金融机构研究和开发的规模扩大，跨国集团和国际化组织纷纷加强了在区块链上的合作；同时，由于区块链发展处于初级阶段，技术还不够完善，监管法规尚不明晰，金融科技公司、各大金融机构以及监管部门各自开发的区块链安全措施和内部协议具有较大的差异性。2015 年由 42 家具有全球影响力的金融机构共同发起成立的 R3 CEV 联盟就是一个典型例子。以摩根大通、花旗银行为代表的商业银行会同金融科技公司期望借此在监管部门的参与下，建立符合监管要求及金融业需要的分布式账本体系，制定区块链技术的行业标准，抢占市场先机。此外，超级账本(Hyperledger)也是各金融机构、金融科技公司以及其他产业企业共同打造的跨行业联盟。在这一趋势中，具有国际共识的区块链标准有望形成，为区块链基础设施和技术环境的开发、研究项目和工程的协作及跨国行业标准和协议制定提供指导，进而促进不同区块链系统的对接，实现有序发展。在当前积极参与技术和规则的制定以谋取区块链最终话语权的浪潮中，2016 年中国分布式总账基础协议联盟的成立、2019 年初《区块链信息服务管理规定》的出台，表明中国也在积极谋求前瞻性的创新合作和参与国际标准的制定。

三是金融监管与时俱进，各国正积极尝试结合区块链实现穿透式监管。区块链的去中心化并不意味着完全摆脱监管，事实上恰好相反，通过协议运行保障监管方对所有交易节点的观测、评估和纠错机制实现有效监管，是区块链金融发展的必由之路，也是各国布局中的一个重要落点。英国、新加坡尝试推出的“监管沙盒”测试为区块链和金融科技提供了“监管试验区”，使得 Fintech 公司经过报备可在政府可控的范围内尝试进行部分高风险或与当前法律有所冲突的业务，然后决定是否评估、授权。除了这种平衡金融创新活力和风险的尝试，将法律规定预先写入智能合约代码，在区块链运行时实现“自动合规”的途径也是区块链监管的一个重要方向。区块链在开发之初就承载着自由主义、匿名化和去中心化的理想，金融监管能否与时俱进、通过技术创新找到二者的兼容区间，是这场全新的技术革命能否在金融领域乃至数字经济实现大规模的实质性应用的关键所在。

展望区块链技术的创新发展和技术变革，需要保持审慎客观、理性务实的态度。既不能因其技术的革命性和颠覆性，就理所当然地认为区块链可以应用于所有金融场景，也不能因当前技术的不成熟和无行业标准共识的约束，就止步不前。区块链可以有效解决传统金融领域中业务链条长、参与方众多、信息严重不对称的复杂场景的痛点和难题，但并不适合部分单边、高频的金融业务。因此，区块链技术的发展并不是要完全取代现有的互联网底层协议和金融基础设施，而是根据适用条件有选择地并行发展，在不断解决起步阶段存在的内生性技术缺陷的过程中，迎来技术更迭所带来的社会演进图景，而对于区块链这样一个集分布式网络、博弈论、经济学、密码学、分布式账本等技术于一体的系统而言，经济激励机制、经济治理机制和技术一样重要，甚至将成为一个区块链系统能否成功的决定性因素。

场 景 一

贷 款 技 术

贷款是银行最传统的业务，也是银行最重要的资产业务。随着互联网技术的发展，银行的贷款业务已经从最初依赖网点的线下模式，发展为依托互联网的线上和线下相结合模式，部分银行贷款业务还实现了全面线上化。基于互联网平台可以挖掘各类与金融相关的信息，及时获取供求双方的信息，满足多元化的用户贷款需求。但是无论是线上贷款还是线下贷款都面临着借款者无法履行还款责任带来的信用风险、内部管理系统不完善带来的操作风险等问题，区块链作为一种新型的互联网技术，对于消除传统银行贷款中存在的弊端具有独特的优势。[24]

一、传统贷款技术的难题

银行在开展贷款业务时，借款者的按时还款是该业务实现盈利的基础，这就要求银行具备较高的风险管控能力。从实际操作层面来看，对具体的贷款业务实施规范严格的操作流程是提升风险管控能力的重要保证，一般而言，如图 2.1 所示，银行的信贷业务流程包括贷款前的营销管理、受理与调查，贷款中的风险评价与审批、协议与发放、支付管理，以及贷款后的贷后管理等。

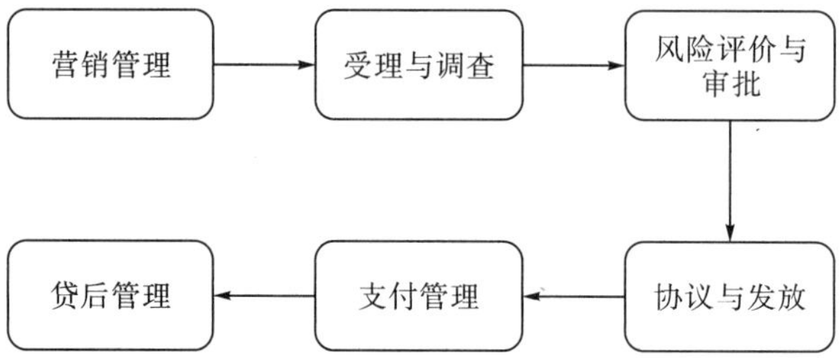

图 2.1 贷款业务流程图

(一)贷前调查容易失真

银行贷款业务的贷前阶段主要包括营销管理、受理与调查模块。在营销管理模块，银行首先以外部机构营销或个人营销的方式向客户营销贷款业务，再根据客户的基本情况和贷款需求初步匹配银行的贷款产品、协助客户提交贷款申请，继而在受理与调查模块，银行会以资料审核、现场调研和其他多种方式核查客户的信用等级、还款能力、资金用途、抵质押物情况、保证人保证能力等信息，形成书面报告，并对该报告的真实性、完整性、有效性负责。

贷前阶段是银行整个信贷业务的基础，信贷人员通过与客户进行沟通交流以获取相关信息，为最终的决策提供依据和支持。但依靠传统技术开展的贷前业务出现了一些问题。

一是客户信用调查不够客观。接到贷款申请后，信贷人员需要判断是否能受理该笔贷款业务、是否需要投入更多的时间和精力进行后续的洽谈工作以及是否需要进行更为深入的调查，但是信贷人员判断的主要依据却是自身经验和主观意见，进行信用评价时往往不够客观。

二是客户信用评价存在信息不对称。银行进行客户信用评价时需要对借款者资质、借款用途、还款能力、抵质押物情况、保证人保证能力等因素有所把握和了解，但是目前的主要评价方式仍是品行调查以及征信系统查询，出现了信息不对称现象，如征信记录有可能误导银行做出错误的决策。若贷款申请人过多查询个人征信报告，会被银行误认为借款者的个人资产负债状况、偿债能力可能存在问题，进而使银行的风险偏好持续走低，约束其信贷扩张。[25]

三是中小企业贷款难。对银行而言，相较于大型企业，中小企业的经营活动、信贷记录和社会行为信息更加不透明，信息不对称现象更加严重。出于风险控制因素的考虑，银行惜贷现象较普遍，中小企业难以获得贷款或者需要支付高昂的利息，贷款成本高。此外，由于逆向选择，优质的中小企业也难以在市场上获得低利率的融资。

(二)贷中审查容易失误

贷中阶段主要包括风险评价与审批、协议与发放、支付管理三个环节。

在风险评价与审批环节，银行会对前阶段的贷款调查内容进行全面审查，重点核查调查人员尽职情况和借款者的还款能力、信用状况、担保情况、抵质押物情况等，对该笔贷款业务的风险暴露程度进行全面动态的审核、评估，并将审核信息录入银行系统以备确认。在进行贷款审批时要以全局性、专业性和适度性为原则，按照既定的审批流程进行审批，并明确相关人员的贷款审批权限。审批人有权根据自身对相应贷款资料的专业判断提出更加严格的信贷条件，并签署最终审批意见。

经审批通过后，信贷人员会联系申请人签署协议，并对合同文本进行多次审核和确认。对于需要抵质押登记的，银行工作人员要同抵质押人一起持合同到登记部门办理抵质押登记；需要财产保险的，则要向保险公司投保，根据具体情形约定保单价值，保单正本交由银行保存。在确定贷款发放条件均已满足之后，银行即可按照合同约定提请划拨贷款资金，进行会计审查。审查的内容包括抵质押物权利凭证是否入库、放款审批表中的财务情况、文件签章等，并且正式付款后需保留相应凭证、登记入账。

在支付管理环节，银行通过借款者受托支付或借款者自主支付的方式，对该笔贷款资金进行管控。借款者受托支付的，银行应负责记录资金流向并保存相关凭证；借款者自主支付的，银行应通过多种方式对贷款用途进行核实。如果在贷款支付过程中出现借款者信用状况下降、资金使用异常等现象，银行应立即采取行动，与借款者针对贷款发放和支付条件进行协商，或者根据合同约定变更或停止资金的发放和支付。

贷中阶段是借款者获取贷款的核心阶段，在进行风险评价与审批、协议与发放和支付管理的过程当中仅使用传统贷款技术存在一些疏漏，影响贷款发放的效率。

一是抵质押物审核难度大、效率低。一方面，抵质押物审核的流程烦琐，效率不高。以住房抵押为例，如果借款者抵押了房产进行贷款，商业银行则需要核实、评估抵押品价值并联系房管局等机构变更抵押品状态，整个贷款流程需要商业银行、评估机构、小贷公司、房管局等多个机构的协作，参与方众多，核查信息工作量大[26]。另一方面，中国的产权制度建设还未完成，部分抵押物仍存在权属争议，如农村承包土地经营权和农民住房财产权是否可以成为有效抵押物以便于农户获得抵押贷款在实践中仍有争议；在民间金融领域也不乏以签订买卖合同的形式为民间借贷提供担保的情形，但法律已经明确规定此种形式的“担保合同”不具有担保效力。且银行对“有效抵押物”的认定标准灵活性较低，若借款者未能向银行提供其认可的有效抵押物，则银行会出于风险管理的考虑而拒绝发放贷款。

二是传统的人工方式出错率高、效率低。贷中阶段涉及合同文本、抵质押权利凭证、审查审批表、支付凭证等多种文本资料的登记、审核及备份等操作，传统的人工方式耗费大量的人力成本，效率低下，且在过程中可能出现人为篡改相关信息或登记失误等现象，导致信息失真。

三是银行进行实时监测存在障碍。实时监测对信息的时效性、真实性、准确性提出了较高的要求，但在传统的贷款技术下，人工方式的出错率高、效率低，难以根据相关信息做出正确决策和进行实时监测。

(三)贷后管理容易失效

贷后管理主要是指发放借款后直至本息收回的全过程中所有的贷款管理行为。在贷后管理过程中，检查人员除检查借款者是否按规定用途使用借款资金外，还需检查客户生产经营、贸易状况、支付能力、销售款回笼，以及抵质押物的保管、占有、经济充足性和可控制程度等情况。若出现有异常状况的借款，相关的业务专员需要立即进行风险预警，启动风险管理措施进行贷后催收。在贷后阶段，银行不仅要发挥监督作用，同时也需要为客户提供服务，做好贷后服务、管理好相关档案并结清款项。

贷后管理阶段是银行信贷业务的最后一个环节，通过对贷款进行管理实现资金回收的目的，但在实际操作中仍出现不少问题。

一是持续跟踪监测有难度。贷款跟踪监测是贷后管理的重要环节，能够有效识别和控制信贷风险，其大致可以分为首期检查、常规检查和特别检查三种方式，要求银行在贷款之初进行首期检查、贷款有效期内不定期检查、逾期或者发生重大变化影响借款者还款时进行特别检查。但实际上大部分银行在贷后难以实现持续跟踪监测。

二是违约成本高昂。在贷后催收环节，当借款者出现逾期不归还贷款的可能时，银行会先了解借款者逾期的原因并进行调查，优先选择协商的方式提高借款者的还款意愿与还款能力、削减成本。如果协商结果不理想，银行则倾向于以非讼的方式施压或直接向法院提起诉讼，从而导致其花费的时间、人力等成本将会大大增加，此外，银行还会面临不良贷款积压，坏账率升高的局面，违约成本高昂。

三是清算负担沉重。在贷款清算环节，传统金融交易的方式是各机构分别记账，在交易完成后对账。一方面，大量客户所产生的海量资料需要花费大量人工成本进行核对登记；另一方面，分别记账后再对账难以保证数据的时效性和准确性，存在数据与实际不同步和数据被人为篡改的可能。传统记账方式的低效制约了银行的贷款清算，并且数据上的质量瑕疵客观上增加了银行的清算负担[26]。

二、区块链变革贷款技术

贷款业务核心能力是贷前反欺诈、贷中严格审查以及贷后高效管理。针对目前贷款行业存在的种种问题，区块链技术或许是一剂良药。区块链技术是分布式数据存储、P2P 网络、共识机制、智能合约及非对称加密算法等技术的结合。基于这些技术的区块链具有高透明、不可篡改等保证信用的特点，将全面重构信贷业务风险体系，从技术底层有效缓解“贷前调查容易失真、贷中审查容易失误、贷后管理容易失效”等问题，将信贷资源投向优质客户，有利于市场资源配置，完善金融体系[27]。

（一）贷前调查更加准确

随着社会发展的步伐加快，人们彼此之间需要越来越多的信息交换，但信息是否准确真实这一疑问也伴随而来。区块链的共识机制和非对称加密技术从根源上有效解决了这一信任问题，从而保证银行征信数据的真实有效，将信贷资源投向真正优质的客户。

一是客户信用调查更加客观、全面。各节点之间相互平等，节点间能平等交换数据，从而使银行可以从更多渠道调查了解客户，对客户的认知会更加全面透彻。

二是有效缓解信息不对称的问题。区块链平台高度透明，客户平时的信贷行为、家庭联系、工作信息经允许后都可以在区块链上获取，所有信息可追溯源头，每个区块中都有时间戳，详细记载产生数据的时间、对象、地点及源头，从底层技术上限制客户弄虚作假。并且所有信息一旦记录上链，数据无法篡改，这样一来银行对其信息掌控更全面、把控更准确、风控更简单[28]。

三是区块链技术有助于扩大信贷业务的客户群体，有效解决中小企业贷款难的问题。虽然中国的信贷市场发展稳定，但是中小企业依然很难贷款，根本原因是对中小企业的贷款风控较难。应用区块链技术后，中小企业的经营活动、信贷记录及社会行为都会反映在区块链上，从而可以真实地反映其实际的生产经营情况，为银行提供宝贵的风控参考资料，银行可以结合大数据分析，对一些优质的中小企业相应地放款，而不是传统方式下因为某些中小企业的逃债行为就对所有中小企业抱有防范心理。

（二）贷中认识更加全面

一是共识机制有利于帮助确认抵押物是否合规。因中国产权制度建设还未完成，部分抵押物仍存在权属争议，P2P 网络上的各节点之间信息实时传递，众多参与者可以共同判断抵押物的合规性，这样一来贷款的审核能够得到整个网络所有参与者的统一认识，保证信息的管理者可以通过更加丰富的信息做出准确判断[26]。同时可以保证抵押物各项信息的真实性，区块链上所有交易信息都能够被数字化记载、存储、交互、验证及公开，并且这些信息能够交叉验证并可追溯源头，不必担心登记不清或错误导致的重复抵质押的问题。

二是智能合约的智能化运用可以提高效率。智能合约的存在使参与交易的各方通过编写特定的代码来执行区块链上的复杂指令，可降低人工操作风险，大幅度提升效率，同时基于贷前真实有效的调查信息，审查人员核实客户信息的工作量可以被大大缩小，降低了人力成本的同时提升了审查效率。

三是区块链技术透明公开的特点有利于控制风险。透明和公开的特性有助于监管部门对相关业务进行实时监管[29]，从而有助于控制风险，企业各方以及有关监管部门均可注册成为区块链上的节点，并将资产信息传输到区块链上保存，银行可从整个信息链条中，整合判定核心企业与上下游企业之间的交易信息、交易背景、交易金额、交易路径等信息，从而把控业务本质风险。

（三）贷后管理更加高效

一是区块链技术的公开透明有利于提高效率。区块链技术有助于银行实时跟踪贷款，强化网络监管的效率，根据贷款到期前客户还款资金的筹集情况，可以分析客户行为，尽可能地帮助银行识别高风险客户，避免高负债的用户继续申请贷款，同时为真正需要贷款的客户提供有效帮助。若贷款异常可以及时核查检验贷款的各相关资料是否合规，继而做好贷后有效管理。此外，区块链的智能合约以及智能财产管理等方面的应用程序可以统一存储在一个分布式系统之中，并且实现分布式管控。这样的变化能够促进商业银行在贷款管理方面的透明度明显提高，同时提高商业银行的信任水平。

二是智能合约可以降低违约风险。智能合约的出现，使银行能够以更为安全和高效的方式向借款者提供贷款。交易双方可以以代码的形式将还款条件、数额、期限和终止合约的条件等款项记录在智能合约上，当出现如借款者未及时归还款项等特定事项时，智能合约则根据预设的条件执行，借款者可停止贷款资金的发放或提前清收，从而降低借款者违约风险[30]。

三是去中心化账本可以缓解清算负担。在区块链上，交易信息被如实且详细地记录在去中心化账本上，并且事件与时间紧密联系在一起，无须各机构分别记账、对账，减少了大量花费在核对登记上的人工成本的同时，还保证了数据的时效性和准确性，账本信息不再存在被人为篡改的可能。

目前，中国商业银行已纷纷试水区块链技术，业务场景包括资产清算、电子钱包等，本书附录 1 对银行在区块链方面的探索进行了梳理和汇总。下文将围绕区块链技术在贷款场景中的应用，介绍四个经典案例。

三、应 用 案 例

❖案例一　银团贷款平台 Fusion LenderComm

银团贷款亦称“辛迪加贷款”，是由获准经营贷款业务的一家或数家银行牵头，多家银行与非银行金融机构参加而组成的银行集团，采用同一贷款协议，按商定的期限和条件向同一借款者提供融资。近年来中国银团贷款市场发展迅速，2017 年银团贷款金额已超过 6 万亿元人民币。其服务对象聚焦在有巨额资金需求的大中型企业、企业集团和国家重点建设项目，主要适用于借款者申请贷款的资金数额太大，任何一个单一的银行都无法承受该借款者的信用风险的情况。

如图 2.2 所示，银团贷款主要包括达成意向、筹组贷款、签署协议和协议执行四个阶段。

达成意向阶段：A 银行明确客户的融资需求，客户递交融资招标书给 A 银行，A 银行和客户沟通，确定筹组策略，草拟贷款条款清单、融资结构，然后 A 银行被委任为银团贷款牵头行。

筹组贷款阶段：A 银行确认贷款金额，制定银团筹组时间表、组团策略、银团邀请名单并准备贷款信息备忘录，拟定组团邀请函，向相关金融机构发出邀请。

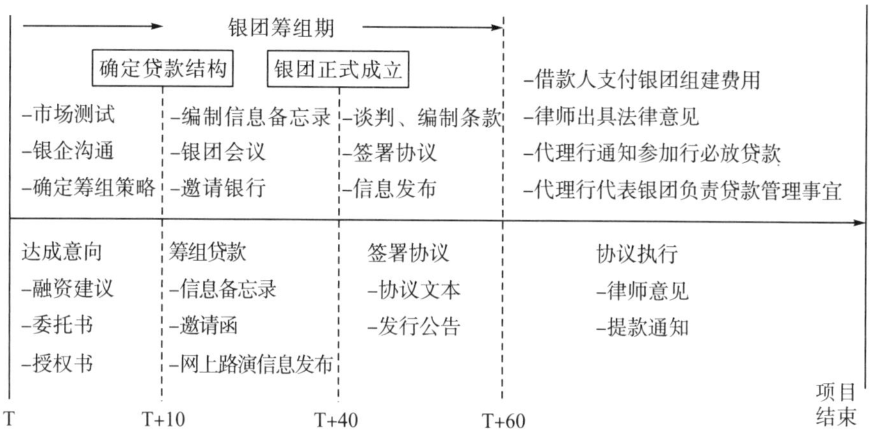

图 2.2　银团贷款流程

资料来源：作者根据网上公开资料整理

签署协议阶段：接受邀请的各参与行承诺认购金额，就贷款协议、担保协议达成一致并签署协议。在这个阶段会明确各个成员的职责分工，银团成员按职责划分可分为牵头行、经理行、参加行、顾问行、代理行等。牵头行接受客户委托筹组银团并安排贷款分销；经理行主要负责组织评审贷款项目和组团的可行性；参加行按照协商确定的份额提供贷款；顾问行为客户提供有偿的财务咨询服务；代理行负责客户和银团成员之间的信息沟通，并处理违约事件。

协议执行阶段：借款者支付银团组建费用；律师出具法律意见；代理行通知参加行发放贷款；代理行代表银团负责贷款管理事宜。

1. 区块链对银团贷款流程的优化

银团贷款由于其涉及银行主体众多，权责约束等信息繁复，其贷款流程相对一般贷款而言更加复杂，区块链技术由于其独特的共识机制和智能合约的特征，可以极大地提高银团贷款的效率，降低风险，主要包括以下三个方面。

首先，P2P 网络有助于提高支付效率。银团贷款模式下，需要不同国家不同地区不同银行的支付，在跨境支付时，申请方和受理行需要传输相关文件，而这些文件需要经过一系列核查，耗时耗力[31]。而 P2P 网络上文件可以达到秒级传输，缩减一大堆重复无用的核实，并且提高支付效率，推进贷款进程。

其次，共识机制能够简化贷款流程。在银团贷款的流程中，需要多方参与者进行大量烦琐的调查、记录、审核等操作，其中很多步骤是多次重复的，需要大量人工成本与时间成本，导致很多企业错过最佳投资时间。据相关数据统计，平均下来一笔银团贷款的交易需要耗费 20 天左右。基于共识机制的信息是真实无误、不可篡改的，因而可以减少一些不必要的审核环节，大大缩短放贷时间。

最后，智能合约可以降低贷款流程中的信用风险。银团贷款的信用风险主要源自承保系统与监查系统中。一方面，在区块链上，监督机构能够全程实时监控，有效控制银团贷款风险；另一方面，智能合约能够自动进行承保和信贷审核程序，并且可以智能化管理贷款，若借款者出现违约，可以立即变现抵押物挽回损失，同时将违约者拉入黑名单[32]。

2. 区块链技术在银团贷款中的应用

国际上一些大型银行机构已经将区块链技术应用于银团贷款业务。

2017 年初，美国金融科技公司 Ipreo（由高盛和私募股权巨头百仕通控股）携手纽约的区块链创业公司 Symbiont 合资建立了 Synaps Loans 公司。2017 年 8 月，法国巴黎银行（BNP Paribas）、纽约梅隆银行（The Bank of New York Mellon Corporation，BNY Mellon）、道富银行（State Street）及荷兰国际集团（International Nederlanden Group，ING）等七家国际银行联合美国金融科技公司 R3 和英国金融服务软件提供商 Finastra 推出基于区块链技术的银团贷款应用 Fusion LenderComm，Fusion LenderComm 运行在 R3 开发的区块链平台 Corda 上，Corda 可以保证运行环境的安全，并且可以维护所有历史交易信息。所有参与方通过该平台能够实时查看信用协议、用户账单等详细的盖有时间戳的交易记录，使得各参与方彼此信任地高效协作，轻松获得真实的用户信息，从而最大限度地降低了贷款成本。Fusion LenderComm 对所有涉及银团贷款的机构开放，Finastra 副首席执行官 Simon Paris 表示，Fusion LenderComm 项目已经吸引了约 10%的全球银团贷款市场，预期规模会持续扩大。2017 年 10 月，日本金融服务管理局与三菱东京 UFJ 银行（Bank of Tokyo-Mitsubishi UFJ）、瑞穗银行（Mizuho Bank）及三井住友银行（Sumitomo Mitsui Banking Corporation）合作开发测试基于银行和金融机构之间的实时个人信息共享平台。以上应用主要停留在信息共享阶段，真正完成银团贷款业务的是在2018年11月，西班牙银行业巨头西班牙对外银行（Banco Bilbao Vizcaya Argentaria，BBVA）与法国巴黎银行、三菱日联金融集团（Mitsubishi UFJ Financial Group，MUFG）合作给西班牙电力公司提供了世界上第一笔基于区块链的银团贷款，贷款额高达1.5亿欧元。

3. 应用趋势

总体来看，区块链的去信任机制非常适合银团贷款这一场景，银团贷款与区块链技术的结合已经势在必行，未来将呈现以下趋势：一是基于区块链技术的银团贷款规模会逐渐扩大，所有符合合约约定的银行都可以注册为联盟链的一员，银行加入非常便捷；二是银团贷款的数据信息可基于区块链技术实现整合统一，使得各参与方彼此信任地高效协作，轻松获得真实的用户信息[33]；三是监管进一步完善，未来应用于银团贷款的区块链平台会更规范，监管机构也可能将注册为一个节点，实时关注银团贷款期限内的财务详情，实现对风险的全程监测和适时干预。

❖案例二　联合贷款微粒贷

联合贷款一般是由两家银行一起对某一自然人或企业提供贷款，目前常见于个人联合贷款。如表2.1所示，联合贷款本质上与公司银团贷款不同，组织形式比银团贷款简单，没有主牵头行或牵头行之分。联合贷款机制下，虽然是由一家银行面对客户进行贷款管理，但两家银行的风险评估是独立的，对客户的贷款管理实际是所有联贷银行统一意见的表达。联合贷款也不采用公开发函的方式邀请其他银行共同参加，而是在互相深入了解后，由参加银行经过商讨通过一致的商务条件约束，分别承担贷款金额，即能组成联合贷款。需要强调的是，只有“参与方风险独立”“无某一参与方风险兜底”的联合贷款才是上文提到的真正“联合贷款”。

表 2.1　银团贷款与联合贷款的区别

项目	银团贷款	联合贷款
银行间关系	由牵头行联系借款者	各行相互独立
贷款审批	以牵头行的信息为决策依据	各行分别搜集信息和决策
合同文件	合同统一	各行分别签订合同
贷款条件	条件统一	各行自行确定贷款条件
发放与管理	统一发放、统一管理	分别放款、分别管理
贷款回收	由指定银行收回款项后，按比例划给各行账户	各行分别回收贷款

资料来源：作者根据网上公开资料整理

目前，微众银行已经率先探索了区块链技术在联合贷款场景中的应用。微众银行的业务模式与别家不同，它是首家主要采用联合借款模式和其他银行联合放贷进行业务经营的银行。基于这种模式，微众银行与其他银行间的资金结算就必不可少。2016年8月，微众银行联合上海华瑞银行，基于BCOS平台（BlockChain Open Source，区块链底层技术开源平台）推出了微粒贷清算资金管理及对账平台，大大优化了两家银行联合贷款的结算和清算过程。微粒贷是国内首个银行间的联盟型区块链应用场景，接下来详细介绍BCOS平台以及改进后的FISCO BCOS平台（BCOS的金融分支版本）。

1. 运作模式

微众银行：提供基于区块链技术的统一标准的操作视图、对账服务和交互接口。

合作银行：将摘要信息写入相应的区块链。

合作银行通过微众银行提供的标准化接口就可以及时全面地了解信贷详情、交易风险等信息。一方面节省了大量人工成本，工作人员无须再做繁重的对账工作；另一方面基于区块链技术对流程标准化后，可以有效降低人为因素造成的风险，保证数据的准确真实性，有助于银行的风控，保障贷款结算的安全性、及时性及高效性。

2. 技术研发：开源底层平台

底层平台一：BCOS平台是由微众银行、万向区块链和矩阵元三方潜心研发的聚焦于企业级应用服务的区块链技术开源平台，在 2017 年 7 月 31 日已经实现完全开源。

BCOS 平台通过集成身份认证、非对称加密算法、引入技术治理功能、支持全面的监管审计功能等举措，可顺应多个行业的应用需求，满足金融业务要求。

对于使用 BCOS 平台的开发者而言，既能够共享区块链的底层设施，包括共享云服务相关的技术、软件和代码，不需要每个开发成员重复投入，又能使用友好、简单、跨平台的应用开发编程接口，以及图形化管理台与区块链浏览器等，加速开发流程，改善区块链产品的创建和管理体验。

底层平台二：微众银行联合金链盟基于金融行业的实践与思考，共同研发了 BCOS 的金融版本——FISCO BCOS，相比 BCOS 平台，主要存在以下特点。

首先，FISCO BCOS 优化了性能，采用拜占庭容错(Byzantine fault tolerance，BFT)共识算法以及多链架构和跨链交互方案，优化了网络通信模型，解决并发访问、热点账户等痛点，进而满足了很多金融场景需求。区块链的运行速度会受很多因素的影响，如 CPU 核数主频、网络带宽等硬件性能的影响，尤其是用户数、交易量、存量数据可能会快速增长的场景，更是对系统提出了更高的性能要求，一般的单链架构无法支撑系统的稳定运转。对此，FISCO BCOS 平台实施了“并行计算，多链运行”的方案。

如图 2.3 所示，并行多链架构的基本思路是在一个区块链网络里，存在多个分组，每个组是一个完整的区块链网络，有独立的软件模块和硬件资源，可以独立完成机构间共识和数据存储。各种不同类型的交易可以接入不同的分组里，每个分组处理特定的一部分交易，当交易量变大或交易类型增加时，FISCO BCOS 平台可以快捷地增加分组，并在规则中设定，将新增的流量分配到新的分组里，这种方式增强了系统处理性能。需要注意的是，虽然不同的组之间的功能设计存在差异，如一些分组是处理用户在线交易，强调低时延性，其他分组处理机构间的对账和清结算，关注批量数据处理。但最终都会通过所有机构以及区块链的运营委员会共同确认，通过共识算法保证部署实施的一致性、公开性和不可篡改性。总之，平台提供了基础的分组策略、并行多链的构建工具等，并且可以灵活地根据业务场景设计不同的分组，使得系统具有弹性。

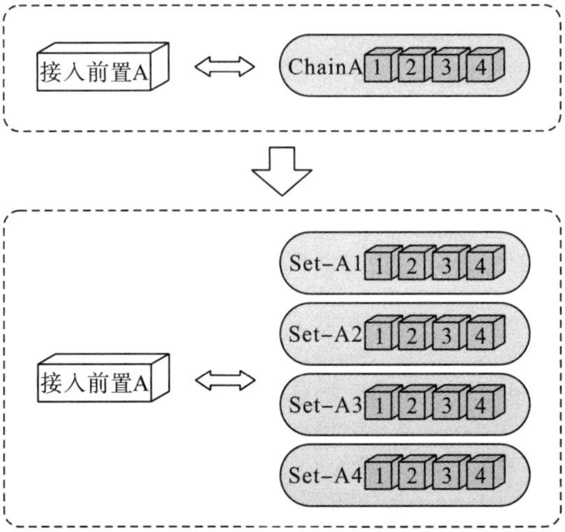

图 2.3　并行多链架构

资料来源：https://fisco-bcos-documentation.readthedocs.io/zh_CN/release-1.3/docs/features/%E5%B9%B6%E8%A1%8C%E8%AE%A1%E7%AE%97/README.html[2019-02-27]

热点账户指的是高频交易的账户，热点账户产生的数据会被频繁更新，因此很容易导致性能瓶颈、数据库压力等问题，对此，FISCO BCOS 提出了一种解决方案。

如图 2.4 所示，FISCO BCOS 设计了多个并行的交易链，首先将用户按照一定的性能模型分组，每个针对用户的分组而构建的独立的区块链组件，先称为“用户交易链”。例如，预估每个分组有 50 万用户，5 个分组能容纳 250 万用户(实际的每组能容纳的用户数需要根据业务场景实测评估)，于是就构建了 5 个用户交易链。热点账户本身可以分配在一个热点账户的链上或者是某一个分组里，为了支持其他用户和热点账户的交易，热点账户会在每个用户交易链上设立一个影子户，其他用户会和用户交易链内的热点账户影子户实时交易，每次交易都在用户交易链内部进行共识，不同的分组可以并行地进行交易计算，互不相关。

在用户交易链上，热点账户影子户里只保存该分组里的总分账，即一部分用户进行交易后，影子户里产生的收入、支出等，用户交易链会定期构建一次链内账目清算交易，并向热点账户链发起一次跨链汇总交易，热点账户链接收到交易之后，会到用户交易链去验证交易发送者的身份、汇总交易的存在性、账目的真实性和准确性，验证成功后，在热点账户链上继续进行账目计算和入账操作，流程结束。整个过程会在不同的链上完整地执行共识确认，从而保证用户交易链和热点账户链之间的交易信息准确完整。

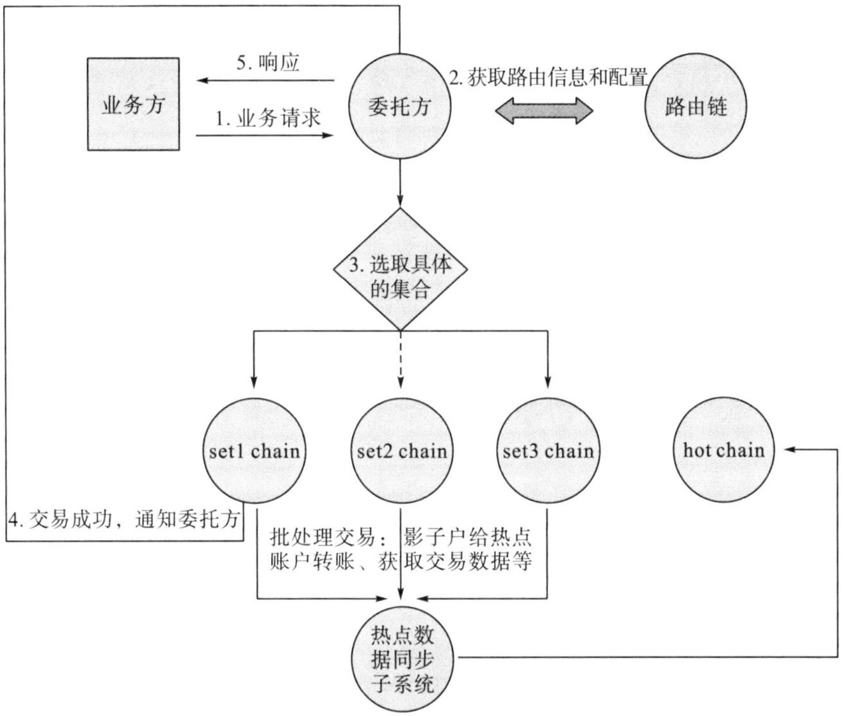

图 2.4　热点账户架构

资料来源：https://fisco-bcos-documentation.readthedocs.io/zh_CN/release-1.3/docs/features/%E5%B9%B6%E8%A1%8C%E8%AE%A1%E7%AE%97/README.html[2019-02-27]

其次，进一步增强了安全保障。在底层技术和业务架构设计上，采用多维度的安全防护，满足高要求的安全标准，主要包括以下维度：在通信层方面，用户数据等模块进行高强度的加密保护；在系统治理方面，实行准入控制、权限控制策略，保护系统安全；支持多种密码学算法，包括基于密码学的隐私保护算法；提供安全方面的经验，协助合作伙伴共同实施安全措施，保障全网安全。

再次，平台的实用性较强，平台简化了建链过程，适应多种环境的部署方式，全局配置更新，并且提供各种开发接口，方便开发者编写和调用智能合约。FISCO

BCOS 平台提供的 SDK（Software Development Kit，软件开发程序包）工具，可同时支持 Java 和 Node.js 两种开发语言。在 SDK 基础上，开发者能够开发直接面向用户的客户端程序，调用区块链上的功能接口，在客户端就可以获取区块链的数据，轻松实现业务合约的管理、执行、交易查询功能。

最后，FISCO BCOS 通过区块链浏览器构建了实时直观的数据监控体系。如图 2.5 所示，在浏览器界面，可以直观清晰地看到 FISCO BCOS 的内部结构，自动查询区块的历史与实时信息，包括节点的 ID、端口、块高等信息，区块的块高、时间、交易数量、出块者等相关信息，交易的哈希值、所属区块、块内 ID、交易时间、发送者、接收者等信息，网络中正在处理的尚未确认的交易信息。

如图 2.6、图 2.7 所示，FISCO BCOS 还预埋了监控指标，让开发者只需跟踪查看监控指标输出日志，就能快速掌握区块链运行过程中的一些深层信息。浏览器和预埋指标展示的数据直观清晰，能大幅度节省查询统计成本，提升监控效率。

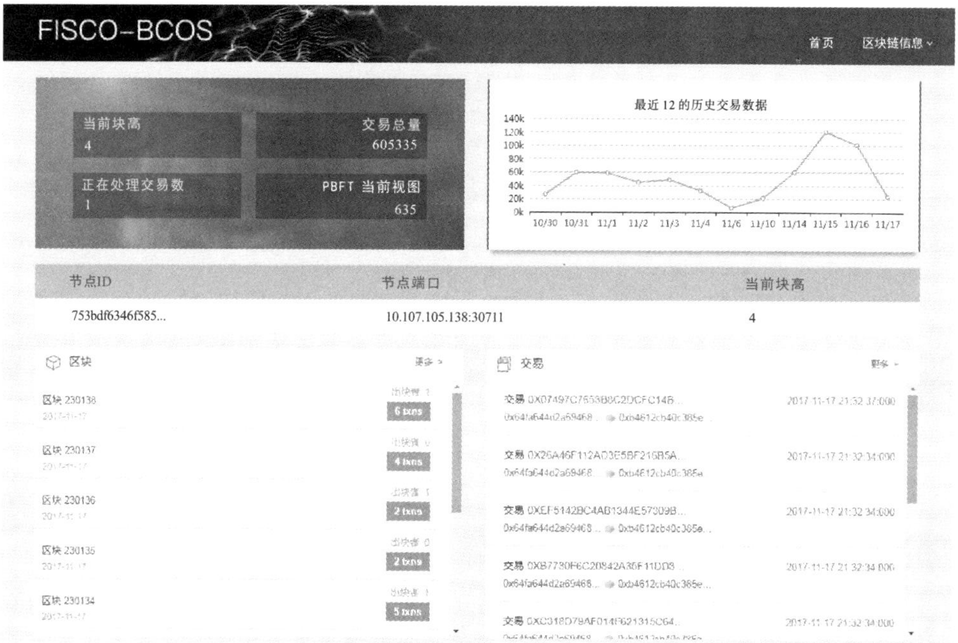

图 2.5 区块链浏览器总览

资料来源：https://fisco-bcos-documentation.readthedocs.io/zh_CN/release-1.3/docs/features/%E6%98%93%E7%94%A8%E6%80%A7%E6%B5%85%E8%B0%88/README.html[2019-02-27]

FISCO-BCOS　首页　区块链信息

交易　首页/交易

哈希	所属块	交易块内ID	交易时间	发送者	接收者
0x07497c7653b...	230139	0	2017-11-17 21:32:37.000	0x64fa644d2a6...	0xb4612cb40c3...
0x26a46f112ad...	230138	5	2017-11-17 21:32:34.000	0x64fa644d2a6...	0xb4612cb40c3...
0xef5142bc4ab...	230138	4	2017-11-17 21:32:34.000	0x64fa644d2a6...	0xb4612cb40c3...
0xb7730f6c208...	230138	3	2017-11-17 21:32:34.000	0x64fa644d2a6...	0xb4612cb40c3...
0xc318d79af01...	230138	2	2017-11-17 21:32:34.000	0x64fa644d2a6...	0xb4612cb40c3...
0x97c9567ffbe4...	230138	1	2017-11-17 21:32:34.000	0x64fa644d2a6...	0xb4612cb40c3...
0xe590fc3d878...	230138	0	2017-11-17 21:32:34.000	0x64fa644d2a6...	0xb4612cb40c3...
0xe56a31cbee6...	230137	3	2017-11-17 21:32:31.000	0x64fa644d2a6...	0xb4612cb40c3...
0xa131d4faf040...	230137	2	2017-11-17 21:32:31.000	0x64fa644d2a6...	0xb4612cb40c3...
0x4045cea21a5...	230137	1	2017-11-17 21:32:31.000	0x64fa644d2a6...	0xb4612cb40c3...

图 2.6　区块信息

资料来源：https://fisco-bcos-documentation.readthedocs.io/zh_CN/release-1.3/docs/features/%E6%98%93%E7%94%A8%E6%80%A7%E6%B5%85%E8%B0%88/README.html[2019-02-27]

FISCO-BCOS　首页　区块链信息

交易　首页/交易

哈希	所属块	交易块内ID	交易时间	发送者	接收者
0x07497c7653b...	230139	0	2017-11-17 21:32:37.000	0x64fa644d2a6...	0xb4612cb40c3...
0x26a46f112ad...	230138	5	2017-11-17 21:32:34.000	0x64fa644d2a6...	0xb4612cb40c3...
0xef5142bc4ab...	230138	4	2017-11-17 21:32:34.000	0x64fa644d2a6...	0xb4612cb40c3...
0xb7730f6c208...	230138	3	2017-11-17 21:32:34.000	0x64fa644d2a6...	0xb4612cb40c3...
0xc318d79af01...	230138	2	2017-11-17 21:32:34.000	0x64fa644d2a6...	0xb4612cb40c3...
0x97c9567ffbe4...	230138	1	2017-11-17 21:32:34.000	0x64fa644d2a6...	0xb4612cb40c3...
0xe590fc3d878...	230138	0	2017-11-17 21:32:34.000	0x64fa644d2a6...	0xb4612cb40c3...
0xe56a31cbee6...	230137	3	2017-11-17 21:32:31.000	0x64fa644d2a6...	0xb4612cb40c3...
0xa131d4faf040...	230137	2	2017-11-17 21:32:31.000	0x64fa644d2a6...	0xb4612cb40c3...
0x4045cea21a5...	230137	1	2017-11-17 21:32:31.000	0x64fa644d2a6...	0xb4612cb40c3...

图 2.7　交易信息

资料来源：https://fisco-bcos-documentation.readthedocs.io/zh_CN/release-1.3/docs/features/%E6%98%93%E7%94%A8%E6%80%A7%E6%B5%85%E8%B0%88/README.html[2019-02-27]

3. 场景探索

微粒贷由微众银行与合作行运用联盟链技术构建，通过建立起透明互信的信任机制，优化对账流程，降低人力和时间成本，提升了对账的时效性与准确度。通过该平台，交易数据只需秒级即可完成同步，并实现 T+0 日准实时对账。自 2016 年 8 月底上线，上海华瑞银行、长沙银行、洛阳银行等相继加入使用，平台至今始终保持零故障，记录的真实交易笔数已达千万量级。

❖案例三　中小企业贷款平台 LiqEase

中小企业由于其自身信用风险较高、财务管理水平有限、缺乏合格抵押物等原因，始终面临难以从银行获得贷款的难题。目前，中国商业银行接受的抵押物大部分是土地、建筑物等不动产，一方面，大量中小企业由于缺乏“合格”抵押物而求贷无门；另一方面，中小企业持有的大量应收账款、存货等资源却长期闲置。这不仅加大了中小企业的财务成本、削减中小企业利润，还可能引发资金周转困难甚至企业破产。区块链技术通过智能合约和大数据分析技术创造了新型的借贷模式[34]，有利于缓解中小企业贷款面临的流程繁复、抵押物难以登记等一系列技术困难。

1. 中小企业贷款难

中小企业对 GDP（gross domestic product，国内生产总值）的贡献不容小觑，在 2018 年 8 月 20 日国务院促进中小企业发展工作领导小组第一次会议中，首次提出了中国的中小企业具有“五六七八九”的特征，即中小企业贡献了 50%以上的税收，60%以上的 GDP，70%以上的技术创新，80%以上的城镇劳动就业和 90%以上的企业数量。中小企业的发展需要合适的融资计划来支撑，银行有复杂严格的申贷标准和高额的贷款利率，部分中小企业难以满足贷款抵押条件，银行不愿承担中小企业无力还款的风险，更加倾向于借款给具备良好信用记录和具备丰厚有形资产的公司。在这种情形下，中小企业的一些优秀的战略构想会限于资金不足，难以取得进一步发展。

从中小企业自身情况看，申贷之所以困难是其自身多种原因共同导致的。首先，中小企业自身信用风险较高，债务负担沉重，偿债能力不强。在经营出现风险以后，市场上有企业通过企业改制、申请破产、转产、注销法人，甚至一逃了之等方式悬空或逃废银行债务，并且银行很难追回资产维护自身权利。这些行为在极大威胁信贷资金安全的同时也极大地降低了企业的信誉度，严重地挫伤了金融机构投放贷款的积极性，导致金融机构在投放贷款前会再三核实中小企业的偿债能力。其次，目前中小企业的财务管理水平不高。一些中小企业出于某种目的，一厂多套报表，或者干脆不建账，报表账册不全，财务信息严重失真，财务行为不规范，内控制度不严，银行无法快速准确地判断企业及其负责人的真实信用水平，放贷自然比较小心谨慎。再次，根据《中华人民共和国商业银行法》的规定，申请银行贷款的企业必须提供相应的担保，而由于流动资产价值起伏较大、无法实时监控，风险较大等，金融机构往往也更倾向于企业用固定资产而非流动性资产作为抵押品。然而，大部分中小企业尚处于原始资本积累阶段，经济实力较弱，资本金不足，难以提供满足金融机构要求的有效抵押品，如图 2.8 所示，流动负债占总负债比例较高，无法偿债的风险较大。除抵押物外，中小企业也很难找到合适的担保人。一些效益好的企业不愿意给其他企业作担保，效益一般且愿意作担保的企业又不被银行接受。

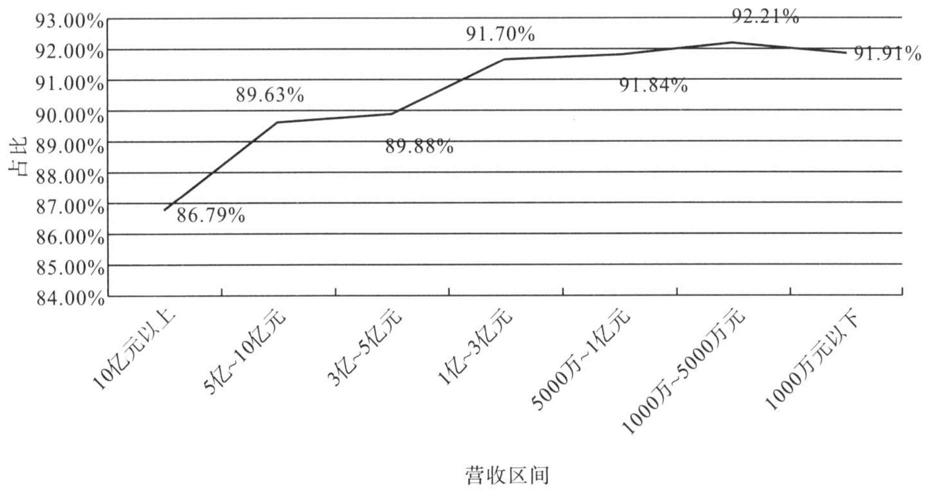

图 2.8　不同营收区间企业流动负债占总负债比例

资料来源：根据网上公开资料整理

从银行经营管理来看，严格风险管理约束是银行保障自身权益的行为，但也因此导致中小企业难以取得贷款。首先，由于收益、风险和成本的不对称，银行偏好贷款给大企业。虽然中小企业贷款金额并不高，但评估抵押品、发放贷款、经营环节缺一不可，而小企业的风险却比大企业高很多。其次，由于贷款权限上收，不良资产增多，资产负债比率过高，一些金融机构无力给中小企业贷款。最后，由于过度强调责任约束，重视安全性，银行一般不会轻易贷款。

从操作流程来看，贷款审批和抵押物登记等环节复杂、收费不菲也让中小企业深感无力。以土地房产抵押评估和登记手续为例，评估需要申请、实地勘测、限价估算等，登记需要土地权属调查、地籍测绘、土地他项权利登记等，烦琐的流程需要较高的时间成本[35]。申请到贷款时，可能企业已错过最佳发展时机。

2. LiqEase 在中小企业贷款中的优势

Traxia 基金会率先利用区块链技术帮助解决中小企业的现金流问题，其建立了一个去中心化的全球贸易金融生态系统 LiqEase，为中小企业提供透明、快速和价格合理的融资服务。LiqEase 通过区块链技术建立了一个去中心化的系统，旨在为中小企业提供反馈迅速、价格适中的交易平台，在该平台可将电子化的发票转换为智能合约，投放于具有优势价格的投资者与卖家之间，避免纸质记录处理的繁杂缓慢。为更好地服务中小企业，其在上海、香港、马德里等地均设有办事处。

LiqEase 基于 Cardano 平台的区块链技术运作，为 DApp（decentralized application，分布式应用）开发提供可编程的区块链和智能合约，借助于 Cardano 的区块链技术，区块链的延伸性、互操作性等有所提升。在 LiqEase 平台上，企业的发票被数字化并转换成智能合约以便集成到区块链中。在区块链上，发票可转换为数字资产，可以方便地转发给买方、投资者和清算人，实现资产的快速电子验证、贷款和交易。数据和参与方可有效集合，使中小企业都可以避免纸质记录与繁杂程序，筹集短期资金。而为了防止发票欺诈、实现风险管控，LiqEase 在其白皮书中提出和评级机构 Creditsafe 合作，由 Creditsafe 对参与者信用进行评估以减少风险暴露。

LiqEase 平台的公开透明对具备良好信用的中小企业非常有利，其共识机制有利于银行和其他主体公正地判断一家企业是否具备贷款资质，使银行真正服务于实体经济，且有助于银行进行风险管理。[36]

LiqEase 还具有激励中小企业的机制。对于扩展业务而言，奖励机制的作用举足轻重。在投资者信任的前提下，平台上拥有的投资者越多，获得资金的机会越多，这足以激励区块链自身的发展，且节省了一大笔宣传费用。

❖案例四　零售贷款 BTCJam

除了银团贷款、联合贷款、中小企业贷款等形式，区块链技术在零售贷款中的应用场景也纷纷涌现。BTCJam 是第一个成功跨越国界的 P2P 贷款平台，虽然 BTCJam 在美国监管机构的压力之下已于 2017 年停止运营，但是在面临这些挑战之前，其已经为 120 多个国家提供了超过 1400 万美元的比特币贷款。这表明区块链技术与贷款业务的结合仍然任重道远。

1. 零售贷款面临的问题和原因

零售贷款业务，也称个人贷款业务，指的是借款者向符合条件的自然人发放的用于个人消费、生产经营等用途的本外币贷款。

近年来，零售贷款业务规模不断扩大，各家金融机构纷纷把资产管理的重点放在零售贷款领域，合规的零售贷款玩家层出不穷。与此同时，零售贷款的问题也不断显现出来。当前零售贷款问题主要体现在四个方面：一是借款利率偏高；二是共债与多头借贷问题严重；三是暴力催收问题时有发生；四是个人信息无法得到保护。究其原因，一是零售贷款行业进入门槛低，风控不到位；二是借款者信用风险大；三是非法催收机构大量存在；四是网贷中介助推多头借贷；五是个人信息保护范围模糊。

2. BTCJam 的运作机制

BTCJam 是总部位于美国旧金山的一家 P2P 借贷服务公司，其在 2013 年于加利福尼亚被 500 Startups（位于美国硅谷山景城的一家早期种子基金和创业孵化器）孵化成型，2014 年收到由 Ribbit Capital 牵头的投资机构总计 120 万美元的种子资金，同年公司完成了超过 500 万美元的贷款业务。创始人 Celso Pitta 来自巴西，他表示成立比特币借贷平台是由政策限制导致的另辟蹊径，因为在巴西未获许可的资金借贷服务是违法行为。同时，Celso Pitta 认为比特币可以在广阔的零售贷款市场上获得一席之地。

BTCJam 推出的基于区块链的去中心化 P2P 借贷网站为借贷双方提供了全球范围内点对点的借贷平台，平台运作方式如图 2.9 所示。借款者创建贷款申请，放款人可以基于线上信用评估系统等选择用户出借比特币，或者设定程序自动为符合要求的用户提供贷款。平台会依据用户征信得分来判断借款利率，借款者可自由选择还款频率。对于放款人，整个过程免费。而对于借款者，如果贷款低于 5 比特币，则收取 4%的费用，其他额度贷款只需 1%的费用。对于拖延还款 5 天以上的，收取拖延费，这个额度会达未还款金额的 5%或者价值 15 美元的比特币（二者相比，取较大的金额）。

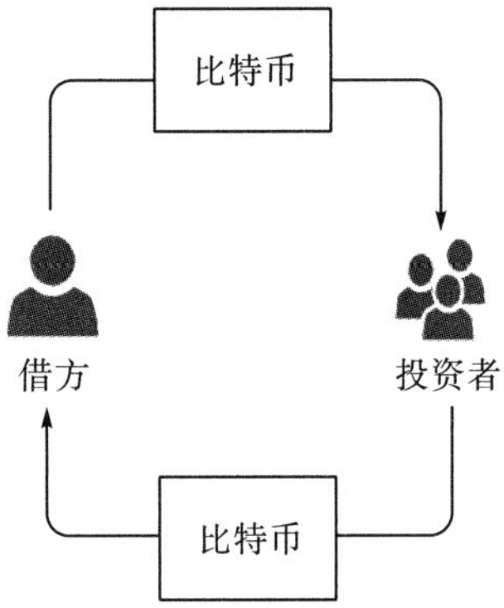

图 2.9　BTCJam 平台运作方式

资料来源：作者根据网上公开资料整理

BTCJam 的独特之处（图 2.10）有以下四点：一是地域优势，比特币不依赖于特定政府，其跨境交易简单，因此该平台吸引了来自世界各地的借方。二是可以减少信用风险和汇率风险。具体而言，BTCJam 基于自己的线上信用评估系统为用户做鉴定，用户可以自己建立和维护信用。BTCJam 平台将借款者从 A+到 E 进行不同信用级别评分，该评分受到图 2.11 所示诸多因素（如身份认证、收入认证等）的影响。用户可以将 BTCJam 上的个人资料同 Facebook、易趣、领英、Coinbase 等账号进行关联，从而丰富个人信息及增加信用考察的深度。第一笔贷款后需要按时还款，如果按时还款，那么信用评分会上升，社区其他成员也会给好评。这套措施会降低在平台表现优异的参与者的成本，而增加表现不好的参与者的成本，从而达到正向激励效果，减少信用风险[30]。但是，考虑到比特币价格的大幅波动，汇率风险可能比信用风险更大，BTCJam 平台为此提供两种不同类型的贷款：比特币贷款和关联贷款。比特币贷款是借贷双方直接用比特币进行借贷，借贷双方直面比特币价格变化；关联贷款与比特币贷款不同的是在贷款发放日就开始关联到比特币兑美元的汇率。例如，一笔贷款的总额在贷款发放日等同于 3000 美元的比特币，无论比特币价格如何波动，这笔贷款将基于 3000 美元偿还。在关联贷款中，比特币只是充当交易媒介，借贷双方都可以免受汇率风险。三是贷款期限多样化，偿还频率个性化。BTCJam 平台上的贷款期限比主流借贷平台更加多样化，从 7 天到 1 年不等。另外，贷款可以自由选择每隔 1 天、3 天、7 天或者 30 天偿还。四是投资人收益率基于信用评分系统进行浮动。在 BTCJam，每笔贷款约有 20 个投资人，平均年回报率为 19%，该平台实施基于风险的定价模型，改变了设定借贷利率的方式。

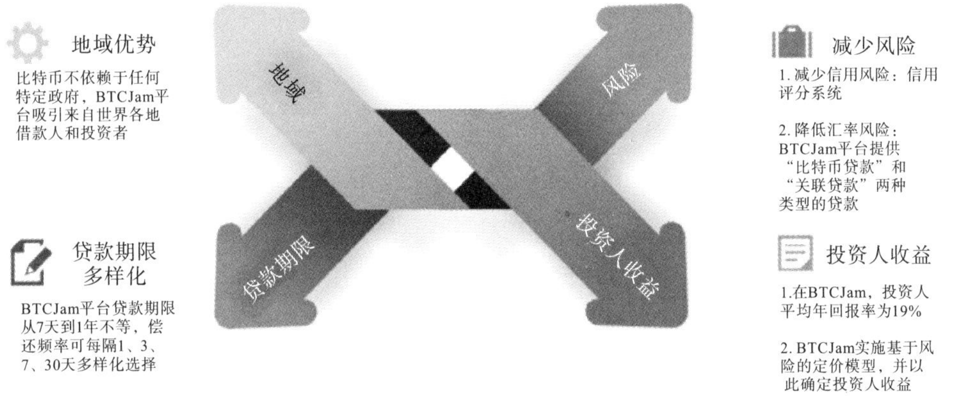

图 2.10　BTCJam 的独特之处

资料来源：作者根据网上公开资料整理

图 2.11　在 BTCJam 页面的信用评分验证板块

资料来源：https://www.weiyangx.com/43217.html[2015-08-31]

3. 区块链技术在零售贷款中的优势

将区块链技术应用到零售贷款领域的优势有以下三个方面：

一是可以提供一个借贷双方直接高效交易的平台。借款者只需要创建一个贷款列表，借款者可以手动选择借款对象，也可以建立智能合约，自动向满足条件的借款者放款，基于区块链的点对点交易模式大幅降低了信息传递中出现的种种错误。同时，该平台对于小额支付无须审查，消费者直接在区块链上付款，不需要账户内有余额，甚至不需要联网，通过计算机程序自动确认执行双方交易结果，大幅度提高了交易和结算的效率。

二是信用评分制度、自动强制执行制度可以在一定程度上降低借贷人的违约风险。借款者一旦申请贷款，银行或其他借款者会依据借款者信用得分进行贷前、贷中、贷后的审批，信用得分可以反映借款者的信贷价值及违约风险。它是一系列输入项的集合，从所借时限到支付记录等，大多数零售信用就是根据这个得分来考察。但这种计算方式也有深层问题。其一，它的范围狭隘。一个年轻人并没有信用记录，但是也许他声誉不错，也能完成相应的还款承诺。其二，分数变动滞后：数据输入项经常会过时，相关度也很低。而区块链技术可以解决这些问题，在 BTCJam 案例中，区块链能够在需要信任元素的各方之间创建信任关系。得益于区块链技术，平台在发放贷款过程中能够有效地降低信用风险。

三是非对称加密技术可以保证客户的交易安全、隐私安全[37]。非对称加密技术在零售贷款中的应用可保证交易真实和可验证的同时通过匿名性来保护用户的隐私。

目前，许多大型跨国银行已经开始将区块链技术应用于银团贷款业务中，如 Fusion LenderComm 项目逐渐增多，但在中国此类实践仍然罕见。真正实现区块链项目的落地需要经过银行等金融机构和借款者的同意，将财务信息存储在区块链上，且需要金融机构间对相关文件如尽职调查报告、担保文件等互认，出于隐私性、安全性、盈利性等方面的考虑，区块链技术在中国银团贷款业务中探索空间还很大。

对其他类型的贷款种类，区块链技术的应用更加普遍。例如，微粒贷、贷款平台 LiqEase、BTCJam 的应用并非罕见，银行间已成立或准备成立区块链联盟以实现信息的共享，增加平台的互操作性。区块链技术为借贷双方建立了新型的信任关系，根据借款者之前的经济活动和社会活动等因素，为借款者在区块链上塑造出经济身份，由借款者的声誉而非单一的信用评分来评定其信贷额度，形成新的激励机制[30]。

对于银行贷款这一场景，实现完全的去中心化是不现实的，实际中的应用退后了一步，以弱中心化的方式对现有系统进行改革，寻求在公平与效率之间的最优平衡点。在这个过程中，各个区块链联盟的成员都在探索打破技术瓶颈，进行共识算法的优化，实现大规模应用；研究隐私保护算法，在保护客户核心信息的基础上实现部分信息的共享；研究对智能合约进行事先检验的方法，避免智能合约的重大缺陷等[38]。从目前来看，银行业仍需要做好工程技术层面的工作，为区块链的大面积应用做好技术准备。

场景二

证 券 交 易

证券行业是金融市场的重要组成部分，证券行业的健康发展有利于资源的合理配置和价值的传递[39]。证券行业涉及的参与主体众多、流程复杂，存在信用风险和操作风险等各类风险，区块链技术可以为证券行业提供信任支持，可广泛应用于证券发行、证券登记存管、证券清算交收等领域，其独有的信用机制及其安全性、透明性、不可篡改等特点有望解决证券业成本高、效率低、安全性低等一系列问题。

一、证券行业面临的问题

证券体系的核心功能包括证券的登记存管、发行和清算交收，中国的证券发行阶段存在一些由于参与方众多、信息不对称造成的问题，但证券登记、清算交收等流程已经相对规范、高效，不过一些国家如英国、澳大利亚的登记存管由于法律规定的原因，仍保留实物证券登记，人工登记成本较高，英国的存管体系也相对较为分散，导致各部门之间沟通效率不高[40]。在清算交收阶段，国际上也存在清算交收成本高、集中度不高等问题。这些问题在一定程度上限制了证券业的进一步发展。

(一)证券发行存在的瓶颈

证券发行是指资金募集者向投资者发行股票、债券等证券筹集资金的行为。证券发行过程中涉及大量参与机构，各参与机构信息不对称，并且发行流程烦琐，存在不少问题，本节以我国证券市场为例，分别介绍股票发行和债券发行过程中存在的问题，其中股票发行中存在的问题以 IPO(initial public offerings，股票首次发行)为例介绍。

1. IPO 存在的问题

在 IPO 过程中，需要大量中介机构参与，如图 3.1 所示，股票发行的主要程序包括：保荐机构对拟 IPO 公司开展尽职调查、指导公司进行股改等与上市辅导有关的工作，审计机构、律师事务所、评估机构等中介机构各司其位、各尽其职按专业标准提供专业服务并出具相关专业报告，同时保荐机构协助发行人向地方证券监管部门申请辅导报备、辅导验收等，随后按要求向中国证监会申请上市审核，待通过中国证监会发行审核委员会审核后，进行询价、定价、路演、公开发行等活动。可见 IPO 过程都会涉及众多机构参与，由此会出现以下问题。

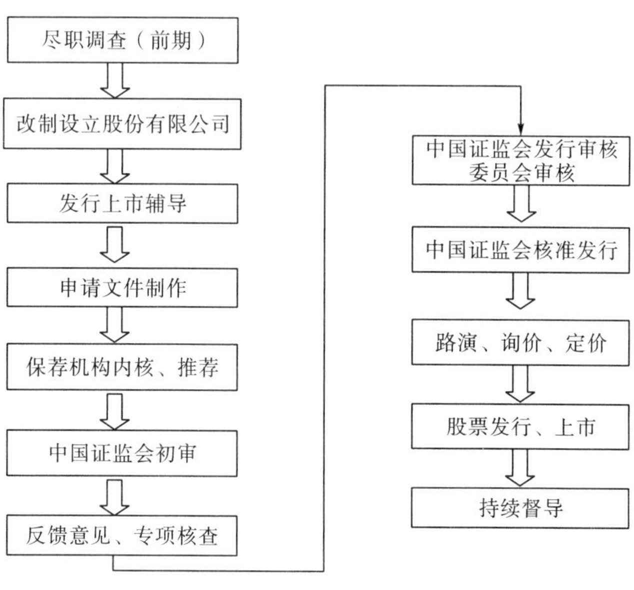

图 3.1　企业 IPO 流程

一是在 IPO 过程中，各参与机构之间信息不对称诱发欺诈风险[41]。股票的发行人相对于投资者具有信息优势，投资者掌握的信息相对有局限，难以掌握真实的风险状况。这为发行人利用自身的信息优势进行欺诈提供了可能性，发行人财务造假的目的较明确，诸如使公司的财务指标，如归母净利润、营业收入、资产总额等达到 IPO 发行条件，或使公司的主营业务突出、业绩保持持续增长态势，争取较好的发行溢价。因此，如果中介机构未勤勉尽责、发行人有舞弊行为、监管机构核查监管不力等，会滋生欺诈行为，导致投资者利益受损。

二是企业 IPO 启动初期，尽职调查阶段涉及业务、财务和法律等环节，有一定的专业性，需保荐机构、律师、审计师和发行人通力合作、坦诚相待，工作量较大，人工成本和沟通成本较高。

三是在 IPO 审核过程中，很多问题不易被监管部门察觉。中国证监会《51 条 IPO 审核问答指引》中，指明了 IPO 过程中易出现的问题，诸如第三方回款、引用第三方数据、关联交易、社保及公积金缴纳等容易不规范的事项。第三方回款指买卖交易的独立第三方向卖方支付款项，实物业务交易、资金交易、票据交易不同步；引用第三方数据过程中存在部分企业购买数据，或采用不具有行业代表性的太小众公司的数据，优化自身业绩的行为；关联交易中存在个别公司对控股股东及其控制企业的关联交易超过收入 30%未如实完整披露的不规范行为；社保及公积金缴纳中存在最后一期员工缴纳比例低于 70%未如实披露的问题。此外，在审核过程中还有很多不易察觉的问题，这对监管审核是一个较大的挑战。

2. 债券发行机制有待完善

债券的发行同样需要大量中介机构参与，如图 3.2 所示，债券发行过程中需由主承销商、审计机构、律师事务所、信用评级机构、担保机构以及资产评估机构等多个中介机构参与，主承销商的工作内容包括协调各中介机构开展尽职调查、牵头准备发行申请文件、设计债券发行方案、安排路演推介工作、组建承销团队进行债券销售等；审计机构需要完成发行人的财务尽职调查、审计发行人最近三年或三年又一期的财务报表并出具审计报告；律师事务所需要就债券的发行、上市出具法律意见书和律师工作报告；信用评级机构需要出具债券发行单位信用评级并进行债券存续期间的跟踪评级；担保机构需要出具担保函，为债券的还本付息提供担保；在抵押债券模式下，尚需资产评估机构对抵押资产进行价值评估并出具评估报告。此外，之前在债券发行后的存续期间，需要接受中国证监会、国家发展和改革委员会（以下简称国家发改委）、交易商协会等政府部门或行业协会监管，其中交易商协会审批监管短融、中票、非公开定向债务融资工具（private placement note，PPN）等，国家发改委负责审批监管企业债发行，中国证监会负责公司债审批。自2018年12月3日《中国人民银行　证监会　发展改革委关于进一步加强债券市场执法工作的意见》发布后，债券发行后续监管统一归口到中国证监会。

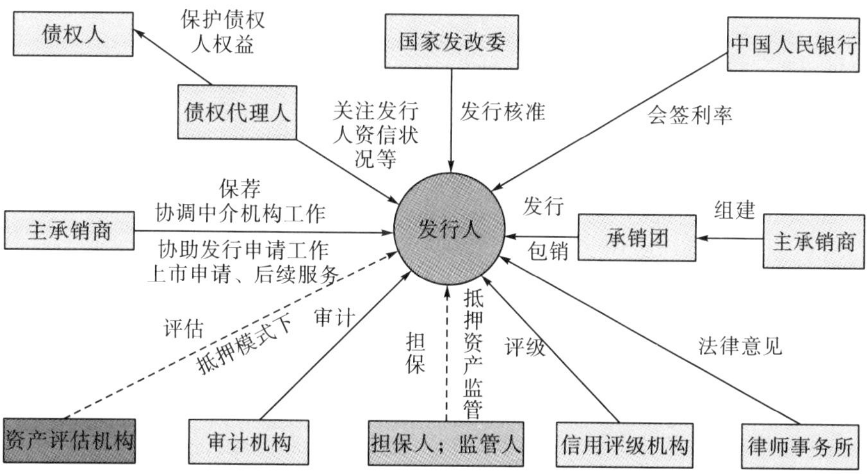

图 3.2　债券发行中各中介机构的职责

当前，债券的信息披露存在披露不充分、信息失真、可能误导投资者等情况，信息披露质量有待提升。

（二）证券登记与存管效率有待提高

证券登记是指对证券权利的归属和变动进行确认。中国《证券登记结算管理办法》将证券登记定义为证券登记结算机构接受证券发行人的委托，通过设立和维护证券持有人名册确认证券持有人持有证券事实的行为。中国证券登记实行证券登记申请人申报制，中国证券登记结算有限责任公司(以下简称中证登)对证券登记申请人提供的登记申请材料进行审核，证券登记材料包括证券持有人姓名、证券账户号码、证券持有人通信地址、持有证券名称、证券持有状态等要素。中证登设立了电子化证券登记簿记系统，依据电子化证券登记簿记系统记录的结果，向证券发行人提供证券持有人名册，登记过程效率相对较高。

由于不同国家或地区的法律对证券所有权形式的规定存在差异，并且不同国家或地区证券市场形成与发展路径不一样，因此登记模式也存在差异。从境外主要国家和地区的证券登记做法来看，主要分为两种模式：名义持有人登记模式和实际持有人登记模式。

1. 名义持有人登记模式

目前，美国、法国、德国等地采用以名义持有人登记为主的登记模式。名义持有人(nominee)登记是指中央存管机构作为证券的名义持有人登记在持有人名册上，发行人或其代理登记机构不掌握中央存管机构名下的中介机构及实际持有人的明细资料。

2. 实际持有人登记模式

实际持有人登记是指证券的实际持有人以自己的名义直接登记在发行人的证券登记簿上。根据证券登记的依据不同，实际持有人登记可以分为两种情况，一是以实际持有人直接持有实物证券为依据进行登记，二是以电子记录为依据进行登记。

以实际持有人直接持有实物证券为依据的登记，建立在实物证券发行与交易基础之上。证券的实际持有人持有实物证券，证券交易通过证券书面凭证的交付来实现。证券交易后，就记名证券而言，证券由卖方背书后交给买受人，由买受人持已背书证券前往证券发行人或其代理机构，更新持有人名册。证券登记同时也是核证证券有效性的程序，登记处必须检查证券是否出现诸如盗窃、遗失或伪造等不当行为，只有在所有权经核实后，才会更新名册上的登记资料。这种以手工操作为主的实物证券过户登记制度是证券市场早期的主要登记方式，效率较低，风险较大。

随着计算机技术的发展，以电子记录为依据的登记逐渐替代以实物证券为依据的登记。证券交易通过存管机构的电子过户来实现，再根据存管机构的过户结果完成登记。有些国家的法律直接认定存管机构对投资者的电子过户记录为有效的登记记录。

目前，澳大利亚、英国等国家未完全实现无纸化，法律允许使用实物证券登记和电子记录登记，因此，发行人的完整的持有人名册通常由存管机构的电子记录和实物证券持有人名册两个部分构成。

证券存管是指专门的机构对证券进行保存和管理。证券存管业务具体包括：维护证券公司交存的自有证券和客户证券的余额，提供查询和代收红利等服务，记录证券公司和客户的托管关系的产生、变更和终止等。如图 3.3 所示，中国的存管制度是投资者将证券托管给证券公司，证券公司再把证券存管在证券登记结算机构，由证券登记结算机构集中管理，管理流程相对规范、统一。

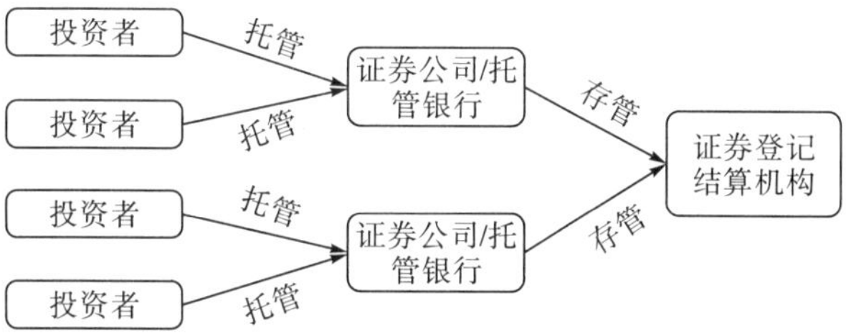

图 3.3　证券存管体系

但是目前一些国家的证券存管较为分散，如英国流通的证券根据证券类别存管于相应的存管处：金边债券存管于中央存管处，股本证券存管于 TAURUS（Transfer and Automated Registration of Uncertificated Stock）系统，短期英镑融资票据存管于货币市场中央存管处。存管的分散会导致金融市场基础设施的碎片化，各机构之间的协调也会遇到各种问题，从而影响市场效率。

(三)证券清算与交收亟待改善

证券清算是指按照事先明确的规定核算交易双方证券和资金的应收应付金额数目的过程，最后需要确定交易双方的履约责任和交收义务。证券交收是指交易双方根据清算结果转移相应的证券和资金来履行相关债权债务[42]。中国的清算交收系统已经发展相对规范、统一，从国际上来看，传统的清算和交收过程主要存在以下三个方面的问题。

第一是证券清算交收环节复杂、参与主体众多，而且各参与主体会因为交易时间、交易方向等信息不一致产生分歧，需要人工协调[43]。以澳大利亚的清算交收为例，澳大利亚股票清算交收周期是 T+2 日，其流程如图 3.4 所示，流程涉及清算参与机构、结算参与机构、中央证券存管机构、中央银行等多个参与机构，参与机构各自保存自己的交易记录，这样可能会导致各参与方的一些信息不一致，如交易方向、头寸、到期日等信息，为了统一各个参与机构关于交易的确认意见，通常会对交易信息进行人工核对和调整。

第二是清算的成本非常高。环球同业银行金融电讯协会的研究显示，全球金融市场每年用于证券清算交收、担保品管理、托管业务的费用达 400 亿～450 亿美元。截至 2014 年，美国证券行业还未采用区块链技术改善清算成本时，美国存管信托和结算公司(Depository Trust & Clearing Corporation，DTCC)提供托管和服务的证券市值累计已经高达 37 万亿美元。

第三是清算交收的集中度不高，在不同的证券领域有不同的结算模式，这种模式会提高清算成本，并且降低证券清算的效率。不同性质的证券由不同的部门结算，虽然不同的机构各司其职，业务架构清晰，但这种模式会导致金融市场基础设施的碎片化，各参与机构之间的多层连接协调过程中很容易出现信息不对称、程序复杂等问题，从而影响效率。

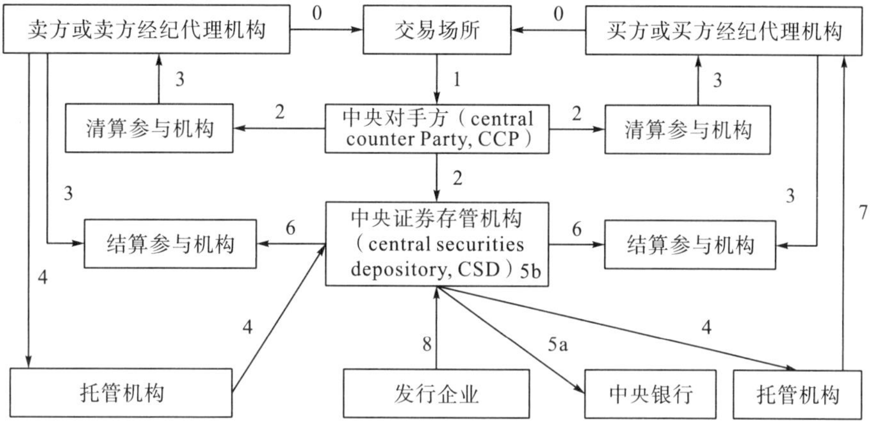

图 3.4　澳大利亚股票清算交收一般流程

资料来源：刘瑜恒，周沙骑. 证券区块链的应用探索、问题挑战与监管对策[J]. 金融监管研究, 2017, (4): 89-109

澳大利亚股票清算交收步骤如下。

步骤 0：买方或卖方经纪代理机构分别向交易场所发送交易指令。

步骤 1：交易场所把交易信息发送到 CCP（中央对手方），CCP 对买卖双方的交易指令核对确认后，进行净额清算。

步骤 2：CCP 把交易指令通知给清算参与机构和 CSD（中央证券存管机构）。

步骤 3：清算参与机构通知交易双方经纪代理机构，交易双方再转告结算参与机构。

步骤 4：卖方经纪代理商向托管机构发送交易托管指令，托管机构再向 CSD 发送托管信息。

步骤 5：a. 在交收日，银行资金开始过户；b. 同时在 CSD，卖方的证券过户给买方，完成货银对付。

步骤 6：CSD 向结算参与机构发送结算指令。

步骤 7：证券从卖方转移给买方。

步骤 8：新的证券发行以后，会被纳入 CSD，用来在未来进行交易。

二、区块链技术在证券行业的应用价值

区块链技术与证券行业的结合受到越来越多的青睐。区块链技术的智能化、透明化等特点可有效解决证券发行、证券登记存管、证券清算交收等领域的痛点。智能合约有助于降低证券交易成本、协作成本和监管成本，提升证券业的运转效率。此外，区块链技术可以降低金融市场主体所面临的信用违约风险、流动性风险、系统风险等风险，区块链技术与证券行业的结合未来可期[44]。

（一）区块链技术助力证券发行

一是区块链技术可以降低因信息不对称产生的欺诈风险。通过区块链技术扩大证券信息的来源，所有与投资决策有关的信息，如权益变动、税收缴纳、专利信息、司法纠纷及中介机构的尽职调查等信息，都会记录上链，供所有参与主体查询参考，大大提升信息的透明度，减少信息不对称，降低欺诈风险。

二是区块链技术有助于降低成本，提高效率。首先，发行人可以利用智能合约自动办理证券发行，将烦琐的业务处理流程自动化，增强发行的便捷性和灵活性的同时降低了人工操作成本。其次，可以把所有规定写入智能合约，减少参与机构之间的摩擦，降低机构间的沟通成本。最后，参与机构共同维护联盟链上的信息，并且可以在联盟链上实现点对点的证券发行，一定程度上弱化证券承销机构的作用，客观上会减少部分承销费用。

三是有助于监管部门监管。监管部门也可以注册为链上的节点，向被监管方索要一些重要信息的公钥，获取相关信息，因为所有信息都是不可篡改的，所以监管部门无须再花费大量人力、物力去核实数据的真实性，区块链上保留着各类交易记录，可追溯源头，也有利于监管部门发现是否存在关联交易。

（二）区块链在证券存管方面的应用

区块链技术将改变证券登记的操作方式，以实物证券为依据的登记将会被完全取代，降低登记过程的人工成本。在区块链上所有资产信息都以数字化的形式存储，每个参与者都有一个完整的账簿，任何信息的变动都会在区块链上同步实时更新，当股权变更时，共识机制会做出公正、公平的判断，有利于减少不必要的纠纷，从而降低了登记成本。

在区块链上，传统登记存管体系的分散问题将不复存在。区块链具有去中心化的特征，所有节点共同维护这个分布式账本，证券权属变动的信息会在主链实时同步更新传播，各参与方之间的沟通效率会大大提升，存管分散导致的沟通不足的问题将不复存在。在区块链上，证券登记存管可以无缝衔接起证券发行、证券清算交收等流程，保障证券区块链的有序运行。

（三）区块链赋能证券清算

一是有助于降低协作成本，证券交易市场需要中央结算系统、证券公司、交易所和银行等多个参与机构的协作，在区块链上所有信息共享，减少各参与机构沟通过程中的摩擦，提升结算业务的效率，并且降低运营成本。

二是有助于提高结算效率，区块链具有去中心化的特征，随着区块链技术应用的深入，证券经纪代理机构、托管机构、清算参与机构、中央证券存管机构、中央对手方等参与机构都可能被代替，从而会实现交易各方的直接跨场所实时交易，进而提升清算交收效率。同时区块链上所有的信息都是公开透明的，并且所有信息不可篡改、可追溯源头，监管记录和审计记录随时可以调出来核查，这为监管和审计提供便利，提高监管和审计效率。

三是可降低结算过程证券结算系统、中央对手方等机构主体所面临的信用风险、操作风险等风险。首先，智能合约的实时清算，减少了一些复杂流程的人工操作，将交易过程数字化，有效控制手工输入错误等操作风险。其次，证券结算不再完全依赖中央登记结算机构，所有参与机构共同维护一个完整的账本，任何交易都实时在全网传播，并且区块链上的信息不可篡改，所有信息可以追溯源头，这在一定程度上降低了交易对手的信用风险。最后，区块链的分布式机制和非对称加密算法能降低受黑客攻击、恶意篡改等系统性风险。即使系统被攻击，只要一个节点有全网的备份，那么系统可以及时恢复，而且非对称加密算法不会轻易被破解。

三、应 用 案 例

随着区块链技术的优势逐渐被熟知，区块链与证券行业结合的应用纷纷落地，本部分将着重介绍区块链技术在资产证券化、股权交易及场外业务的应用模式与应用现状。

❖案例一　百度—长安新生—天风ABS

资产证券化是指以基础资产未来所产生的现金流为偿付支持，通过结构化设计进行信用增级，在此基础上发行资产支持证券(asset-backed securities，ABS)的过程。区块链技术在资产证券化领域的应用潜力巨大，可以优化ABS的设计与发行、证券交易、清算结算等各个环节，随着资管新规的政策红利，资产证券化市场业务的规模会逐渐扩大，ABS产品也会越来越丰富，同时金融市场对资产证券化服务商的要求也更加严格，促使资产证券化服务商对传统资产证券化业务进行创新改造[45]。

2018年4月27日我国资管新规正式落地，在不断趋严的监管环境下，资产证券化仍受到多重利好政策，国家鼓励资产证券化继续助力供给侧结构性改革，支持推动资产证券化业务有序发展，由此，资产证券化行业将迎来全新的发展机遇。但是在监管趋严及大幅攀升的兑付压力下，ABS背后风险也逐渐暴露，如表3.1所示，有7起ABS项目评级下调，其中包括2起实质性违约。交易各方对底层资产的可靠性存疑、原始权益人及保证人的信用水平有所恶化、现金流管理亟须完善、监管水平不足等因素对ABS行业的未来发展提出了重大挑战。

表3.1　2018年企业ABS评级下调情况

项目简称	最新评级时间	基础资产	风险来源	评级调整
昆西	2015年1月	收费收益权	铁路、民航竞争导致客运量下降	存续各档由AAA下调至AA+
哈热	2015年1月	收费收益权	现金流表现不及预期	存续各档由AA+下调至AA
凯迪	2015年1月	收费收益权	原始权益人经营困难，债务违约，项目提前赎回	存续各档由AA+下调至BBB+
凯迪	2015年2月	收费收益权	原始权益人经营困难，债务违约，项目提前赎回	存续各档由AA+下调至C
红博	2017年1月	商业房地产抵押贷款支持证券(commercial mortgage backed securities，CMBS)	原始权益人及保证人均已出现实质性债务违约，逾期债务规模较大	存续各档由AA+下调至B+
天风	2017年2月	股票质押回购债券	最大融入方已构成实质性违约	存续各档由AA+下调至B+
德邦(华信)	2018年1月	应收账款	原始权益人经营和融资环境急剧恶化	四次下调评级，由AAA下调至B

资料来源：中国资产证券化分析网评级报告

资产证券化业务的参与机构众多、交易结构繁杂、操作环节繁多、数据传输链条冗长并且后续管理事项烦琐[46]。具体流程如图 3.5 所示，借款者向权益人借款形成基础债权资产，权益人明确进行资产证券化操作的资产，设立特殊目的载体（special purpose vehicle，SPV），资产方将资产转移或出售给 SPV，由资产方或者第三方机构对转移的资产进行信用增级，再经过信用评级机构进行信用评级，会计师事务所提供会计审计服务、律师事务所提供法律服务，最后由承销商销售给投资者。在传统业务模式下，一方面，基础资产的质量难以保证、真实性水平较低，投资方与发行方的信息不对称，投资人和中介机构难以真正把握产品的风险；另一方面，各参与机构之间的数据传输效率并不高，整个流程会涉及众多参与机构多个业务系统的对接，交易过程中的资金清算和对账问题烦琐。

区块链作为公开透明的分布式账本，可以有效解决这些问题，区块链技术与资产证券化结合的方案分为两步：第一步是各参与方共建 ABS 区块链联盟；第二步是在此联盟基础上，把区块链技术应用于资产证券化的全部流程。具体如下。

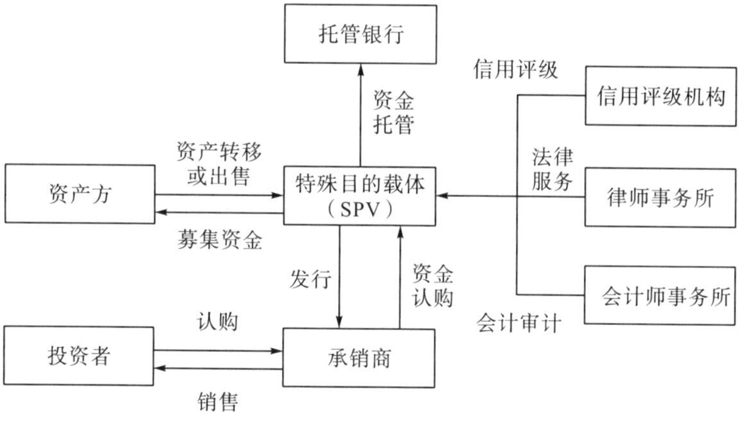

图 3.5　资产证券化的参与机构

1. 共筑 ABS 区块链联盟

相比私有链，联盟链运作空间更大；而相比公有链，联盟链安全性更高。所以目前联盟链是最实用的区块链，各个机构可以注册为联盟链上的一个或多个节点，这些机构包括资产方（抵押贷款、票据等）、pre-ABS 投资人、SPV（信托）、管理人（投资银行）、中介机构（评级机构、会计师事务所、律师事务所）、托管银行、ABS 投资人（券商、基金、银行等）、交易所等，参与链的管理运作，其核心业务包括资金交易管理、智能 ABS 工作流、数据信息记录验证公布等，这些数据在联盟链可以自由互相传输。为了确保数据的安全性和隐私性，采用公私钥的机制，各参与方只有通过对方授权的配对的密钥才能看到相应的数据。

2. 区块链技术可以与资产证券化全流程结合

如图 3.6 所示，区块链技术可以和资产证券化全程结合，下面具体到资产证券化项目的不同阶段来看。

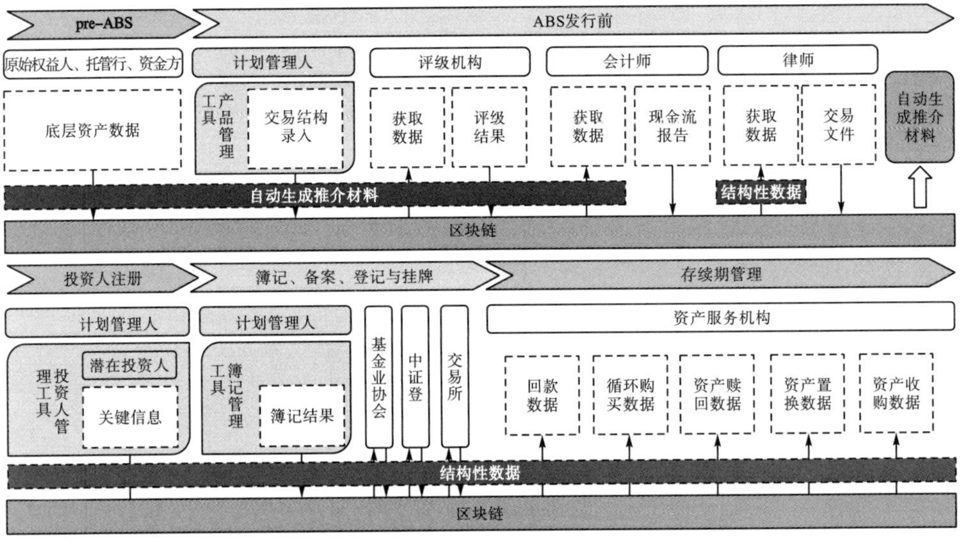

图 3.6　区块链应用于 ABS 全流程图

资料来源：京东金融研究院，中国信通院. 区块链金融应用白皮书[R]. 2018

发行前底层资产形成阶段：区块链有利于提高整个业务的信息交互效率，现金流和信息流实时入链且被永久记录，无法篡改，并由其他专业投资机构监督，有效防范数据风险。此外，智能合约起了很大作用，一方面可以自动生成尽职调查报告、资产服务报告；另一方面可以在权益主体更新数据时进行自动审核，必要时可由人工确认。

产品设计和发行阶段：评级公司和券商在达成共识后会把交易结构和评级结果的信息打包到区块中；投资者认购一定份额后，其身份及认购份额信息也将传输到区块链上；各大交易所可以直接从链上获取关于申报的所有信息，审核之后把审批结果信息发送共享。

存续期管理阶段：资产证券化业务存续时间一般较长，智能合约可以对上链的资产实时管控，杜绝数据造假行为。此外，借助智能合约可判断资产循环购买计划是否符合条件、可便于管理存续期间的现金流等，简化了流程，从而减少操作风险。

发行期：智能合约有助于多个环节实现自动化管理，包括投资人认购信息登记管理自动化、基金业协会备案流程自动化、中证登登记流程自动化及交易所挂牌流程自动化。

二级市场交易阶段：一方面，全透明的信息有助于交易双方进行实时估价；另一方面，智能合约可以撮合交易，在链上完成证券所有权的转移。

投资后：结构化、全透明、基于多方信用的数据丰富优化了数据库，极大便利了投后分析。

综上所述，从投资方的角度看，区块链的信息全透明、可追溯大大降低了资产证券化产品对应底层资产的信用风险，智能合约的应用减少了投后管理的成本；从资产方的角度看，区块链的分布式技术将各个主体紧密联系在一起，进一步拓宽了融资渠道，智能合约技术降低了融资成本和风控运营成本，促进了信贷业务管理流程标准化，缩短了融资交易周期；从服务方的角度看，投后管理人力成本大大减少，从而使得资金分配流程愈加合理高效。

3. 实际中的应用案例

百度—长安新生—天风ABS是中国首单基于区块链的ABS产品，底层资产由6000多笔汽车消费贷款构成，底层资产透明度较低并且数量繁多，难以穿透式监管掌握实际风险。百度—长安新生—天风ABS是基于百度的联盟链技术运营的，项目中的各参与方共同维护联盟链上的数据真实有效，公开透明，其应用模式如图3.7所示。

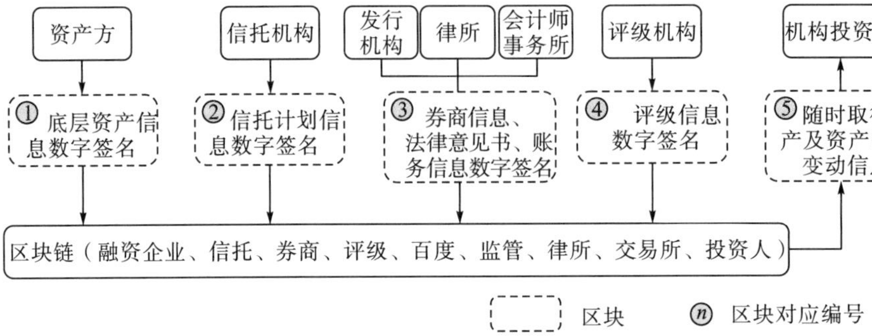

图 3.7 ABS 区块链应用模式

资料来源：翟晨曦, 徐伟, 徐坤, 等. 区块链在我国证券市场的应用与监管研究[J]. 金融监管研究, 2018, (7): 33-54

该平台主要由两个子系统组成：AaaS（Analysis as a Service）和 BaaS（Blockchain as a Service）。如图 3.8 所示，AaaS 系统为各参与机构提供了基于区块链的信息共享操作平台，有助于信息实时披露、资产实施监控等。BaaS 系统负责提供区块链的底层技术服务，建立了支持 ABS 业务的区块链底层架构，包括开放平台 Web 端、客户操作端、开放接口等[47]。整个平台的具体流程如下。

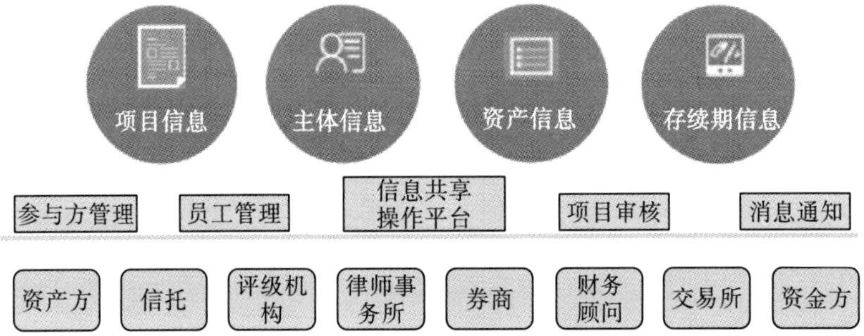

图 3.8 AaaS-信息共享平台

资料来源：翟晨曦, 徐伟, 徐坤, 等. 区块链在我国证券市场的应用与监管研究[J]. 金融监管研究, 2018, (7): 33-54

首先，在设立阶段，由投资者与原始权益人签订智能合约，其中包括制定的专项计划书，然后通过信托账户向专项计划监管账户划付专项资金。

其次，在放款申请阶段，借款者在区块链上发出借款请求，相关原始权益人共识确认消息后将放款数据递交给相应的投资者，投资者在区块链的黑名单库中寻找有无该借款者，确认无误后把放款数据传递给原始权益人。

再次，在放款阶段，原始权益人向第三方支付平台发送含有密钥的放款指令后，该平台传播该消息至监管行，监管行会从专项计划监管账户划付放款资金至第三方支付平台的备付金账户，再从备付金账户划付至各借款者账户。

最后，在回款阶段，借款者将还款划付至第三方支付账户，同时向原始权益人发送含有密钥的还款信息，第三方支付于 T+1 日将回款划付至专项计划监管账户并将信息发送给原始权益人，原始权益人收到后会把信息传播给投资人进行核实。

百度—长安新生—天风 ABS 实现了资产证券化全流程数据的实时上链，各参与方都可以对现金流、信息流进行实时监控，解决了各方信息不对称的难题，提高了发行和存续期的管理效率。

❖案例二 股权交易系统 Linq

现阶段，股权交易流程存在着流程烦琐、耗时耗力、依赖中介机构等问题，究其原因主要是信息不透明带来的交易不可靠问题，而信任是股权交易的基础，区块链可以提供信用基础，给股权交易交割注入新鲜血液[48]。区块链技术和股权交易的连接在海外市场已经得到了探索和实践。例如，纳斯达克已经推出基于区块链的 Linq 系统，致力于将区块链技术应用到股权市场，为未上市公司股东提供技术和业务解决方案。

1. 股权交易的发展情况

股权交易是撮合交易，通过变更所有权记录以完成证券交易。股权交易流程包括交易所确认交易、中央证券托管系统与托管银行合作核对交易并验证投资者身份、清算所执行净价交易将现金及证券转移至托管人，以及托管人将资产存储于账户以妥善保管等程序。

股权管理登记成本高、效率低、股权流动性不足已成为股权投资市场难题。具体而言，一是目前各个证券交易市场中股权交易的交割流程主要包括双方交易，变更所有权登记记录及完成交易，过程中需要核验交易和投资者的身份、清算所进行净价交易并将现金或证券转至托管人、托管人存储保管该资产等操作。普遍来说，证券交易市场完成上述程序需要一至三天，耗时过长。二是目前的大部分公司在融资时一般都使用电子表格来登记股权信息，容易出现股权记录不规范从而产生纠纷与欺诈的问题，纸质化或电子表格的登记方式效率较低且人为失误的可能性较大。三是投资者对于流动性的需求无法得到满足。四是尽管普通投资人渴望购买到未上市明星公司的股份，但是由于交易金额大、投资门槛高、投资渠道封闭及信息严重不对称等问题而无法进行投资。

2. 区块链技术为股权交易提供支持

传统复杂的流程在应用区块链技术后会更加快捷、简便、自动化、标准化和合规化，区块链让用户在彼此不认识的情况下建立信任关系，通过统一的账本系统确保信息的安全性。这对股权投资者、创业公司和股权持有者都有重大意义。

首先，区块链技术的应用有助于提高监管部门的审核效率。例如，企业 IPO 一直处于强监管中，经过准备、策划、改制、辅导、制作、验收、申报、发行等一系列程序，通过监管部门的审核才能实现上市，与此同时，对信息披露的严格要求贯穿于准备上市和上市后阶段，企业 IPO 难度巨大，而区块链上的数据不可篡改，监管部门可以查询企业之前的所有相关信息，提高了审批的效率，能够实现更高效的发行。

其次，智能合约降低了时间和运营成本。股权交易系统在股权登记、基金项目筛选、投资对象调查、项目跟踪与测评、项目退出等业务板块所涉及的参与主体和交易环节都很多，而且每个环节都会产生运营成本。智能合约可以自动完成清算，大大节省了时间，提升了结算效率，同时也降低了运营费用。此外，智能合约同步实时转移股权与现金，降低了操作风险。

最后，通过区块链技术，用户的股权交易操作的信息会永久存储在分布式账本上，每一次交易可查询、可追溯。同时，分布式存储篡改难度大，安全性得以提高，使股权交易更加安全可靠。

图 3.9 是基于联盟链的股权交易平台，所有在联盟链上的全节点（拥有完整区块链账本的节点）都可以获取股权交易进展、数字资产状况和应用程序编程接口等信息，并基于此搭建各种便于对应业务接口的功能模块。

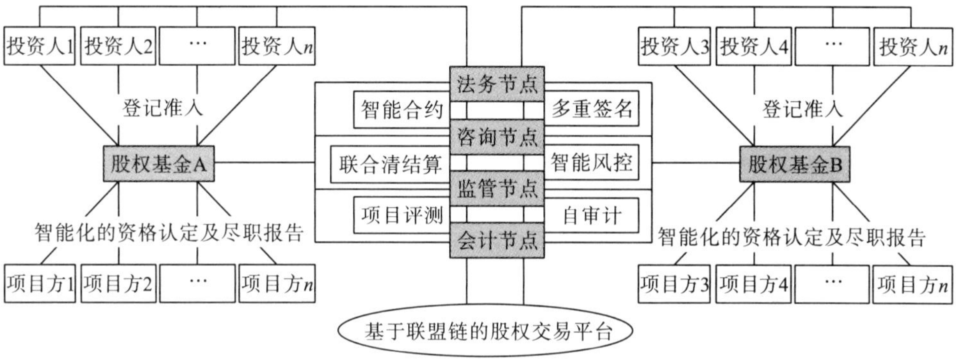

图 3.9　基于联盟链的股权交易全产业链解决方案

资料来源：王劲松, 韩彩珍, 韩克勇. 区块链技术在我国股权交易中的应用[J]. 中国流通经济, 2018, 32(2): 83-90

1) 股权登记模块：具有股权交易数据上链服务、对投资对象的尽职调查服务、投资者和项目方的负面清单服务等功能的子模块。

2) 清结算模块：实现前台集中清结算功能和账簿自动划拨功能。

3) 风险控制模块：实现风险评估、风险预警、风险识别和风险对冲四个功能。

4) 估值模块：包含股权基金管理、投资项目收益和风险预测及平台上的投资对象现金流管理等服务。

5) 发行与交易模块：主要包括项目监控、条款管理和增值服务等功能。

6) 监管模块：包括信息披露子模块，主要负责实时对投资对象的资本结构变动、重大项目变动、人事变动、市值变动等重大事项的信息进行披露。此外还包含合规管理子模块和投资对象信息备案管理子模块。

7) 退出模块：利用区块链股权交易平台可以对中小微企业的股权进行挂牌转让、转板，同时包含股权变更管理子模块。

8) 基于区块链技术的股东(中小投资者)投票功能模块：包含申请数字证书、登录验证互联网投票系统、投票等功能。

最后股权交易平台会通过审计模块、智能风控模块、税控模块和运维模块与外部业务接口实现对接。结合上述各功能模块的运行机制，对区块链股权交易平台和传统股权交易平台的优劣势进行综合性比较，具体见表 3.2。

表 3.2　区块链股权交易平台和传统股权交易平台的优劣势比较

比较项	区块链股权交易平台	传统股权交易平台
股权交易登记	确保资质审核的有效性	资质审核成本高，效率低
投资对象的尽职调查	业务、财务、法律尽职调查的数据相对完善和准确，手续也相对简便	不能保证数据的准确性，且手续烦琐
交易确认所需时间	10min 以内	3 天
投资对象的估值	最大限度地避免虚假信息，不存在估值节点专业化资质不够的问题	不能杜绝虚假信息和估值节点专业化资质不够的问题
保证资金的完整性和安全性	链上资金数据的安全性和完整性可得到根本保证，不会发生信用风险	需要基金管理人、基金托管人建立专门的内部管理机制
关于股权交易合同的执行	依靠智能合约自动执行，不需要第三方机构监督执行，省去人工成本，提高执行效率和正确率	需要第三方机构合作监督执行，成本很高
股权的流动性	能够保证足够的流动性	不能保证充分的流动性
投资项目的跟踪和监控	实时跟踪，实时监控	不能实时跟踪和监控
交易流程	实现金融脱媒化	环节众多，需要时间长
股权交易清结算	通过网络批量指令实现统一清结算	对项目资产、债务和财产现状数据的准确把控存在瓶颈
股权投资者的投票环节	投票门槛低，中小投资者有知情权，公证手续简便，可信度较高	不具备对比优势

3. 区块链在股权交易交割中的应用——Linq

2015 年末，作为全球最大的证券交易所之一的纳斯达克推出区块链私募证券交易平台 Linq，用于实现资产交易和私人股权管理。区块链创业公司 Chain 已成功使用 Linq 平台为新的投资者发行了公司的股票，从而成为第一家使用 Linq 来完成并记录私募证券发行的公司。基于这种模式，私营企业可在证券的发行、交易、登记管理方面享受平台所提供的端对端的服务。同时，Linq 也为资产发行方和资产投资者之间的关系处理带来便利。

截至 2019 年，证券的登记还未完全脱离纸张作业，现存的纸质证书系统存在诸多不便，如信息丢失或被人为篡改、由于证书的更新而相关信息过时或失效、记录出现错误或延迟等，而 Linq 平台所利用的区块链技术可以有效解决以上问题。

第一，区块链上每个节点都存储了所有的历史交易信息，且时间戳机制可以追溯所有信息的源头，再加上篡改数据的代价十分沉重，所以 Linq 平台可为用户提供不可篡改的历史记录和永久保存的数据链。分布式存储、加密认证和全网共识机制大大提高了数据的安全性和可追溯性，使私人股权登记机制更加严密，还提供了不可篡改的保管链，大大增强了创业公司股权的透明性与可审计性。

第二，Linq 利用区块链的分布式架构实现了点对点的交易模式，在未来规模化的基础上极有可能实现完全无纸化的股权交易，基于区块链技术 Linq 作为私人股权交易平台的优势能得到充分发挥，可有效提高股权登记效率，同时智能合约可以提供智能化的登记流程，会大大减少登记失误。此外，Linq 为双方提供双方不需要基于信任即可进行股权交易的交易平台，利于缩短交易时间、提高交易效率，大大提高了私募股权的流通性，有效解决私募股权流通性低的痛点。

第三，Linq 平台所使用的区块链电子投票系统能帮助投票人远程参与投票活动，也可方便股东实现委托投票。持有公司股份的股东可通过 Linq 平台获得相应的代币，代币在股东同意后可转让给其他人代替股东进行投票，而该投票活动会在系统上进行记录和存储，从而可约束代理人遵从股东的真实意愿、代替股东有效行使投票权。

第四，通过智能合约直接实现后台资产转让契约可进行实时结算和交割，从而可有效避免此前所暴露出的前台和后台分离所造成的业务对接成本高昂和其他方面的风险隐患，并且能有效实现结算的高效性，使得产品价格更能反映市场真实的供求状况，为用户提供实时的交易信息。

第五，Linq 平台可以有效整合信息，为用户提供全面真实的交易信息。如图 3.10 所示，发行人可通过 Linq 平台提供的管理估值的仪表板对每轮融资发行的发行价格及股权期权比例进行管理。

图 3.10　Linq 平台的仪表板

资料来源：https://www.8btc.com/article/73657[2019-02-05]

如图 3.11 所示，Linq 平台为用户提供的权益时间轴以不同的颜色分别代表特定的发行资产列表及其现有状态，资产类别包括股权类型等信息可由发行人自行规定，从而可为交易者以可视化的方式展示股份的转移和划分，交易者可通过该时间轴具体查询到融资轮次、股份类别等信息。

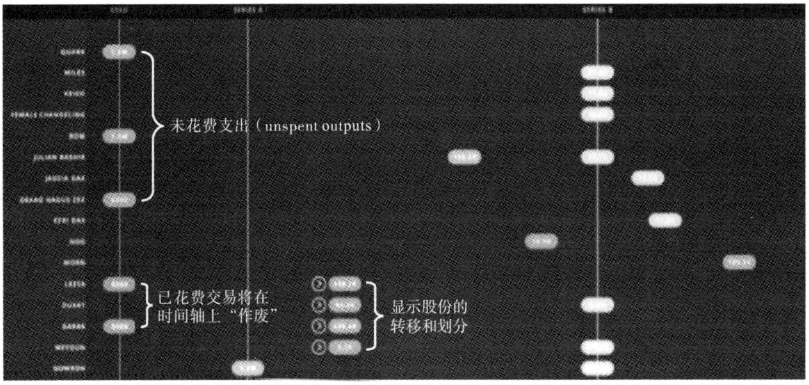

图 3.11　Linq 平台的权益时间轴

资料来源：https://www.8btc.com/article/73657[2019-02-05]

此外，投资者还可以通过该权益时间轴查询发行给投资者个人的股权凭证，既包括了资产 ID 和股价等有效的证明信息，也包括了资产已无效的证明信息，权益时间轴上以不同的可视效果代表有效或无效的资产证明；而投资公司通过 Linq 平台可具体查看资产证书的发行日期、最多或最新的资产证书、所有的股份所有权及持有该公司最多股份的投资者等。此外，该时间轴实时更新数据库，与全网账本的信息变化保持一致，投资者可通过其时间轴实时查看全网信息，从而真正实现了信息的透明化。

利用区块链技术进行证券登记的交易所并非只有纳斯达克，Overstock.com 的 TO 交易所已经建成其区块链交易系统，澳大利亚证券交易所和加拿大证券交易所也正积极筹备基于区块链技术的交易系统，其中澳大利亚证券交易所利用区块链技术与银行账户连接，从而使买卖股票后资金可实现迅速到账。此外，世界上一些较大的交易所、银行和交易服务公司，已联合成立了一个跨行业集团，命名为“交易后分布式总账工作组”，探索利用区块链技术改造证券交易结算方式，参与机构包括伦敦证券交易所、伦敦清算所、芝加哥商品交易所、瑞银集团及欧洲清算中心。中国工业和信息化部发布的《2018年中国区块链产业发展白皮书》亦指出：各类资产，如股权、债券、票据、收益凭证、仓单等均可被整合进区块链中，成为链上数字资产，使得资产所有者无须通过各种中介机构就能直接发起交易。可以看出，区块链技术在证券登记的过程中可有效解决诸多现实的复杂问题，而随着未来区块链技术应用的不断深化，未来的证券发行、交易和登记管理等活动必将更加快捷透明。

❖案例三　场外交易平台DTCC

场外（over the counter，OTC）市场又名柜台市场，一般采取集合竞价、连续竞价、电子撮合等有组织的交易机制。2012年后，中国场外市场近十年来发展缓慢的局面得到了根本性改变，新三板加速扩容步伐，各地政府纷纷建立场外市场交易所，先后诞生了30余个股权交易市场，市场竞争呈现白热化，场外市场快速发展的同时，由于场外交易市场是一个以议价方式进行证券交易的市场，因此其具有松散性和灵活性。并且在场外交易市场上，采取以做市商双向报价和对手方离线交易为核心的市场组织形式，也就导致了市场低透明度和系统风险聚集。所以中国场外市场业务具有分散性、区域性的特点，分散于各地区的场外业务协调成本高，不利于企业融资，场外证券交易也对区域性股权交易中心产生冲击。如果在我国场外市场建立区块链证券发行交易市场，或由若干大的区域交易市场组成联盟区块链市场，建设共享证券基础设施，就可以有效提高资本融通的效率，服务中小企业，建立发行方式多样的场外证券发行体系，加速证券发行流程。未来区块链可能深刻改变场外交易市场核心系统、基础设施及业务模式，从而改变整个证券行业的未来。

场外衍生品交易平台一般以Hyperledger Fabric系统为基础，Fabric系统主要由Orderer和Peer两个部分组成，其中Orderer负责交易共识并生成区块，Peer节点负责模拟执行交易和记账。

1. Fabric组成部分介绍

如图3.12所示，Fabric系统包括证书服务、共识网络、Client节点、Peer节点等组成部分。其中Peer节点和Orderer节点是Fabric系统中的两种类型的节点。

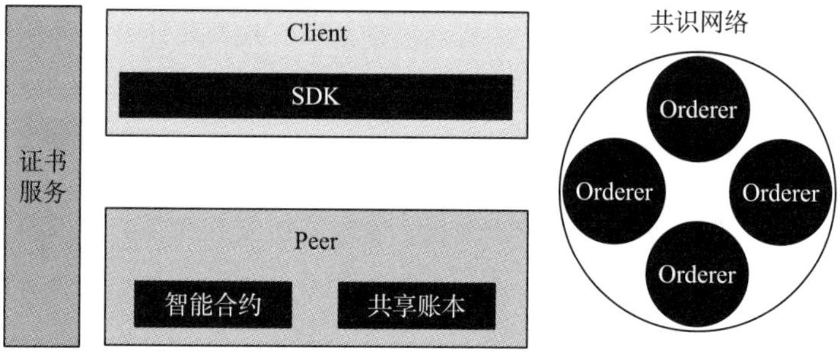

图 3.12　Fabric 系统构成

资料来源：https://www.jianshu.com/p/68ae83fb3624?utm_campaign=maleskine&utm_content=note&utm_medium=seo_notes&utm_source=recommendation[2019-01-21]

(1)证书服务

Fabric 系统的参与方如 Orderer、Peer、Client 等都必须经过认证，而证书服务系统可以提供会员注册和证书颁发功能。证书主要用于系统接入和交易签名。具体来看，证书分为注册证书和交易证书，注册证书与会员信息(身份、资料等)关联在一起，可以辅助监管和审计；交易证书用于交易签名。用不同的证书有助于防止会员的个人信息和交易信息被泄露出去，从而保护会员的隐私安全。

(2)共识网络

如图 3.12 所示，区块链共识网络由很多 Orderer 组成，可以用于交易的共识过程并开发新的区块。Orderer 目前支持使用简化拜占庭容错(simplified Byzantine fault tolerance，SBFT)共识算法，SBFT 是 BFT 的简化版，容错率比较高，值得注意的是，共识网络在 Fabric 中是一个独立的系统，这样使得多个区块链账本共用一个共识网络，从而可以有效地降低系统成本。

(3)区块链节点

区块链节点(Peer)的主要功能是调用智能合约和维护共享账本。Fabric 的智能合约称为链码，分为系统链码和用户链码。系统链码用来实现系统层面的功能，包括系统的配置、用户链码的部署和升级、用户交易的签名和验证策略等。用户链码实现用户的应用功能。共享账本包括区块文件大小限制、数量、交易记录等信息。

(4)交易流程

第一步：客户端发送一个交易信息(合约信息、参数信息、签名信息等)给一个或多个 Peer 节点。

第二步：Peer 节点收到这些信息后，会模拟交易得到一个执行结果，然后将这个结果和原始的交易信息打包签名反馈给客户端。

第三步：客户端把所有 Peer 的反馈打包到一起，签名后发送给 Orderer。

第四步：Orderer 对接收到的交易进行共识排序，生成新的区块，发送给 Peer 节点。

第五步：收到区块后，Peer 节点会校验区块中的交易信息，检验完成后，一个新的区块便生成了。

如图 3.13 所示，基于 Fabric 的场外衍生品交易技术可以支持四类场外衍生品交易场景：交易参与方对于场外交易的询价与成交；对交易参与方的信用评价与查询；交易匹配后的保证金管理与合约执行跟踪；对于市场实时风险的分析监控与预警。技术框架采用联盟链技术，由中心化的认证和授权节点进行准入控制，包括可交易的标的类型和交易参与方授权范围。最后完成撮合的场外交易在联盟链上发起相关

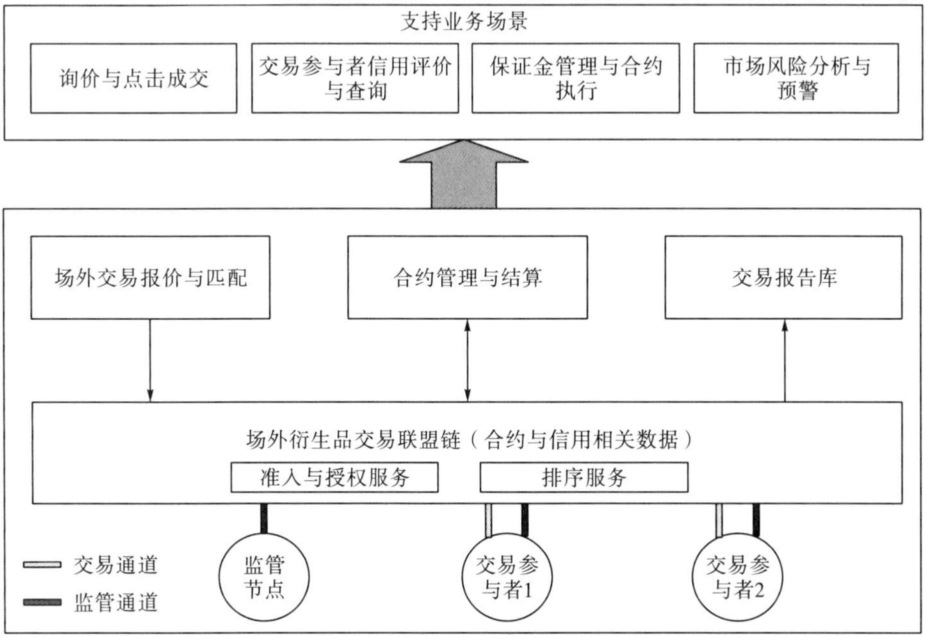

图 3.13　基于区块链的场外衍生品交易技术框架

资料来源：翟晨曦，徐伟，徐坤，等. 区块链在我国证券市场的应用与监管研究[J]. 金融监管研究，2018，(7)：33-54

记账申请，根据指定的共识算法，在链上记录相关数据。对于场外衍生品交易，会在链上生成对应的智能合约，且一旦生成不可篡改，后续的结算动作也会自动执行。主要包括四个技术要点。

一是场外交易报价与匹配。交易参与方可基于合约模板发布意向合约，或进行市场询价。参与方报价信息向全市场公布，对手方向一定的背书节点发送交易确认，背书节点进行权限验证，并返回匹配结果，一旦匹配成功，双方进行私钥签名，使用智能合约来自动生成交易记录，通过指定的共识算法将数据写入区块链。

二是合约管理与结算，交易参与方可随时查询己方合约信息和跟踪相关进度，监管机构也可对所有参与方的合约和信用情况进行查询与分析。

三是交易报告库，基于全链数据构建交易报告库，可为监管机构和各交易参与方分配不同的权限。由于交易条款如交易价格变动都会被全程记录，其他参与方能观测到所有进程，可提供统计数据与风险监控指标计算，进行实时风控预警。

四是隐私保护，场外衍生品交易中，交易参与方最为关注交易数据的隐私保护，同时，监管机构需要能够掌握全市场的数据。由于隐私保护的重要性，Fabric 作为非许可网络，采用数字证书机制来实现对交易方或监管层的权限控制，CA①节点实现了 PKI②服务，负责对身份证书的生成、撤销等。因此，可使用 Hyperledger Fabric1.0 的多通道技术，通道与绑定到该通道上的配置和数据(包括交易、账本、链码实例、身份等)一起构成一条完整的区块链。通道与通道之间数据相互隔离和保密，通道外的成员无法访问通道内数据。为满足监管穿透要求，所有交易参与方必须加入监管通道。监管通道可按交易市场或交易类型区分，供不同的监管机构选择；监管机构在相应的通道内可以根据接收到的交易与结算申报信息，进行事前风控与监管。此外，对于信用数据和交易概况数据，可以通过查询类的智能合约进行隐私控制，保证敏感信息不泄露。该技术框架提供了一种通过联盟链技术来构建场外衍生品交易的参考架构。一方面，充分利用区块链不可篡改的分布式账本优势和智能合约自动化结算优势，为场外衍生品交易提供更易被交易参与方接受的交易机制；另一方面，

① CA: certification authority，成员管理。通过公钥对网络中的成员身份进行管理，负责证书的颁发和作废，是 PKI 的核心组件。

② PKI: public key infrastructure，公共基础设施。利用公钥技术和 x.509 证书所提供的安全服务。

通过中心化授权方式和通道技术的使用，为监管机构提供了更好穿透的监管技术选择，有效解决场外衍生品市场中信用缺失的问题。

2. DTCC 案例分析

DTCC 及其子公司通过全球各地的多个经营性设施和数据中心使全球数千家机构的金融交易处理实现了自动化、集中化和标准化。DTCC 是全球金融服务行业重要的交易后市场基础设施，可提升股票、债券、另类投资产品等金融产品的清算、结算、资产服务、全球数据管理及信息服务的效率。

针对场外市场回购交易涉及机构多且处理流程复杂的特性，DTCC 开发了基于“私有链+智能合约”的场外回购交易结算处理解决方案，在场外回购交易的买入交易端实现了净额结算，大大降低交易参与者的对手方风险和资金占用，同时免除对账流程，节省运营成本，确保交易顺利且安全地进行。

针对场外衍生品交易中交易对手违约风险高的问题，DTCC 开发了基于智能合约的解决方案，应用智能合约技术可以有效降低违约风险，如图 3.14 所示，合约会事先把一些违规事件编入代码，若交易方触发了某些事件，智能合约便会对交易方发出警告。目前，该技术已经通过八十多个场景测试，印证了区块链不可篡改和可追溯的特性，提高了场外市场的透明度，在与外部系统对接、网络可靠性、处理功能、数据隐私性等方面满足业务需求，大大提高了交易后的处理效率，并且为监管机构提供实时透明的监管便利。

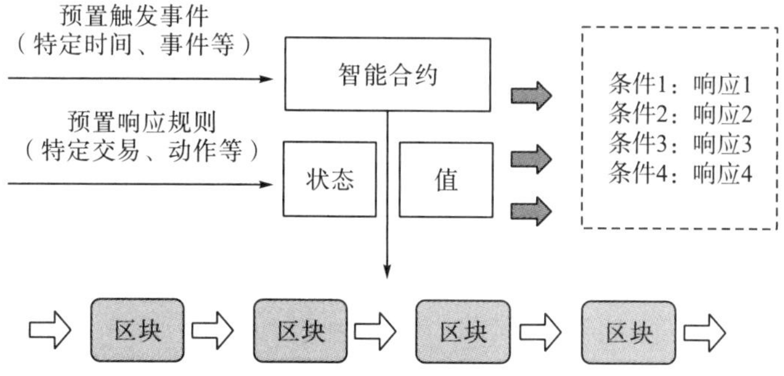

图 3.14　智能合约运作机理

上述三个案例分别介绍了区块链技术在资产证券化、股权交易和场外衍生品交易中的应用，可见区块链技术可以和证券行业的各类产品有效结合，为证券行业赋能。但是目前证券区块链仍然处于发展初期，虽然有很大的发展前景，但也存在诸多问题与风险。一方面，内在技术不成熟导致区块链技术在证券领域的应用存在瓶颈，目前证券发行交易的数量日益增多，但是区块链技术目前无法实现高频率交易，区块链的应用可能在一定程度上会限制证券的交易量。另一方面，传统的承销商、保荐机构、登记机构等中介机构的职能被弱化，甚至被替代，这会给市场带来以下问题：投资者面临的风险应该如何提醒揭示？投资者保护措施如何执行？对发行人还能否进行有效约束？当然目前区块链技术和证券行业的结合还在探索中，随着技术的进步及更多项目落地带来的经验，相信区块链技术会有效赋能证券业。

场 景 三

资 产 管 理

资产管理即受人之托、代人理财。中国资产管理业务是指银行、信托、证券、基金、期货、保险资产管理机构、金融资产投资公司等金融机构接受投资者委托，对受托的投资者财产进行投资和管理的金融服务。然而目前，由于各类金融机构倾向于通过规避投资范围、杠杆约束等监管条件而非提升自己的专业能力来谋求利益，市场上出现金融产品嵌套层数过多、期限错配、杠杆过高和资金池运作等乱象，同时也限制了资产管理机构的定价能力，这些都是困扰管理者的难题。随着金融科技的发展，区块链技术逐渐被认识并应用到资产管理行业，区块链的公开透明、不可篡改等特点赋予资管行业无限的可能性。通过去除无效数据，改善数据源，可以提升资产管理机构的定价能力；借助区块链技术的高安全性有效降低了融资主体的信用风险，从而提高资金流动性；同时区块链的高透明性有助于实时穿透式监管[49]，督促资产管理机构创新而不是钻法律漏洞。本章将分析资产管理行业面临的问题并探讨区块链技术赋能资产管理行业的可能性。

一、资产管理行业的发展及挑战

近年来，中国的资产管理行业发展迅猛，已经成为发展最快的金融细分领域之一[50]，但资管行业在蓬勃发展的同时也存在一些风险隐患。2018 年《关于规范金融机构资产管理业务的指导意见》（以下简称资管新规）的正式出台是中国资产管理行业的一个分水岭：首先，资管新规统一按照募集方式和资金投向分类，统一监管标准，大大压缩通道型机构的监管套利空间；其次，资管新规明确提出要打破刚性兑付，并且确定四类刚兑行为，若发生刚兑行为，会区分存款类金融机构和非存款类持牌金融机构加以不同的严惩；最后，资管新规明确要求去通道化，禁止开展规避投资范围、杠杆约束等监管要求的通道业务，消除多重嵌套。同时，资管新规还对投资者、金融机构等市场主体提出了相对严格的要求。资管新规的提出表明监管者亟须改善资产管理行业，但是资产新规的实施并不能立刻起到作用，资产管理行业仍旧存在以下难题。

第一，资管机构亟须准确把控风险，提升产品定价能力。资管新规出台之前，中国金融机构的资管产品主要是预期收益型产品，与银行表内负债实质上并无差别。金融机构出于对自身声誉和提高机构竞争力等方面的考虑，倾向于维持刚性兑付。对投资者而言，此类资管产品有固定期限和固定收益率，收益稳定且高于一般的存款，因此成为投资者的一条重要投资渠道。正因为有着“类存款”的性质，各个金融机构所提供的资管产品本质上并无太大区别，产品的收益率几乎成为各机构竞争的唯一标准[51]。金融机构无须根据所投资的资产、面临的风险暴露等状况对资管产品定价，只需要根据市场上其他同质产品相应提高自身产品收益率即可提高自身竞争力、吸引投资者。在资管新规出台之前，资管产品的盈利模式是投资者享有固定的预期收益，超额的部分由金融机构留存。刚性兑付实质上将投资人本应承受的所投资项目的风险转移到了金融机构，违背了资管行业“受人之托、代人理财”的目的。在资管新规要求打破刚性兑付之后，投资者将不能仅仅通过考察资管产品的“期限”和“收益率”来选择投资的资管产品，而是需要通过比较产品的净值来做出抉择。因此如何能够更好地为资管产品定价成为金融机构新的竞争点，而金融机构目前的业务模式仍基于旧的监管制度，落后于新的监管形势，相应的人才培养、产品设计、管理理念等方面还存在明显不足，限制了资管行业的进一步发展。[52]

第二，资管产品嵌套层数过多，真实信用风险难以识别。为了在市场上吸引更多的投资者、应对刚性兑付所带来的压力及满足自身的盈利需求，各金融机构不得不选择配置高收益的资产，但是市场上优质的高收益资产并不能满足所有金融机构的投资需求，因此势必有一部分资金流向了期限较长或者风险较大的资产领域。但是在监管规则的制约下，出于对流动性指标、杠杆率指标、投资范围限制、投资者限制等因素的考虑，许多金融机构的资管产品不可以直接投向一些非标资产，因此就出现了银证信、银基信等众多合作交易的模式，包括证券公司、基金子公司在内的金融机构成为资管产品新的通道。经过多层嵌套，底层资产很难穿透，风险难以辨别，不仅给监管机构增加了管理难度，也使得资金在金融机构里空转，风险逐渐累积、蔓延到相关金融机构中。多层嵌套的业务模式将多个金融机构的资产端和负债端联系起来，因此对其进行监管要综合分析考量，对此新规中指出：监管要实现向下穿透到底层资产，向上穿透到投资者。穿透监管的监管方式要求监管机构对资金从负债端流向资产端的整个过程加以把握，打击资产管理机构的违法违规行为[53]。随着资管新规的逐步落地，资管行业普遍存在的多层嵌套现象难以为继，通道业务规模将会大大缩水，要求监管机构提高自身识别风险的能力，肃清监管行业原有模式的弊端。

第三，资管行业内存在期限错配、增加杠杆和资金池运作等乱象，流动性风险凸显。资管机构采用的资金池运作模式，有滚动发行、集合运作、分离定价的特点，助长了金融机构的发短投长，期限错配现象严重，使产品资金的来源和资金的流向不明，流动性风险加大。由于资管产品普遍存在刚性兑付的特点，市场上一旦出现流动性不足的情况，金融机构承压增加，为满足流动性需要，风险迅速传递到表内，进而引发金融风险。资管新规中指出，资管机构需要针对每只产品单独建账、单独管理、单独核算，确保资产期限与资金期限相匹配。面对新的监管要求，金融机构需要提高资金的稳定性，寻找更多的长期资金、稳定资金。在新规之前资管机构募集到的资金期限较短，多集中在一年以下，甚至有一部分资金的期限在三个月以下，与资产端的久期明显不匹配，为了降低流动性，风险资管机构需要延长负债久期或者缩短资产久期，未来资管机构想要投资非标资产就要挖掘更多长期资金并且培育良好的风险控制能力[52]，以顺应市场资金流向有更高风险管理能力的金融机构这一大势。

第四，既有的通道业务使交易结构繁复，拉高交易成本的同时增加了操作风险。中国原有的监管模式是“机构监管”，由于监管机构之间的掣肘会出现同质产品未能统一监管标准的现象，金融机构监管套利现象频发。为了规避监管，金融机构为资管产品设置了种种通道，除了上文提到的银证信、银基信合作交易模式之外，还存在其他种种模式规避监管，如银证委托贷款模式，即某银行委托证券公司成立定向计划之后再委托另一银行向融资方发放贷款，证券公司可从中赚取通道费，风险较小且可以获取收益，因此通道业务的规模逐渐扩大。银行出于信贷额度约束、风险管理指标等因素的考虑，很难通过表内信贷满足一部分缺乏有效抵押物的企业和个人的融资需求，而资管产品可以为其融资开辟一条新的通道，使得金融机构的资管业务成为部分企业和个人获取融资的重要途径。对于融资方来说，层层通道的设计提高了交易成本，融资成本上升，但由于自身对于资管产品的高度依赖，其对于资管产品有刚性需求，不得不以一个较高的成本实现融资的目的。而资管新规的逐步落实限制了金融机构设置层层通道实现监管套利的行为，原有的通道业务被大大限制，规模大大缩水。整体来看，未来金融机构仅仅通过提供通道赚取通道费的模式生存空间变得狭窄，这要求资管机构转变发展模式，提升主动管理能力[54]；为挖掘自身的竞争优势和匹配合格投资者，未来的资管产品将会呈现出个性化、定制化的特点，各类资管产品将会专注于不同的细分领域，资管机构的专业化程度会大大提高。

第五，资管产品关联性较强，系统性风险较高。据统计，各资管产品在资产配置上有很强的同质性，资管产品通过层层通道的违规设计流向了房地产、地方融资平台、“两高一剩”等限制性行业和领域[55]。一方面，资管机构出于收益率方面的考虑倾向于配置高收益的资产，而地方融资平台等存在隐性的政府担保，从而加大了资管机构监管套利的激励，随着政府提出取缔对地方融资平台等的隐性担保，资管机构的风险敞口大大增加；另一方面，提供通道业务的金融机构未掌握业务的完整信息，同时也缺乏主动进行风险管理的积极性，整个链条上的风险管理严重缺位。一旦所投资产出现风险，不仅会波及提供通道业务的证券公司、基金子公司等金融机构，还会使配置相同资产的其他资管机构出现流动性危机，系统性危机通过交易链蔓延至整个金融行业。随着监管环境的变化，资管机构的资金流向会逐步纳入监管框架之中，资金大量流向限制性行业和领域的现象很难再次出现，为满足资产管理的需要，资管机构需要提高自身的风险管理能力，在技术创新的基础上引导资金流向高效领域和产业中去，提升资源优化配置的能力。

第六，同业理财在银行理财资金来源中比重较高，流动性风险急剧膨胀。当银行维持刚性兑付有困难、面临流动性压力时，发行同业理财可以在一定程度上缓解银行的流动性压力，激励了银行继续发行资管产品吸纳市场资金，因此银行越来越依赖同业，使同业理财成为银行理财负债端的重要资金来源。同业理财客观上打破了银行理财资产端和负债端的界线，银行从市场上获取大量资金后将资金投向金融市场获取收益，一旦流动性收紧，银行从同业处难以获取资金，将迫使银行抛售资产，加大流动性风险。针对流动性风险，资管新规明确了针对开放式公募产品要明确流动性风险管理要求并进行流动性风险压力测试，对资管机构自我管理的框架设计提出了更高的要求。

二、区块链技术在资产管理行业的优势

综上所述，资产管理行业主要面临着同业理财在银行理财资金来源中比重较高及资金池运作等所带来的流动性风险，通道业务使交易结构繁复所带来的操作风险，资管产品关联性强所带来的系统性风险，以及资管行业内存在期限错配、增加杠杆和资金池运作等乱象带来的信用风险。随着金融科技的发展，区块链技术的优势逐渐被认识到，并且被应用到资产管理行业，区块链技术为化解这些难题带来曙光。

运用区块链技术可以提高透明度，有效解决通过中介交换价值而产生的信息不对称的问题，缓解投资者担忧的信用风险。链式结构与时间戳使得每一笔交易可追本溯源，万一出现纰漏，可及时弥补损失。非对称加密机制加强了交易的安全保障，

防范系统受黑客攻击导致的个人信息泄露。P2P 网络使金融机构可注册成为区块链上的节点，众多参与主体看透底层资产，共享公开透明的信息[56]。此外，可以通过区块链设计事后点评的智能合约，将所有实名交易记录记载在区块链上。如果资产管理中出现了违法违规行为，可以通过智能合约发布资管机构事先私钥签名含有赔偿、道歉等具体内容的声明，这样的技术手段可以真正做到由投资者而非中介来直接掌控交易信息，大大降低投资者所面临的信用风险。

高透明度与较低的交易成本会鼓励市场主体参与，有利于减少流动性风险。一方面，每一笔交易公开透明减少了信息不对称，时间戳带来的追本溯源及智能合约的事后保障，使市场主体面临的信用风险减少，会增加市场主体交易的倾向。另一方面，区块链技术支持端对端实时支付，无须中间支付清算系统，结算效率大大提高，且省去中介费用，缩减交易成本，给市场主体带来了较大的便利，有利于增加交易数量[57]。反过来，交易数的增多有利于改善数据源，进一步加强增值客户服务，如分析和实时报告，进一步减小市场主体担忧的信用风险，鼓励更多市场主体交易，形成一个良性循环。

区块链的去中心化和智能合约有利于减少成本及操作风险。一方面，借助智能合约功能可以实现款项自动划拨、收益自动分配及违约自动赔偿等功能，从而有效降低操作风险和出错率，同时显著提升管理效率。另一方面，从多个方面减少成本：人力成本方面，智能合约的应用可以智能化执行合约与修正数据，无须或较少需要人工介入；监管成本方面，监管机构可实时获取信息，实现穿透式监管；征信成本方面，由于区块链技术具有自动账本同步的功能，参与方无须花费大量时间、精力做繁重的对账工作，大大降低征信成本[58]。

高透明度有利于穿透式监管，有效把控金融杠杆，防范系统风险。由于区块链的分布式结构及平等公开的特性，市场主体可注册为区块链上的节点，当然也包括金融监管机构，因此金融监管机构可以挖掘市场上被有意隐藏的信息，实时获得更全面有效的信息，真正实现穿透式监管，从而有效地限制金融机构使用金融杠杆及开展一些违法违规的业务，有效防范系统性风险。

三、应 用 案 例

目前，区块链技术已经逐渐被资产管理机构所关注，部分资管机构已经开始构建区块链技术在资产管理行业的发展蓝图，并提高公司应用区块链的能力(表 4.1)。区块链技术在资产管理行业的应用前景广阔，可在共享参考数据源、加快文档处理、跟踪抵押物等方面发挥其优势[59]，但目前来看，真正用于传统资产管理行业的实践并不多，应用还主要停留在数字资产管理和资产托管业务中。基于此，本部分将着重介绍四个案例，帮助读者厘清区块链技术在资产管理行业的应用机制和发展趋势。

表 4.1　区块链在资产管理行业的部分应用场景

应用场景	基本情况	潜在收益
共享参考数据源	各主体可以共享在区块链上的参考数据	避免重复工作，可以反洗钱
加快文档处理	区块链网络共享带宽信息及 IPO 文档	合约条款激励标准化加快处理，提高流动性
跟踪抵押物	跟踪抵押物的状况和地点，用于标注合格与否	打通多个保证金账户，利用智能合约支持优化
交易结算接近 T+0	通过资产和现金账本实现快速清算结算	大大降低流动性风险，高效配置资产
关键数据在各个独立内部体系的分布	可以将多个内部数据库整合成一个数据库	无须核对，提供更全面准确的观点
向监管机构自动报告	监管机构可以进入联盟链自动生成报告	降低监管报告错误的风险
新产品形式	智能合约执行的交易可以确保标的资产反映了配置	提高市场份额，减少相关费用
点对点的托管与结算	将资产数字化，所有资产可以在区块链上记录和转移	不需要代理人和中介机构，加快结算流程
客户分析端口	客户可以直接获得实时交易数据，并有工具对业绩进行分析	客户获取丰富信息的实时工具，结合需求对用户分类
采购和存放非流动资产的对等网络	非流动性的场外产品购买者可以在区块链上找到交易对手方	重要产品标准化，减少交易成本，保护市场敏感信息
企业活动处理	简化企业重大活动处理流程	减少活动成本和人工操作
无缝转移机构	基金和投资者之间在区块链实现所有权转移，提供资金支持	申购和赎回过程自动化，缩短投资周期

资料来源：摩根大通. 区块链在资产管理行业中的应用[R]. 2018

❖案例一　京东资产管理科技系统——JT² 智管有方

2019 年 2 月 26 日，京东数字科技正式推出了国内首个一站式的资管科技系统“JT² 智管有方”，为机构投资者提供产品设计、资产管理、风险评估等方面的服务，以提升整个资管行业的智能化水平，推动形成智能资管的新生态。

具体来看，该系统具有如下特点。

1) **联盟链参与者可确认数据真实性**。由于资产管理业务的参与方众多，需要各方之间进行频繁的信息交换，对涉及的所有数据进行一致性判定，JT² 智管有方建立了多方参与的联盟链，并利用京东在消费金融业务中所形成的风险定价能力，对资产生成方的资产数据进行分析继而达成共识，确保基础资产的数据真实性。

2) **基础资产上链和智能合约帮助实现穿透式监管**。近年来，资产管理方面监管的一个重要方向是进行穿透式监管，让投资者和监管人可以看清资金的来龙去脉，从而使资金流向更透明、可监管，也可以减少中间的嵌套过程，防止资金在金融体系内空转。JT² 智管有方通过时间戳技术追溯每一笔交易的资金来源、投资交易明细、底层资产信息和交易流程等信息，再由各个权利主体达成共识，将信息上链存储，审计方和监管方可在链上获取相关信息，使得资金的流动、资产的每一步嵌套等信息有据可查，从而有助于穿透式监管。此外，相关主体还可以把关于券种的投资合规校验要求（如投资限制、集中度要求等）封装到智能合约，实现对投资指令的自动判断和监管[58]，降低了风险的同时也减少了监管成本。

3) **通过上链协议审核管理人的投资能力**。在审核资产管理人的投资能力时，往往需要根据管理人的历史投资数据加以分析，但历史投资数据有被篡改或错误记录的可能，且不同机构之间存在数据格式不统一的问题。JT² 智管有方会与资产管理人签订上链协议，将可量化指标如绩效等录入智能合约，并与其投资记录加以比对，从而可对管理人的投资能力进行审核。并且，资产管理人的相关数据可在区块链联盟中实现实时共享。

4) **在区块链上追踪产品信息**。在产品发行之后的投后管理环节，JT² 智管有方可运用舆情监控和信用分析等工具，在区块链上持续追踪发行主体的信用状况和资产池状况，从而有效降低投资人投后管理的成本。

除此之外，JT²智管有方还将区块链技术与京东的大数据分析和机器学习等技术结合，构建了可以实现自动迭代更新的智能研究体系、资产评价工具和基于算法的MoM（manager of managers，将基金资产委托给其他基金经理进行管理，也即“管理人的管理人基金”）、FoF（fund of funds，以精选基金组合为投资对象，也即“基金中的基金”）的投资配置体系，提高了资产管理业务中的智能研究、组合管理、资产评价等关键环节的效率。

借助于京东数字科技在此前业务中的数字化洞察能力，JT²智管有方通过区块链技术、数字化手段，大大提升了资产管理的研发和风控能力，为投资的智能化、便捷化、透明化提供了良好的平台。

❖案例二　区块链应用于信托——万向信托

信托是最能反映“受人之托、代人理财”本质的主动管理型业务之一。在近年来市场需求加速释放的背景下，信托行业资产规模不断扩大，但同时行业信任问题也日益凸显。面对信托业回归“受人之托、代人理财”的业务本源的大趋势和监管政策频出的环境，区块链技术和信托的结合具有天然优势，万向信托合理运用区块链这一底层技术优化风险管理，开拓新兴产品，是谋求从传统信托业的粗放式发展向高质量可持续发展转型的有益尝试。

1. 信托业现存问题及区块链技术可应用性分析

近年来，信托业受经济增长、宽松货币政策和监管规避等多重因素影响，经历了几何式的规模性扩张，一跃成为中国第二大金融子行业，系统重要性日益凸显。但野蛮增长带来的后遗症逐渐浮出水面，过去中国信托公司处于快速且粗放的规模膨胀期，忽视对成本的控制，成本费用较为高昂；管理资产质量不高，存在风险隐患；现存业务以通道业务为主，偏离资产管理的业务本源。国家密集出台相关政策，敦促信托业转型调整。新形势下，信托市场日趋规范和透明，挑战与机遇并行，信托行业须加强合规风险管控，回归资管本源，完成从行业高速增长向高质量增长转型。

区块链的去中心化、不可篡改等特性能够帮助信托公司及时发现风险敞口，提高主动管理能力，促进新兴业务模式更好地推进，提高信托登记、数字信托资产的权利交易流转与清结算的效率。引入区块链，能够帮助信托业在资管行业打破刚兑、去杠杆去通道、统一监管的趋势下，提高自身业务水平，更好地回归信托本源。具体体现在以下三个方面。

首先，区块链技术的引入可降低信托公司的营业成本。区块链由于具有去中心化的特性，合理利用智能合约技术，可以解放信托公司的人力成本，降低营业支出和管理费用，进而保证信托公司具备充沛的资金用于市场开发、强化创新及提升公司职工福利水平，打开更大的发展空间。

其次，区块链技术可加强信托行业的风险管理。信托行业多年来实行粗放式发展，野蛮扩张的后果就是资产质量难以得到保证，风险事件频发，在打破刚性兑付的趋势下，没有了信托公司的兜底，损失将由投资者个人承担，社会影响的波及面更广，造成的影响更为恶劣。区块链保证存储于线上的数字材料在保持隐私性的同时可以被验证，技术上不存在被伪造的可能性；对交易对手的财务状况可以进行实时查询，第一时间发现财务风险，及时做出应对；信托产品引入智能合约，建立基于算法的绝对信任，降低信托经理的道德风险，即使在某些必须人为处理的环节发生了偏差，也会由于流程的透明性很容易被发现，能够尽快补救，最大限度减少损失。区块链的引入可以极大程度上完善信托行业的风险控制。

最后，区块链技术可助力信托业回归本源。信托要想回归本源业务领域面临一个巨大的障碍，即信息不对称问题，既包括委托人对于受托资产状况的不了解、对信托产品信心不足，也包括信托公司对于交易对手的信息掌握不完全导致可能出现误判。区块链技术的引入可以打破这一桎梏。区块链作为一个全民共享的大账本，只要金融资产或实物资产等以数字资产的形式上链，具有权限的各方就能随时通过自己手中的密钥对资产的实时情况进行查看，如果有任何异常能第一时间发现，最大程度降低损失[57]。如此一来，投资者信心增加，信托公司也跟进了自己的主动管理水平，“受人之托、代人理财”的业务具备透明的市场环境，信托回归本源这一必然进程将在区块链技术的支持下向前迈出一大步。

2. 区块链应用于信托管理案例分析

(1)案例简介

万向信托由中国万向控股有限公司在 2012 年发起成立，注册资本 13.4 亿元，是我国首批进入信托领域的信托机构之一。2018 年，万向平台推出基于区块链的验证性平台服务，为其信托企业提供技术保障。在万向区块链业务模式中，通过将重要材料先进行哈希运算获得消息摘要，将摘要存储到区块链中；如果用户需要验证数据真伪，只需要比对数据信息的哈希值就可以知道数据是否被篡改。数据验证说明如图 4.1 所示。

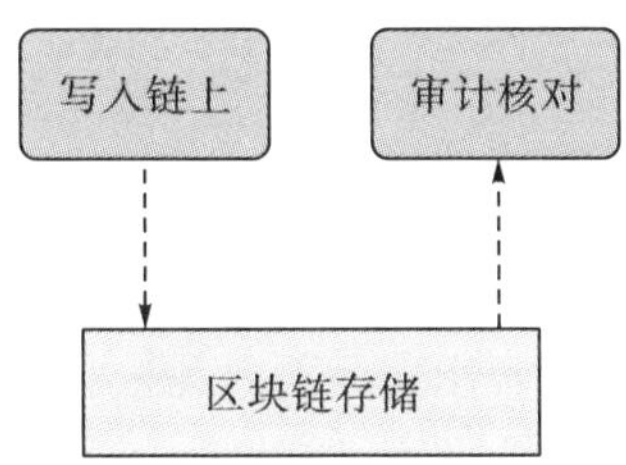

图 4.1　数据验证说明

资料来源：作者根据网上公开资料整理

场景一：写入上链。数字资产直接通过哈希加密处理生成唯一且不可逆推的特征值，存储于区块链上；非数字资产需要在此之前增加一步转为数字化资产的操作，后续相同。

场景二：审计核对。具体的数据信息不存储在区块链上，但是通过对原始数据进行哈希获取摘要结果，再读取区块链上存储的原始摘要信息进行比对，即可以完成对重要数据的审计核对。

(2)案例分析

万向信托运用区块链将信托业务合同数字化后录入区块链，通过非对称加密算法保证隐私性，信托公司对财产的运作管理流程也会被区块链全方位记录，客户可以随时进行查看，增强业务的透明度和可靠性。此外，每一单信托业务都是根据所服务客户量身定做的，智能合约可以为每笔合同单独编写指令，更加高效便捷。信托业务中的各项文件都必须被妥善保管以备查询，但传统的纸质及电子版文档面临被人篡改和泄密的风险。万向信托运用区块链记录信托业务合同、客户意愿书等文件，记录于区块链上的文档和数据不可篡改，保证了重要资料的真实性，同时哈希算法使得文件是以被密码学处理后的加密特征值存在的，文件内容本身是不可见的，可以通过验证密码值来证明文档的真实性。

现行政策提倡信托业回归业务本源，开展财富管理业务，基于区块链的信托管理大有可为，现金资产和非资金财产都可以通过数字化处理记录于区块链系统，并在上链后完成对其所有状态的更新，记录现金流向与非资金财产所有权变动及其他状态变动，委托人和受益人可随时登录有权限的节点查看受托资产最新状态，增强委托人和受益人的投资信心。

万向信托借助区块链平台对管理信托资产过程进行存证，存证范围包括资产评估公司、资金托管方，律师事务所、会计师事务所等其他专业第三方机构的工作内容使信托业务处于全流程可追溯，出现问题后第一时间找到风险爆发点。针对不同客户需求的信托计划，应用智能合约技术，根据每项信托计划的目标编写特定的程序，委托人和受托人就信托计划的目标和操作要求达成共识，共同商定一份承诺，各自用自己的私钥签名，在预设时间或触及特定条件时执行某项事件。区块链技术保证合约不会受恶意程序干扰，执行过程全程透明。一旦智能合约编写完毕且顺利上传到区块链，就必定会按照预设的轨迹完成所有安排。这可以降低人力成本，提高业务流程效率，同时也可以增强委托人的信心。

❖案例三　资产管理托管业务应用——中国光大银行泛资管阳光链

在中国，区块链应用于资产管理行业的一般形式是技术公司负责底层构架的开发，与银行、基金等资管机构的系统打通、上链，实现资产管理与资金清结算的链上同步。其中，为了革新资管托管流程，降低投资者成本，中国光大银行联合其他公司共同发起建设了基于区块链技术的泛资管阳光链，组建泛资管合作联盟，多方共同搭建业务场景，推进项目落地。

1. 中国银行类资管行业的难点

目前，银行类资产管理行业，投资路径多样，参与方众多且互相之间信用往来频繁，一般来说包含下列难点：一是资金投前与投后参与方众多，各方记账难保持一致性；二是资金划取流程复杂，责任人和执行人之间缺乏互信关系；三是中小机构众多，导致分散后管理风险骤增。

这些难点往往也是整个资产管理行业中重点关注的问题。为了解决上述困难，同时比对现有业务结构，资产管理行业适合引入区块链技术。通过区块链技术对数据进行改造后，力图能从事前风控、事中检查、事后归因等方面出发，提供基础结构化数据，从而为金融科技在行业内的展开做好准备工作。

2. 中国光大银行泛资管阳光链

(1)泛资管阳光链建设背景和简介

银行的资产托管业务是将银行作为第三方机构，进行托管资产的保管，并对管理人的投资运作进行监督，以确保委托人利益的中间业务。托管业务的参与方包括了资产委托方、资产管理方、资产托管方、投资顾问和审计机构等多个金融机构。

虽然托管业务涉及多家机构，但目前来看，各参与方都有自己的信息系统，还未出现一个多方信任的信息系统以完成资产托管业务，参与方之间通过电话、传真和邮件等方式进行信用验证。再加之业务中单笔交易金额大，进行信用校验往往耗费大量的时间和精力。

根据中国银行业协会 2018 年 7 月 31 日发布的《中国资产托管行业发展报告(2018)》，截至 2017 年末，中国银行业资产托管规模已达 141.5 万亿元，较上年增长了 16.06%，而与前两年 39%、62%的同比增速相比，中国银行业的资产托管规模增速呈现了较大幅度的下降，显示出在强监管的背景下，资管行业需着力回归本源，实现转型升级。

2017 年 8 月 10 日，中国首个基于区块链技术的泛资管阳光链正式在中国光大银行上线。这是中国光大银行和英大基金公司、赢时胜、泰达宏利基金公司共同建设的首个直连业务区块链试点创新项目，该项目以区块链技术为支撑，搭建管理人和托管人系统直通式处理的业务承载链网，实现管理人与托管人之间业务的直接对接、信息共享，还可以提高审计、监督及监管的效率，有效降低管理人系统建设成本。泛资管阳光链解决方案主要分为两个阶段建设：初期以建设一种托管业务基础设施为核心目标，搭建以管理人和托管人系统直通式处理的基于区块链技术的业务承载通道；后期会增加更多的应用场景，扩展至更多的资产管理托管相关人，建设成全生态业务链。

(2)泛资管阳光链的技术核心

泛资管阳光链包括区块链平台层和应用层。平台层包含共识模块、P2P 协议实现、区块处理机制，以解决区块链数据交易出块、扩散和共识达成。合约系统包含公有合约和私有合约，利用公有合约对节点部署、管理等进行自动化处理，私有合约处理业务数据则确保数据的隐私和安全。应用层则提供接口用来实现已有业务系统的对接。

图 4.2 所示为泛资管阳光链的运作流程，泛资管阳光链引入了共识机制，交易行为需要各交易方的认可，确保业务数据的准确性，去中心化存储，将资管流程中的各个主体都放到链上，资产委托人、资产托管人、资产管理人、审计机构、结算

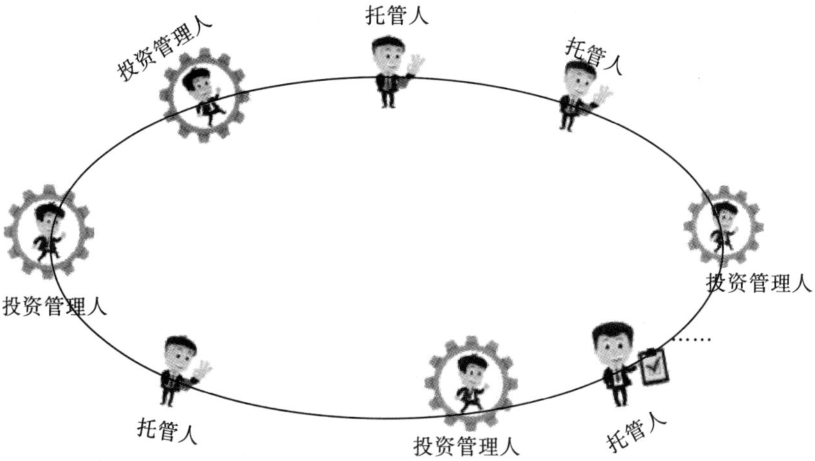

图 4.2　泛资管阳光链

资料来源：作者根据网上公开资料整理

机构等多方参与到资管业务中，实现托管人、管理人等各方的信息共享，业务也可以覆盖多机构之间的往来合约(包括合同、交易、支付等环节)，还可实时审计、监督及监管，保证信息自动安全同步，提升客户体验。泛资管阳光链统一了服务接口，既节约了交易成本，也减少了人工参与环节，有效降低了风险，同时还保证了交易安全，最终提升服务品质[60]。

(3)泛资管阳光链的主要应用场景

分布式账本可实现信息互通。该链目前主要应用在日常划款指令业务。由于在资产管理业务中，资金委托方将资金的管理委托给管理人，并将资金托管在托管行，管理人做出资金使用的决策，发送指令给托管行，托管行进行资金的划拨，在所投资的资产到期后将回收的资金入账，因此每日有大量资金划拨指令在管理人和托管人之间往来。目前业界主流的沟通方式还是邮件、传真、电话等，其特点是耗时、耗力，时效性较差。基于区块链技术的泛资管阳光链，化解了这一困境，其将管理人和托管人业务与区块链系统对接，在划款指令入链后，可以实时接收，实时获取状态、进度，各方在智能合约中所规定的投资计划的合规要求和判断规则都将准确真实地记录在互联的分布式账本中，每笔交易在达成共识的基础上完成，账本上的信息无法篡改。通过区块链的 P2P 网络技术，信息的真实性有了保障，有利于跨机构、跨部门的业务信任流转，促进了交易流程的进行[61]。此外，还有助于使审计方和监管方获取相关信息，助力监管方实现穿透式监管[57]，以便提前进行管控和指导，可以为资管新规的实施提供良好的条件，提升行业内的风险管理水平。

智能合约可进行风险监管。通过将满足投资合规校验要求和判断规则封装到智能合约，平台上的每笔交易都可以完全符合监管要求和交易方共识，实现了对投资指令的自动判断和监管，便于相关业务人员及时监管和审计投资信息，从而保护投资人利益，促进资产管理行业的持续健康发展。

隐私保护机制保护信息安全。泛资管阳光链所使用的密码学—密钥验证机制①，可以对用户的身份进行认证且对其权限进行设置，保证了去中心化账本上的信息和流程事件在权限内可见，保护用户信息的安全。而一旦确定用户处于权限范围内，

① 密码学—密钥验证机制：根据密码算法所使用的加密密钥和解密密钥是否相同、能否由加密过程推导出解密过程(或者由解密过程推导出加密进程)的验证机制。

平台将会向其提供相关信息以实现交易的可验证性，保证交易参与方之间可快速共享必要信息[58]。

泛资管阳光链基于区块链的托管系统，将主要的功能如电子对账、电子指令、账户查询、流程管理等架设在链上，底层是 P2P 组网及分布式存储，有效解决了托管业务基础设施建设问题，帮助银行解决特定业务场景中出现的问题，增强互信，提高业务处理效率，增进服务品质；也可以保护数据安全，便于审计和监管方提前管控，提升银行的风险管理水平。而对整个资产托管业务而言，在具体的区块链应用落地的过程中，应该考虑是否允许某个具体的业务板块实现去中心化、对既有系统的投入改造程度等问题，根据该机构的特点做出决策。

❖案例四　数字资产管理平台 OldDriver

近年来整个数字资产市场持续发展，根据 CoinMarketCap 的数据，全球的数字资产已超过 2000 种，数字资产市场在经历过 2017 年的爆发式增长之后，2018 年价格剧烈回撤，截至 2018 年末，市场的总市值约为 1300 亿美元，仍有发展空间。

数字资产的交易流程较为繁复，图 4.3 是基于区块链技术的包含数字知识资产的注册—版权认证—资产交易—侵权追踪的全过程。

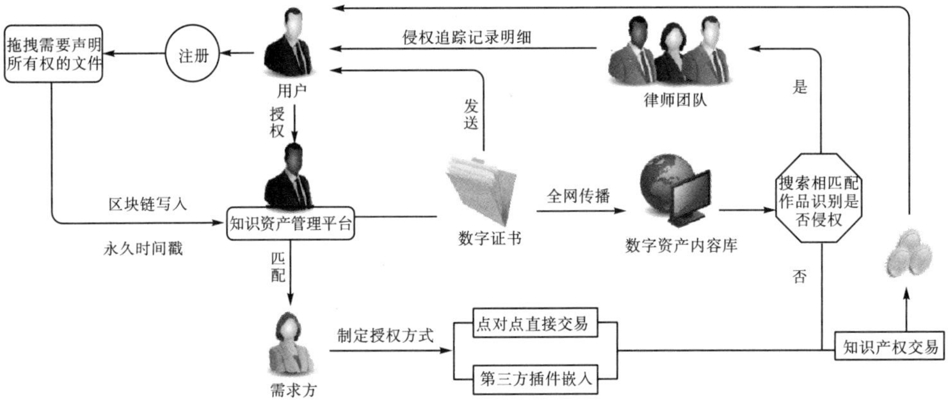

图 4.3　基于区块链技术的数字知识资产管理平台流程图

资料来源：作者根据网上公开资料整理

同时投资数字资产的难度也在逐步加大，**一方面本来区块链项目就比较难理解，**涉及了分布式账本技术、非对称加密技术、P2P 网络、共识算法、智能合约等计算机知识，不仅如此，还涵盖金融学、社会学等学科的原理，综合理解起来难度较大。**另一方面全球的数字资产种类繁多，但是淘汰率也高，更新换代较快**。目前市场上有上千种数字资产在交易，图 4.4 显示了大量在交易的数字资产。2013 年 12 月 29 日市值排名前 15 位的数字货币到 2017 年 12 月仅剩下比特币、莱特币和瑞波，其他 12 个数字货币都已销声匿迹。此外，投资者还易被小道消息诱导，出现“羊群效应”，最终做出不理性、不合理投资。

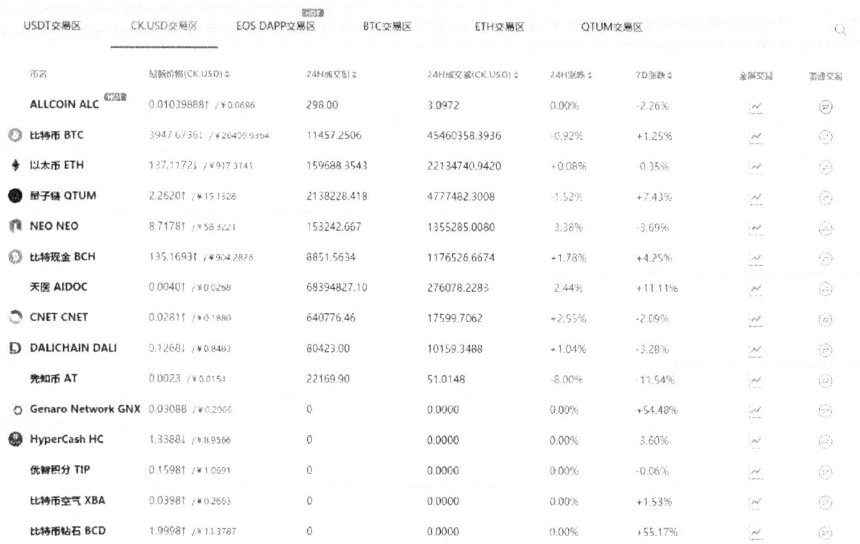

币名	最新价格(CK.USD)	24H成交量	24H成交额(CK.USD)	24H涨跌	7D涨跌	全屏交易	普通交易
ALLCOIN ALC HOT	0.01039888↑ /¥0.0696	298.00	3.0972	0.00%	-2.26%		
比特币 BTC	3947.6736↓ /¥26409.9364	11457.2506	45460358.3936	-0.92%	+1.25%		
以太币 ETH	137.1172↓ /¥917.3141	159688.3543	22134740.9420	+0.08%	-0.35%		
量子链 QTUM	2.2620↑ /¥15.1328	2138228.418	4777482.3008	-1.52%	+7.43%		
NEO NEO	8.7178↑ /¥58.3221	153242.667	1355285.0080	3.38%	-3.69%		
比特现金 BCH	135.1693↑ /¥904.2826	8851.5634	1176526.6674	+1.78%	+4.25%		
天医 AIDOC	0.0040↑ /¥0.0268	68394827.10	276078.2283	2.44%	+11.11%		
CNET CNET	0.0281↑ /¥0.1880	640776.46	17599.7062	+2.55%	-2.09%		
DALICHAIN DALI	0.1268↓ /¥0.8483	80423.00	10159.3488	+1.04%	-3.28%		
先知币 AT	0.0023 /¥0.0154	22169.90	51.0148	-8.00%	-11.54%		
Genaro Network GNX	0.03088 /¥0.2066	0	0.0000	0.00%	+54.48%		
HyperCash HC	1.3388↓ /¥8.9566	0	0.0000	0.00%	3.60%		
优智积分 TIP	0.1598↑ /¥1.0691	0	0.0000	0.00%	-0.06%		
比特币空气 XBA	0.0398↑ /¥0.2663	0	0.0000	0.00%	+1.53%		
比特币钻石 BCD	1.9998↑ /¥13.3787	0	0.0000	0.00%	+55.17%		

图 4.4　Allcoin——全球数字资产交易平台界面

资料来源：Allcoin 官网，https://www.allcoin.ca/[2019-03-13]

综合平衡风险和收益，请专业的投资人管理数字资产是普通投资人较为理想的选择，一些数字资产管理平台由此而生，OldDriver 便是其中一员。

1. 三权分立

OldDriver 建造区块链平台提供基础服务，图 4.5 所示为 OldDriver 的管理模式，OldDriver 针对参与主体包括决策者、监管者及投资者等，提出决策权、经营权和监管权三权分立的治理方针，要求各参与主体明确分工，各司其职，从而降低基金运行中的风险。

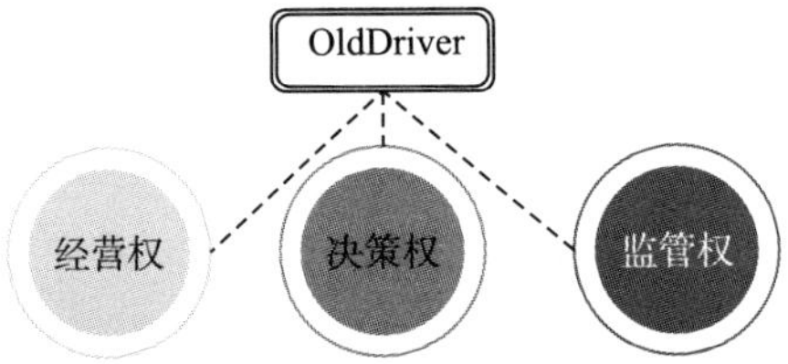

图 4.5　OldDriver 管理模式

资料来源：作者根据网上公开资料整理

决策权体现在经理可以根据自己的专业能力，进行投资策略的调整，但是决策经理的权力仅限于决策，无法实际操作资金。理想情况下，关于资金的操作包括募集、投资、退出皆由智能合约执行。

经营权不可或缺的原因是区块链技术发展尚不成熟，与智能化操作资金相距甚远，目前仍需投资代理根据决策经理的投资策略进行辅助投资。投资代理包括自动化的交易所应用程序接口(application program interface，API)及有合格资质的投资机构等。

监管权指监督和管理基金运作的权力，有助于防范各种风险产生。监管者若发现基金运作存在异常现象，如有人故意操纵市场为己谋利，破坏市场秩序，导致投资者蒙受损失，监管者有权对基金实施管理，如冻结资金等，从而有效化解风险或减少投资者损失。

2. 管理模式的实现

为了达成三权分立的管理模式，OldDriver 设计了如图 4.6 所示的用户端，包括了投资者、资产管理者和监管者的界面。

在前端展示层，所有参与主体的操作信息都会记录在区块中，包括投资者购买或赎回的操作，资产管理者投资策略的调整及执行，监管者对基金的审查或冻结，等等。

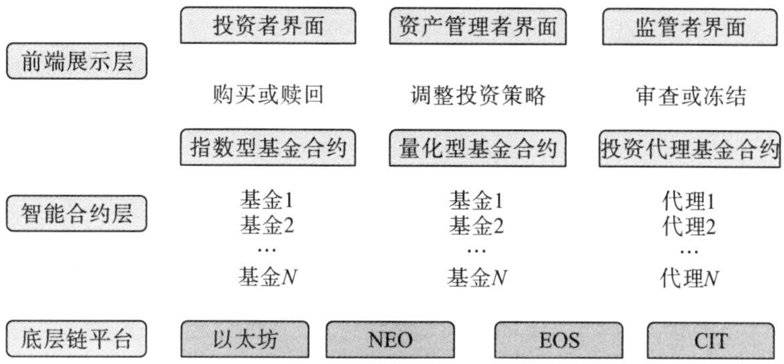

图 4.6　OldDriver 三权分立的实现

资料来源：作者整理自蓝狐笔记《OldDriver:区块链时代的资产管理平台》，https://mp.weixin.qq.com/s?__biz=MzAwOTk1NjM0NQ%3D%3D&idx=1&mid=2247484823&sn=ac6bf075b6100ef13b8d3358d2b2bc31[2018-10-10]

NEO: NEO EcoBoost，一个社区化开源区块链项目，是实现“智能经济”的一种分布式网络

EOS: Enterprise Operation System，即为商用分布式应用设计的一款区块链操作系统

CIT: Cell Intelligence Technology Co.Ltd.，区块链细胞智能平台

在智能合约层，借助智能合约管理资管产品。首先，基于智能合约根据不同条件定义不同的资产产品类型；其次，定义相应的募集资金、制定投资决策、办理退出业务等流程。目前 OldDriver 提供指数型基金和量化型基金的业务。随着业务的开展及区块链技术的发展，智能合约可以提供更丰富、更灵活的产品供投资者来选择。此外，如图 4.6 所示 OldDriver 的智能合约层还包括了一类特别合约——投资代理基金合约，它由第三方提供，具备跨链交易服务能力。

底层链平台是支持前端运行与智能合约的分布式系统，负责海量数据存储、交易智能化执行等。OldDriver 初期采用以太坊区块链，后续支持 EOS 和 NEO 等区块链，同时也有计划开发投资管理行业公链 CIT 链。

3. 指数型基金和量化型基金

图 4.7 所示的指数型基金需要针对数字资产的走势调整资产比例，从而获得行业优质资产整体上升的收益。指数型基金属于低频交易，对于性能要求不高。每个参与主体各司其职，投资者只需选择合适的资产管理人，购买相应的资产份额；决策者需要关心整个市场的行情，实时调整投资策略；投资代理需要根据决策者的投资策略执行投资操作；监管者监督市场，若发现异常，可以随时对危险的账户实施冻结等。

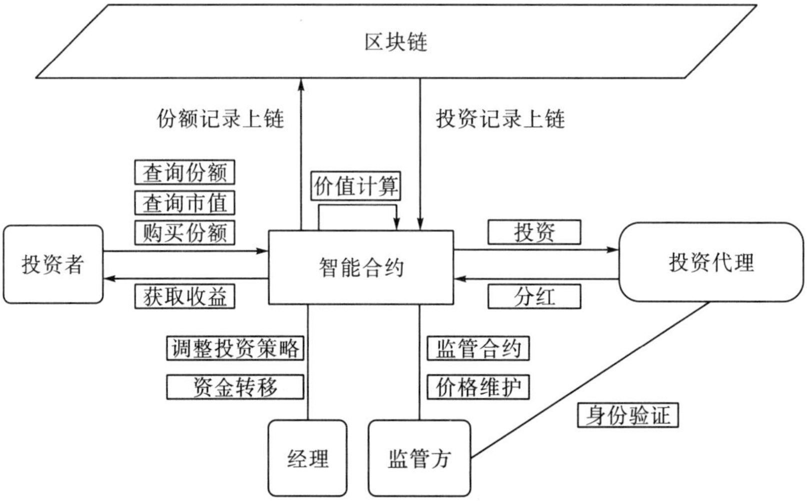

图 4.7　指数型基金

资料来源：蓝狐笔记《OldDriver:区块链时代的资产管理平台》，https://mp.weixin.qq.com/s?__biz=MzAwOTk1NjM0NQ%3D%3D&idx=1&mid=2247484823&sn=ac6bf075b6100ef13b8d3358d2b2bc31[2018-10-10]

量化型基金与指数型基金有所不同，具体如图 4.8 所示：在运行模式上，投资人需要投入比特币，购买量化型基金的份额。量化型基金经理用募集得来的比特币资产进行量化交易。投资者根据投资份额获得对应的收益。在交易频率上，量化型基金采用高频交易。但是区块链技术处于发展初期，完全去中心化不太现实，并且区块链平台的一些性能没有达到稳定高频交易的要求。对此，OldDriver 采用中心化的服务器和去中心化的智能合约混合平衡的方式作为过渡。

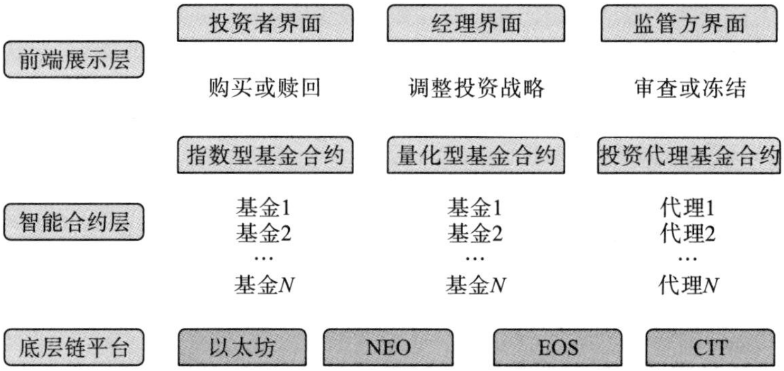

图 4.8　量化型基金

资料来源：蓝狐笔记《OldDriver:区块链时代的资产管理平台》，https://mp.weixin.qq.com/s?__biz=MzAwOTk1NjM0NQ%3D%3D&idx=1&mid=2247484823&sn=ac6bf075b6100ef13b8d3358d2b2bc31[2018-10-10]

投资者通过服务器提供的接口对比特币资产进行购买、投资、分红等。购买的份额会被记录上链，分红由智能合约计算。由于涉及中心化的人为操作，服务器的中心化可能无法保证区块链技术完全可信任。比如，监管方和操作方是否有合谋的可能性？决定资金流向的基金经理是否值得信任？不可否认，OldDriver 距离成为完全去中心化的完全可信任的数字资产管理平台还有一定的距离。在实现完全去中心化的资产管理之前，OldDriver 设计以下安全机制来降低风险，包括策略安全、架构安全。

策略安全：事前通过三权分立管理模式来预防；事中由监管者实时监测，若发现基金经理投资过程中操作异常，可通过智能合约冻结账号、资金、合约；事后通过公开的数据建立评价体系。

架构安全：智能合约会基于操作者上传的投资记录和监管方上传的数字资产价格自动计算基金份额的价值。智能合约的安全则会通过学术机构审计、持续更新完善代码设计等方式来实现。

OldDriver 为数字资产的投资者提供一定的便利性，专业投资者通过 OldDriver 与普通投资者相互联系，互利共赢。

首先，基于 OldDriver 公开透明性与智能合约的执行，为各方市场主体营造了一个可信任的环境。**从投资者的角度，**一方面，增强了彼此间的信任。所有投资操作都会公开化，所有资金都由去中心化的智能合约管理，充分保证资金的安全[62]。当然，目前由于一些性能因素，还需要一个过渡迭代的时期。另一方面，投资者拥有更多的选择权，由于基金经理和资产管理人的业绩都是公开透明的，不留作假的余地，业绩更真实地反映了实力，给投资者一个合理的参考。**从资产管理人的角度，**一方面，资产管理人可以在区块链上清晰地记录投资轨迹，有利于自我反省做出更好的决策；另一方面，在别的投资管理人那里取其精华，去其糟粕，良性竞争，互利共赢。**从监管者的角度，**各种交易、管理操作都清晰地显现在监管者的视野中，便于实时管控金融风险。

其次，有助于解决投资的合规性问题。投资市场会涉及很多法律及合规的相关问题。借助于 OldDriver 平台，可以在初期就将智能合约的模板、投资的流程合规化，避免后续流程出现违规行为。

未来的数字资产投资和管理都能够在区块链平台上通过代码和合约的信任达成，参与主体只需各司其职，各尽其责，无须担心交易成本或其他事项，这会是一个具有改革性的资产管理体系。

资产管理的核心是管理人根据其对风险收益的深刻理解，实现资金和资产之间的对接，而资管行业目前所面临的同质化、刚兑化的模式很大程度上要归因于理解力和洞察力的缺失。JT² 智管有方所提供的资管科技能够为分析资产提供更多维度，更有效地获取信息，促进资管行业走向精细化、差异化、净值化的方向。万向信托作为将区块链技术应用于信托的先行者，成功推行了新产品并实现了风险管理的优化，尝试扭转信托业粗放发展的现状，提高自身主动管理能力，更好地回归资管“受人之托、代人理财”的本源。凭借区块链技术的去中心化、低成本信任等特点[58]，泛资管阳光链优化了资产托管的业务流程，能够减少资产托管中面临的操作风险和信用风险，提升业务效率。可以预见，在未来严监管、各类新技术不断涌现的形势下，通过区块链技术，以中国光大银行为代表的机构能够帮助投资者把握市场动向、掌握投资产品信息，为托管业务提供创新型的增值服务，进而形成自身的竞争优势。而对于数字资产的投资和管理所面临的痛点，OldDriver 平台也开辟了一条新思路，经营权、决策权和监管权三权分立，通过智能合约完成数字资产的投资和管理，使各机构能够以去信任的方式参与到资产管理中，对原来的发展模式和观念产生挑战。

总体看来，区块链技术为资产管理这种涉及跨机构业务合作和数据等信息共享的场景，提供了技术上的支持，以低成本的信任简化了业务流程，为数字经济的发展带来更多可能。但是在实际落地的过程中，仍存在不小的问题，具体如下。

首先，在综合考虑安全、隐私、性能、监管等方面的因素后，与公有链相比，联盟链设定有准入机制，并且去代币、存在监管节点、可进行身份认证，符合当前对资产管理的强监管的需要。但截至目前，联盟链的发展重点仍落脚在核心与协议层面的技术发展，还没有形成统一的行业标准，对如何管控智能合约的漏洞、如何发展数据检索和分析技术、如何确定对平台运作和信息交换等的监管要求等问题缺乏通用标准[57]。

其次，由于在资产管理联盟链上的各方都希望自身掌握区块链平台的主导权，因此如何平衡联盟链上的各方利益和主导权、做好权力的分配与管理是不小的难题。

如果未处理好主导权分配问题，则很难实现资产管理联盟链的规模化发展，制约其在行业内的普及和发展。

最后，为解决当前联盟链并存、彼此之间信息不畅的问题，跨链技术成为研究的重要方向，通过跨链技术实现各联盟链间的互联互通，打破“区块链孤岛”。但目前来看，跨链方向仍处于探索阶段且跨链技术有待成熟，对跨链技术易用性、可扩展性、安全性等方面的研究仍较少，跨链技术的发展任重道远。

场 景 四

供应链金融

供应链金融是金融机构将核心企业和上下游企业联系在一起提供灵活运用的金融产品和服务的一种融资模式，集理财、交易、清算和信用等诸多金融属性于一身，业务场景复杂、当事人众多、市场规模大，在服务实体经济发展中具有重要作用[63]。

然而供应链金融普遍存在行业标准尚不健全、行业内的竞争者良莠不齐等挑战，上游供应链融资业务发展存在应收账款可能不存在、收回的应收账款不足额、应收账款的回收时间超过了约定的期限等问题，下游供应链融资业务存在质物管理难度较高、质物价值判断不准、质物变现能力有限等发展困境。有鉴于此，区块链技术凭借其特有的技术优势，有望成为当前供应链金融变革的突破口。本章将通过梳理供应链及供应链金融的发展现状与困境，分析业界的经典案例，探讨供应链及供应链金融背后的区块链赋能空间。

一、供应链及供应链金融的发展及困境

供应链金融的核心是各尽其能，通过围绕核心企业，上下游中小企业的资金流和

物流更易于管理，核心企业与上下游企业各自发挥出相对优势，可把单个企业的不可控风险转变为供应链企业整体的可控风险，通过多维度获取各类信息，将风险控制在最低，实现总体效能最大化。因此，在供应链金融中，多主体协同合作的基础是信任与利益分配。但是，目前来看信用不足成了供应链金融进一步发展的一种阻碍。

(一)中国供应链金融产业发展现状

目前，中国的供应链金融产业仍处在快速发展阶段，如图 5.1 所示，2018 年中国供应链金融市场规模达 17.5 万亿元，同比 2017 年增长 21.4%，预计未来规模仍会持续增长。

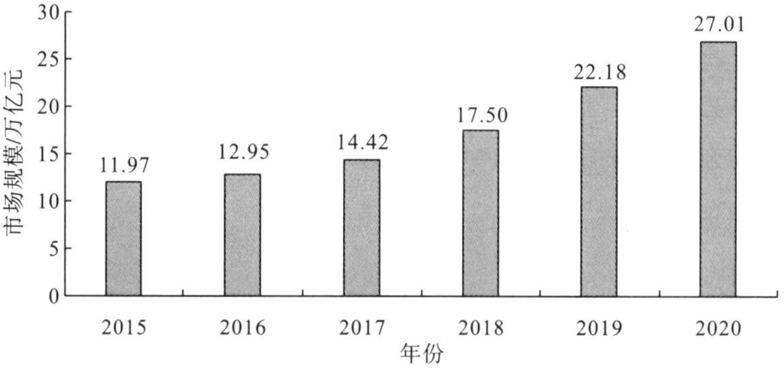

图 5.1 2015～2020 年中国供应链金融市场规模及预测市场规模

资料来源：前瞻产业研究院. 2016-2021 年中国供应链金融市场前瞻与投资战略规划分析报告[R]. 2016

究其原因，除去供应链金融本身有很强的资本亲和性外，政府政策的号召和支持起到了关键作用。支持供应链金融发展的政策文件见表 5.1。

表 5.1 支持供应链金融发展的政策文件

时间	会议或文件	相关内容
2016 年 2 月	《关于金融支持工业稳增长调结构增效益的若干意见》	提倡探索推荐产融对接融合，探索开展企业集团财务公司延伸产业链金融服务试点
2016 年 10 月	《促进民间投资健康发展若干政策措施》	强调建立财产权利质押登记系统，实现信息共享，以便于金融机构改进和完善小微企业金融服务

续表

时间	会议或文件	相关内容
2017年3月	《关于金融支持制造强国建设的指导意见》	提出鼓励金融机构依托制造产业链核心企业，积极开展应收账款、质押贷款、保理等各种形式的供应链金融业务，有效满足产业链上下游企业的融资需求
2017年7月	全国金融工作会议	明确金融服务实体经济发展要求，为供应链创新与应用提供良好政策环境
2017年10月	《关于积极推进供应链创新与应用的指导意见》	确定"积极稳妥开展供应链金融"是六项重点工作之一
2018年6月	国务院常务会议	部署进一步缓解小微企业融资难、融资贵，持续推动实体经济降成本

资料来源：据网上公开资料整理

（二）供应链及供应链金融的发展

"分工产生效能"是经济学里最核心的一个概念。经济学鼻祖亚当·斯密在他的经济学奠基之作《国富论》里，第一页就写下了一个非常典型的案例：一家20人规模的扣针厂，通过分工合作每天能生产4.8万枚扣针，而如果一个人独自完成所有工序，哪怕最熟练的工人一个人一天最多只能完成不超过20枚扣针。这种效率的提升是非常惊人的。

20世纪80年代以前，纵向一体化是制造业产业组织的主流模式，大部分中间产品的生产、加工、储存、运输，以及最终产品的组装完成乃至销售，都通过企业内部管理加以对接和整合。

然而，20世纪80年代以来，生产的分工模式开始发生显著的变化，竞争迫使企业在价值链的每一个环节寻求最低的成本，促使越来越多的分工从企业内转向企业间：各个环节的生产分化成了供应链上各级的供应商，物流环节分化出了专业的物流仓储企业，支付及融资环节则分化出了专业的金融机构。各个环节专业化分工，最终又紧密合作，使得各企业间的信息流、物流、资金流的管理变得复杂。企业间传统的信息传递方式是通过各类单证来完成，单证不光帮助直接关系的双方或多方明确权利义务，同时也可以作为相关业务的佐证出示给其他服务机构或监管机构。

供应链上的金融服务一开始主要是支付、托收等只带有结算功能业务。但由于供应链中存在着占主导地位的核心企业，他们的财务改善方向往往是对上游拉长付款账期和对下游缩短收款账期（原因在于：①核心企业不愿承担下游的信用风险；②股东和投资人对核心企业财务稳健的要求)，于是逐渐演变出了票据、保理、信用证等各种既含有结算功能又带有融资功能的业务(是否可带有融资功能视付款的条款是否是远期付款而定)，也包括存货质押融资这样纯粹只带有融资功能的业务。在本章节中，我们主要讨论的是带有融资功能的供应链金融业务(以下简称供应链融资)。

供应链融资相较于传统的信贷，最大的特点在于其具备自偿性。传统的信贷将企业未来所有的营业收入作为还款来源，而自偿性是指融资是基于某一笔或多笔贸易关系而完成的，并且由这一笔或多笔所产生的收入就足以偿还融资款项。那么既然自偿性是供应链融资最为仰赖的特性，融资业务中自偿性的保障与其他因素(如效率、他方合作意愿、合规等因素)的矛盾也就自然成为供应链融资业务中最核心的痛点了。

二、供应链金融的困境

供应链融资业务中，上游及下游的做法存在本质上的不同。上游的融资业务中，通常我们会以对核心企业的应收账款作为还款来源；而下游的融资业务中，通常我们会以库存商品的销售收入作为还款来源。虽然资金方实际操作的融资产品可以变化无穷，但各种衍生出来的融资产品都万变不离其宗，在本质上都离不开上述两种还款来源，所以本节我们将分为上游融资和下游融资业务这两部分来进行论述[64]。

(一) 上游供应链融资业务发展困境

在上游供应链融资业务中，应收账款是其核心还款来源，所以其质量的好坏直接影响该笔融资业务的风险大小。对融资企业及银行而言，应收账款可以理解为是基于贸易或服务关系而产生的在未来特定时间会产生的一笔特定金额的现金流入，其中包含了三个要素：基于贸易或服务关系、特定金额、特定时间。针对这三个要素，分别产生了下述可能存在的风险。

一是应收账款可能不存在。在业务实践中，如果作为核心企业的买方特别强势且不愿配合尽职调查，那么资金方的审核标的可能仅限于融资企业所提供的贸易或服务相关的单据，如购销合同、销售订单、增值税发票、发货单等。但由于相关证据全来自融资企业，相关单据完全可能是伪造的或者没有真实贸易背景的。虽然增值税发票的真伪非常容易核实，但其是否基于真实贸易背景在不征询买方并确认的情况下是无法确认的。对于这种没有真实贸易背景的应收账款，出现不良也就在所难免。

二是收回的应收账款不足额。由于应收账款是基于贸易背景所产生的债权债务关系，因此买卖双方贸易合同中的条款会对该应收账款产生非常重大的影响。比如，通常而言，卖方完成交货并不能代表其已经完成了合同中所约定的义务，而是要等买方验收通过后才能做出此判定，并且在许多贸易关系中，买方在收货时只会进行抽检，对于抽检通过的货物如果在实际后续过程中发现了不良的情况，那么依然是可以退货并冲减相关付款义务的，这样的约定完全合情合理，但资金方作为还款来源的应收账款就发生折损了。又比如，买卖双方也有可能存在互相交易的情况，买方可能将供应商所提供物料的边角料卖回给供应商，这种情况下，买卖双方如经过协商，双方之间的债权债务关系(对应的应收应付关系)是可以进行抵消的，这样的抵消行为完全合法，但同样地，资金方作为还款来源的应收账款又出现了不足额的情况。

三是应收账款的回收时间超过了约定的期限。按照法律规定，买方应当遵照合同中所约定的付款期限向供应商完成付款，然而在业务实践中，由于买卖双方长期发生业务关系，且作为核心企业的买方通常更具有话语权，因此有可能会出现买方并不按照合同约定的精确日期来完成付款。通常这种情况并非买方出于恶意，很有可能是由买方内部付款审批流程耽搁等种种经常性或非经常性的原因所致。对于这种情况，如果资金方没有进行充分的尽职调查或历史数据分析，则可能将相关情况判定为逾期风险。

1. 证明应收账款质量

为了应对上述前两类风险，资金方通常会采取“确权”的操作。在这里需要对“确权”这个概念做出进一步的说明，常用的“确权”一词在严格意义上来说应该划分为两部分：其一是确认债权；其二是确认债权转让。我们先来针对“确认债权”部分阐述其困境。

一是证明应收账款质量与核心企业配合意愿的冲突。前往核心企业处确认应收账款存在及质量的目的是确保核心企业在贸易项下的付款义务存在且足额，所以为了避免“萝卜章”等虚假确认的操作风险，实践过程中，资金方通常会要求内部两人前往核心企业办公地点，找到对应的业务责任人(如仓储的验收部门人员，以及财务的应付会计等)，在确认对方身份的情况下(通过核实工牌及身份证)，见证对方在应收账款确认表(包含逐笔应收账款所对应的发票号、金额、付款到期日等要素)上完成盖章(财务章或公章，盖章完成后还需要将所盖的章与核心企业在银行所预留的印鉴进行比对核实)，并且上述所有过程都需要留下视频记录。目的是要确保哪怕完成盖章确认的人员后续声称其不是核心企业员工的情况下，资金方依然能够主张其满足表见代理的条件。

从上文的描述中，我们不难发现整个确权的过程相当复杂，并且需要核心企业的员工给予非常大的配合方能完成，同时其中不乏一些比较容易引起对方人员反感的过程(如核实身份时需要对方人员手持身份证和工牌进行拍摄等)。所以哪怕核心企业愿意帮助供应商获取保理融资，其内部员工也依然会出现抵触和无暇配合操作的情况。

二是数据需求与核心企业意愿及技术能力存在冲突。相关历史贸易数据的获取有利于帮助资金方核定融资比例(可将历史退货率及每次退货的退货比例考虑在内)及还款期限(可将核心企业的付款习惯考虑在内)等关键融资指标，但在业务实践过程中，经常会由于下述两个原因，资金方难以获取历史及增量贸易数据。

一方面，核心企业担心数据不安全。通过对核心企业上下游贸易数据的分析，其实可以获取非常多的关于其经营情况的信息，如一年的采购额、销售额、各类商品单价及变化趋势、销售渠道的分布、各渠道的价格政策、产成品的大致BOM(bill of material，物料清单)、总体毛利率、总体及各产品线的发展趋势等。其中很多信息属于核心企业的商业机密，所以核心企业并不愿意将相关数据及可得的分析结果向任何人进行公开。

另一方面，核心企业及银行缺乏有效的数据共享技术手段。哪怕核心企业愿意共享部分数据，真正通过技术手段实现数据共享也并不容易。每家核心企业都会有基于自身业务经过一定程度定制化的企业管理软件，所以站在资金方的角度，每打通一家核心企业的数据，就需要单独实施一个数据对接的项目。另外，每家资金方也会拥有一套基于自身业务流程及风控方式的核心业务系统及辅助业务系统，所以站在企业的角度，每需要向一家资金方共享数据(为了业务的稳定性及议价的主动权，核心企业通常会将一类业务分配给多家资金方一起来做)，就需要单独实施一个数据对接的项目。可见，对于核心企业和资金方而言，虽然都只是想要做数据对接这一件事情，但数据对接的复杂程度却不是 $O(1)$，而是 $O(n)$，其中 n 取决于需要对接的对方的数量。并且像银行这样的资金方，数据对接之类的 IT 项目都是总行级别的项目，对单个项目的配合程度并不会很高，所以核心企业和资金方双方想要让数据对接项目最终落地的难度不可谓不大。

为了应对上述两种情况，实践中资金方通常会对供应商与核心企业间的历史交易数据(包括订单、交货、验收、发票、付款等方面)进行统计分析，一来可以分析供应商历史交货群产生的应收账款被递减的概率和幅度(可以分辨出是因为质量问题被退货还是因为互相交易债权债务被抵消)，二来可以分析出核心企业的付款习惯(延期付款的概率及延期时长的大致分布情况)。

2. 证明应收账款转让

在证明应收账款的转让方面，其流程和合规性与法律环境和登记平台密切相关。以我国的现状为例，在当前证明应收账款转让方面，存在以下问题有待解决。

在应收账款转让中，可能存在债务人对转让不知情的情况。根据《中华人民共和国合同法》第八十条的规定，债权人转让权利的，应当通知债务人。未经通知，该转让对债务人不发生效力。如果资金方想要获得供应链融资自偿性的特性，就必须获得由贸易关系所产生的债权债务关系的债权人身份，那么根据上述法律规定，资金方就必须在受让应收账款的时候获取足够的证据证明原债权人(即供应商)在操作债权转让的时候有通知到核心企业。并且根据法院过往的判例，通知时还需明确转让的是哪一部分的应收账款。此外，还可能存在原始债权人多头融资及来自善意第三人主张的风险。以应收账款作为标的，可进行的操作至少有转让和质押，所以原始债权人是存在多头融资的可能性的。

为了应对债务人对债权转让不知情的风险，在实践中，通常采用《应收账款转让通知书》的书面通知文件，通知的形式一般有四种，分别为：快递送达、挂号信送达、公证送达及债务人盖章确认。一般业内认为最有保障的送达方式为债务人盖章确认，其次为公证送达，再次为挂号信送达，最没有保障的送达方式为快递送达。其中，公证送达一般指的是寄出公证，仅公证寄出行为，不能证明债务人收到通知。如需要进行通知送达的公证，不仅费用昂贵、程序烦琐，更需要债务人的现场配合，非常不切实际；挂号信送达，需要收件人凭身份证签收或领取，在公对公的业务中也比较难实现。所以综合考虑效用和可操作性，通常会选择前往债务人现场盖章的形式，毕竟债权存在性及质量的确认也是需要现场盖章确认的，两项任务可以一并处理，也就是俗称的“确权”操作。

为了应对原债权人多头融资的风险，实践中最保险的做法是对应收账款的转让在中登网(即中国人民银行“中征动产融资统一登记平台”)上进行查询及登记。根据《商业银行保理业务管理暂行办法》第十三条的相关规定，商业银行应当根据自身内部控制水平和风险管理能力，制定适合叙做保理融资业务的应收账款标准，规范应收账款范围。商业银行不得基于不合法基础交易合同、寄售合同、未来应收账款、权属不清的应收账款、因票据或其他有价证券而产生的付款请求权等开展保理融资业务。其中，权属不清的应收账款是指权属具有不确定性的应收账款，包括但不限于已在其他银行或商业保理公司等第三方办理出质或转让的应收账款。获得质权人书面同意解押并放弃抵质押权利和获得受让人书面同意转让应收账款权属的除外。所以资金方在受让应收账款前，应登录中登网，查询相关的应收账款，确认其没有被质押或转让过的前提下，再操作应收账款的转让。虽然法律上，转让登记并非转让的生效要件，但转让登记可以起到对抗善意第三人的效果。并且根据《中国银行业保理业务规范》第十二条的规定，银行根据内部管理要求决定保理业务是否在中国人民银行“中征动产融资统一登记平台”进行转让登记，但鼓励银行积极登记，以形成行业共济机制。所以在实践中，完成应收账款的转让后，应收账款的受让方通常都会在中登网上进行转让登记。

因此，在证明应收账款转让方面主要存在以下困境：一是应收账款转让通知与核心企业配合意愿的冲突。因为债权转让通知债务人的操作与债权质量确认的操作实际上是同一操作模式，故债权转让通知的操作痛点与上述债权质量确认的操作痛点基本相同。二是现有登记系统使用不便。中登网中无论是债权的转让登记抑或是质押登记，均由受让人或质权人进行主动登记（以下将受让人及质权人合并简称为登记人），登记的内容由登记人自行撰写并以文件形式长传，无固定格式，只要求意思表达明确即可。由此可知，应收账款相关的等级内容具有下述两项特点：①内容非结构化；②内容以文件形式存在。这两个特性对相关信息的查询非常不友好，比如需要查询某债权人A公司的某笔应收账款的权属关系，那么在实践中，就需要将A公司在一定时间内的所有应收账款的登记情况全部进行下载，并逐个文件进行浏览和查询。在现有的系统条件下，相关工作操作成本很大，并且存在一定的操作风险。

3. 可融资主体的范围

目前，可融资主体被限定为一级供应商。在实践中，由于核心企业通常而言财务状况和盈利能力较好，企业治理比较规范，经营过程中对风险的把控比较得当，因此通常会被认定短期债务违约的风险较小。正因为如此，在一定程度上限定了可以获得保理融资的供应商范围，也就是只有核心企业的直接一级供应商。同时，由于应收账款的转让操作相当复杂，并且一旦操作不当，非常容易产生法律风险或操作风险，即便是银行这类非常专业的金融机构，在操作应收账款转让业务时依然是如履薄冰，因此对于普通的生产或贸易型企业，即使法律上支持通过以应收账款转让的方式来偿付其对其上游供应商的债务，实务操作中仍然是几乎没有实践案例的，所以二级或多级供应商就不可能持有对核心企业的应收账款，也就谈不上向资金方申请保理融资了。

其实会提及多级供应商，主要是因为在汇款之外最主流的结算工具——承兑汇票的业务中，背书转让是其非常重要的一个特点，对于银行、财务公司（可能还可以包括少量信用极好的企业）承兑的汇票，无论是什么级别的企业都愿意接受银行承兑汇票作为一种付款的方式，并且在到期日前，如果需要变现也可以非常方便地向银行申请贴现（只需要证明贸易真实性即可）。并且在供应链中，通常而言，核心企业所处的供应链链条是会比较长的，并且在分工产生效能这个大趋势中，链条网络只会越分化越细，也就是链条的“长度”和“宽度”都会增加，那么需要通过核心企业的信用传递从而获取融资的企业数量也会相应增多。同时由于这些中小企业通过其他途径难以获取外部融资，融资成本的议价能力相对较低，金融机构也希望能够在控制风险的情况下，对其进行放款。

（二）下游供应链融资业务发展困境

对于存货质押融资业务而言，融资的自偿性来源于质押货物销售所产生的销售收入，其中包含了三个要素：质物、价值、销售收入。

1. 质物管理难度较高

根据《中华人民共和国担保法》第六十四条：出质人和质权人应当以书面形式订立质押合同，质押合同自质物移交于质权人占有时生效。可见，质权人对质物的占有是质权成立的必要条件。由于相较于仓储企业，资金方在货物保管上并不具备硬件条件及管理能力上的优势，因此在实践中，通常资金方都会委托第三方仓储企业对质物进行保管。

由于存在第三方共同参与质押融资业务的贷中及贷后管理，业务过程中的沟通复杂度显著增加，同时也带来了额外的操作风险。双方的沟通至少包含以下这些环节：①放贷的过程中，仓储企业必须告知资金方其已收妥的货物的品类和数量，资金方才能基于此核定放款的金额。②在贷后管理的过程中，资金方随时可能需要获取当前已发放贷款所对应的质物数量及保存情况，以确保业务正常且未暴露风险敞口。③在还款环节中，资金方在收到经销商的还款后，需要向仓储企业发送放货指令，由仓储企业完成解质押的操作，并向经销商完成发货。

2. 质物价值判断不准

资金方是根据质物的价值来核定放贷金额的。为了确定货物的价值，必须明确货物的具体品类和规格。无论是资金方还是仓储企业，都不是货物贸易的参与方，他们对货物的鉴别能力非常有限。如果融资企业有欺诈的动机，就会谎报货物的品类，将低价值的货物申报成高价值的货物。此时如果资金方纯粹以企业申报的信息作为标准进行融资额度的核定，就很容易产生坏账的风险。

3. 质物变现能力有限

库存质押融资业务在产品定义时就已经明确了，融资的自偿性体现在质物销售所产生的收入足以偿还融资的债务，所以关键在于销售和足额偿还，最差的情况就会发生在经销商无力偿债导致资金方只能靠处置质物来获得清偿，资金方必须具备快速处置货物的能力。

但因为资金方并不在贸易链条中，所以其销售货物的能力有限，在实践过程中，通常会在业务伊始就找好能迅速处置货物的合作方。通常有两种做法，一种是与销售货物的生产厂商达成协议，一旦需要处置货物就由厂商以折扣价完成回购，由其再做二次销售；另一种则是与一个专门的处置方建立长期的合作关系(通常会商定以市场价乘以一个折扣率来完成处置)。所以实务中，质押融资业务通常都会要求融资人在每笔融资时交付一定比例的保证金，而这个保证金的比例就与处置的折扣率有非常大的关系，既要让经销商能够接受这个保证金的比例，又要使得处置时尽可能不会出现风险敞口。所以货物的市场价格波动对该类融资业务而言非常重要，这就要求处置方必须将市场价格变动的情况实时反馈给资金方，资金方也需要进行实时关注，并在价格下降至某个临界值之后，要求经销商补充保证金。如果这其中的沟通及判断过程不能做到线上自动化，那么必然会带来非常大的操作成本，同时也会带来一定的操作风险。

三、区块链赋能供应链融资业务

信用是金融的核心，多参与主体间信用的高效传递是供应链金融的关键要点。然而供应链过长、参与企业过多、信息不对称、流程复杂等因素影响了信用的高效传递，区块链技术本身去中心化、去信任化的特点则可以化解这些难题[65]。

(一)区块链赋能上游供应链融资业务

区块链技术的非对称加密技术可以保证数字、身份等信息的安全性，从而提高应收账款的质量；智能合约的智能化执行使得复杂的流程出错风险大大降低，有助于应收账款转账验证；在保证安全、风险降低、效率更高的基础上，会拓宽可融资主体范围，吸引更多企业加入。

1. 易于提高应收账款质量

在身份认证方面，因为缺乏有效的企业身份识别手段，所以需要一套非常严谨的操作来保证相关文件的出处。而在区块链网络中，尤其是在联盟链中，所有节点参与方的身份都是公开透明的，并且是经过联盟中全部或部分已有成员所认可才得以加入的。这样，首先在业务层面上保证了相关参与方的身份是联盟所有成员或部分业务相关成员所认可的。其次，在技术层面上，①通过区块链网络中的 CA 及非对称加密技术，保证了链上的数据来源是明确的；②通过区块链的哈希指针和链式结构，保证了链上的数据是可防止篡改的。所以通过区块链上所获得的来自核心企业的数据，资金方可以放心地直接采用，而无须再通过一套非常复杂的操作去刻意取证。另外，由于通过区块链所进行的交互都是信息化的，资金方也就不需要再去特地制作《应收账款确认书》等文件，核心企业也就无须再配合对相关文件进行盖章，省去了许多操作成本，并降低了操作风险。

在数据安全方面，区块链技术可以保证任何参与方上传至区块链上的数据都是经过加密的，并且是一文一密的，即每一个字段都使用不同的秘钥进行加密。数据上链后，数据的所有人可以对特定的数据字段向特定的联盟参与方进行解密授权，也就是指让该看的人看到他该看的数据，其他节点虽然也存储了同样的数据，但都是密文，无法理解。另外，各企业和各银行都拥有自己独特的业务系统，输入、输出的数据项及输入、输出的形式都不统一，但如果使用了联盟链，那么整个联盟会基于业务规则首先制定出一套标准的链上数据标准，并且企业和资金方在对接时，无须再进行两两之间的直连，而只需要分别与区块链网络连接即可。

这样，无论是企业还是资金方，都只需要完成一次性的开发和项目实施即可，技术障碍大大降低。

2. 改善应收账款转让验证

通过联盟链身份认证及防篡改的能力，可以确保只要核心企业通过区块链网络对应收账款转让通知进行签收，就不再存在其主张转让事项不知情的争议了。

区块链网络是一个联盟，联盟内的数据大家共同存储，所以对于联盟内的参与方而言，通过区块链上的智能合约，可以在多头融资的申请伊始就完成识别，并向相关参与方提示预警，或者直接由系统做出判断，对识别出的多头融资申请直接回复拒绝。这样，既省去了业务过程中人工判别多头融资的操作成本，也杜绝了多头融资所产生的风险。同时，经由上述多头融资的网络主动判断和预警提示(保留预警记录)，也就不存在所谓的善意第三人了(因为对已有的质押和转让行为不知情这一个条件将不再满足)。但不得不提示的一点是，只要存在区块链网络没有覆盖的业务主体，那么必须使用中心化的登记系统来防范多头融资及善意第三人主张权利的风险，只是区块链网络可以帮助中心化的登记系统进行改善，使得登记系统可以把关键信息变得结构化和相对标准化，从而在一定程度上降低资金方的操作成本和操作风险。

另外，需要额外说明的一点是，在区块链上，虽然数据都是加密的，但通过 3D 零知识账本，可以做到在密文的情况下对数据进行交叉验证和比对。从而在确保了数据安全性的前提下，依然能够让网络正常地运行智能合约的共识算法。

3. 拓展可融资主体范围

基于上述分析我们可以知道，可融资主体受限主要在于应收账款转让的操作太过复杂，并且一旦操作不当，很容易发生法律风险和操作风险。但通过区块链技术解决前述痛点的过程中，可以发现，在联盟链中，应收账款转让操作中最核心的确认债权、转让通知都已经被链上化和标准化了，操作难度和风险均得到了大幅度的降低[66]。所以在此基础上，可以参考央行的电子商业汇票系统(electronic commercial draft system，ECDS)，为链上应收账款这种线上资产提供简便的转让(包含部分转让)、申请融资等操作功能，分别对应ECDS中汇票的背书转让和贴现功能，帮助核心企业的各级供应商之间能够快速、安全地操作应收账款的流转和融资申请，从而使得核心企业的信用理论上能够穿透至供应链上游的所有供应商，帮助这些参与核心供应链的企业享受到相对优厚的待遇，最终更好地服务于核心企业。

（二）区块链赋能下游供应链融资业务

1. 助力质物管理

仓储企业与资金方共同通过区块链的分布式账本联合操作相关业务，相关信息在一方的系统中产生后，可以实时传递至另一方。同时基于联盟的身份认证及可防篡改的特性，保证双方对信息可信任、可审计，大大降低操作成本和操作风险。同时，通过区块链可以将货物信息、仓储企业的进出存业务，质押、解质押业务，以及资金方的放款、还款信息全部串起来，相关信息不再孤立，资金方就可以通过放款单号查询到相关户的存储情况及质押情况。

2. 提升质物质量

我们建议在操作货物质押融资的业务中，只接受那些由核心生产厂商发出的货物作为质物，将相关的货物关联上厂商的销售订单（如有可能，关联上发运单据会更好），这样我们就能基本确定货物品名及规格的准确性了。并且因为每一笔新加入质押的货物均是由核心厂商所发出的，所以同时还能避免重复质押的风险。

3. 灵活质物变现

因为相关货物的销售对于处置方而言是其主营业务，所以通常他们的系统中都会有相关货物的最新价格信息，通过区块链技术，处置方就可以将最新价格信息实时地发送至链上，然后通过智能合约的自动判断逻辑，链上可以主动实时校验每一笔未完成清偿的债务所对应的保证金是否足额，是否需要经销商补缴保证金，并对需要的部分向资金方及经销商主动发出通知。资金方就通过区块链的信息共享及智能合约解决了上述的操作难题。

四、区块链应用于供应链金融的基础模式

具体到区块链应用于供应链金融的基础模式，常见的有三种，本部分将详细介绍这三种模式。

❖模式一　以银行和传统核心企业为主导的模式

大型传统核心企业一般都拥有上游供应商和下游经销商，在展开供应链金融业务方面具有先天独特的优势。大型核心企业一般都具备 ERP(enterprise resource planning，企业资源计划)管理系统，该系统结合互联网、大数据、物联网等技术可以获取信息流、数据流、物流等信息，但是这些信息都是企业自有不公开或者合作方需要经过申请才可以访问的，区块链可以更好地对各类信息进行记录和追溯，使其信用价值逐步延伸并传递至链上长尾客户，帮助其获得更多融资机会，同时**银行从之前对资产负债表、现金流量表、利润表的审查，变成了对商流、资金流、物流、信息流的核查，**银行可通过系统进行线上确权与放款，大大提高审批效率。

具体模式如图 5.2 所示，首先，核心企业根据其应付账款，在银行授信额度内，签发并生成凭证。其次，供应商之间的贸易获得以凭证为结算方式。最后，供应商利用凭证从银行获得贷款。在这种模式下，核心企业获取授信额度，通过应收账款流转，被传递至包括末端小微企业在内的各级供应商，满足了供应链上各金融机构的融资需求，在一定程度上达到了核心企业为各级供应商背书的效果。

这种模式的正常运作离不开区块链技术的支持。首先，区块链技术可以提高信息流的透明度，很容易发现信息流和资金流等的变动，并可以实时跟踪；其次，智能合约来约定规则，确保不同层级的供应商之间的债权可以合规合法地拆分流转；再次，可追溯源头、确保真实及无法篡改的特性可以延伸信用链条，如图 5.2 所示，经确权后的应收账款层层流转，使核心企业的信用可追溯至离它较远的多级供应商，间接为多级供应商的融资增加了信用；最后，基于共识机制和分布式架构的信任可以带来更好的资金流动性，保证了资金链不易断裂，进而提升了核心企业在同行中的竞争力。

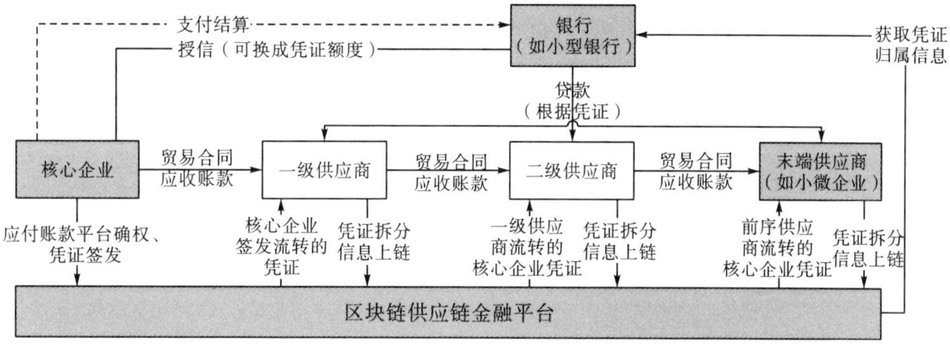

图 5.2　以银行和传统核心企业为主导的模式

❖模式二　P2P 供应链金融平台内嵌区块链底层

将模式一进一步延伸，核心企业不仅可以从银行等传统金融机构贷款融资，还可以从一些 P2P 平台融资，此时资金端从金融机构延伸至个人投资者，同时，更多的风控职责也从金融机构端转移到了互联网金融平台上。区块链技术有助于进一步提升风控能力和效率。图 5.3 以核心企业合作为例，展示 P2P 平台区块链供应链应用于金融的基础商业模式。

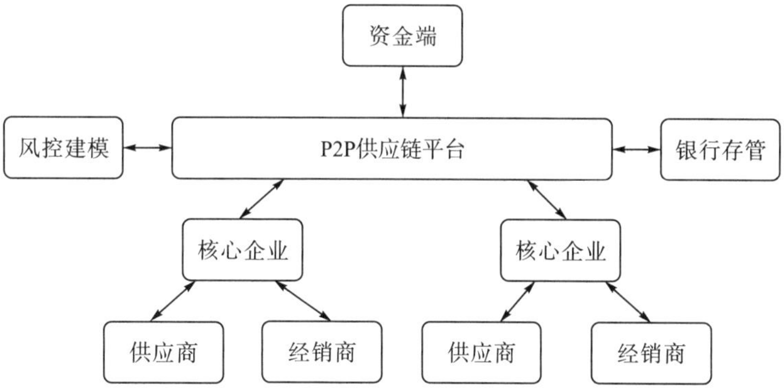

图 5.3　P2P 供应链金融平台内嵌区块链底层模式

如图 5.3 所示，与模式一不同，模式二中 P2P 供应链金融平台可以和多个行业的核心企业合作，这样有助于适当分散行业集中度风险。众所周知，P2P 平台吸引的主要是长尾端的中小微企业，但是 P2P 平台对这些企业的了解是非常有限的，可获取的企业数据与信息少于核心企业可整合的数据，十分不利于平台建立信用评分模型和搭建智能化风控体系。在实际操作中，部分 P2P 平台仍然采用抵质押物形式进行风控。通过区块链技术的应用，前文也已经分析过，无论是抵质押物的真实性，还是关于流转情况的判断，都会大大好转，从而可以简化风控流程，提高审批效率。

❖模式三　区块链供应链生态圈模式

如图 5.4 所示，第三种模式主要应用在如 ERP 系统服务商、专业的区块链公司这样具备较强供应链金融或区块链技术优势的公司，这些公司所搭建的区块链供应链金融服务平台可以将整个链上所有涉及的核心企业、资金需求方、资金提供方、担保方、数据信息服务方等进行整合联通，共享数据与合作，共同维护区块链云节点，形成完整的供应链金融生态圈。

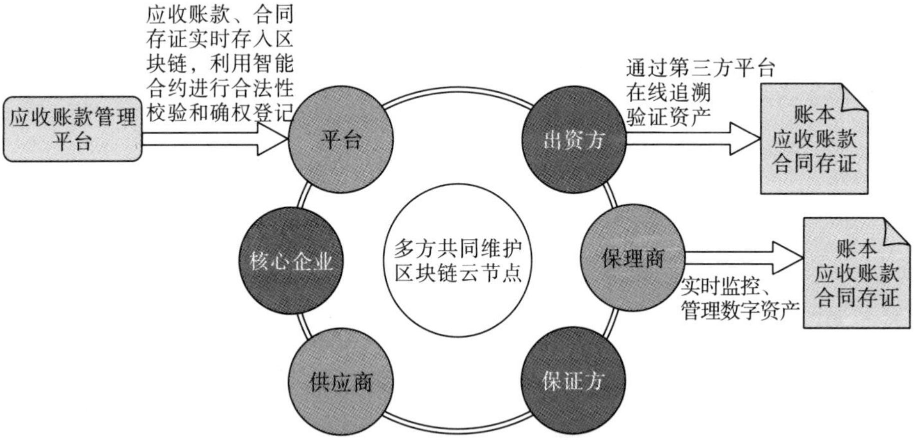

图 5.4　区块链供应链生态圈模式

第三方平台以撮合为目的，不承担借贷风控职责，更突出区块链和供应链系统技术优势，协调供应链上各方利益诉求，有利于推动行业标准的建立，实现供应链金融参与各方的数据共享，以及维护数据安全。但是在实际运作中，目前来看，模式三的应用相对较少，因为需要协调大量的参与方，整合海量的资源池，完善当前的服务体系。

基于上述三种模式，一些科技公司已经在区块链与供应链结合的领域纷纷布局，如表 5.2 所示。

表 5.2　各机构在区块链和供应链结合领域的探索

机构及项目	时间	项目内容
互联网金融平台钱香金融和布比(北京)网络技术有限公司	2016 年 5 月	钱香金融打通供应链企业进货、销售及存货等环节，以真实贸易为基础，把控供应链物流、资金流和信息流，通过集采实现借钱给货，服务产业链终端企业可以降低成本、提高效率
腾讯、有贝、华夏银行联合发布“星贝云链”	2017 年 12 月	星贝云链是国内首家与银行战略合作共建的基于区块链的供应链金融平台，也是国内首个基于大健康产业构建的供应链金融平台。星贝云链能提供的融资模式多样，既有基于供应链“物”流动性形成的物权质押、仓单质押融资模式，也有基于供应链信用势能和稳定性形成的订单质押、保兑仓等多种信用融资模式[67]
京东发布“智臻链”区块链服务平台发力供应链新生态	2018 年 8 月	“智臻链”已经在专票电子化、供应链金融防伪溯源等方面逐渐成熟，利用区块链技术记录专用发票的票面信息及其开具、勾选认证、作废冲红等状态，可以大幅提升交易效率，降低交易成本[68]
菜鸟与天猫国际	2018 年 2 月	启用区块链技术跟踪、上传、查证跨境进口商品的物流全链路信息，这些信息涵盖了生产、运输、通关、报检、第三方检验等商品进口全流程，将给每个跨境进口商品打上独一无二的“身份证”，供消费者查询验证
平安金融壹账通发布壹企链智能供应链金融平台	2018 年 10 月	壹企链运用区块链、大数据、云计算及人工智能等技术，连接核心企业与多级上下游、物流仓储、银行等金融机构，从而实现了区块链多级信用穿透、重新定义核心企业、下游融资全流程智能风控、对接境内外贸易平台和构建跨地区服务联盟

资料来源：据网上公开资料整理

五、应 用 案 例

基于上述三种平台模式，很多企业纷纷试水区块链与供应链结合的领域，已有企业针对各类应用场景提出了创新的实施方案，不仅是对现有商业模式、交易流程的改造，更是结合行业瓶颈及资产、法律等要素，构建全新的交易流程和信用模式等，令人耳目一新，本部分将着重介绍一些经典案例，帮助读者理解区块链技术对供应链金融的颠覆。

❖案例一　香港金管局贸易融资网络

HKTFP(The Hong Kong Trade Finance Platform，香港贸易融资平台)是由香港金融管理局和国际 7 家大型商业银行［包括汇丰银行(The HongKong and Shanghai

Banking Corporation Limited，HSBC)、渣打银行(Standard Chartered Bank)、中国银行(香港)、恒生银行(Hang Seng Bank Limited)、东亚银行(The Bank of East Asia)等]发起，由平安金融壹账通提供技术支持，旨在通过区块链的技术来解决一些供应链金融中所遇到的问题，期望在相关的问题得到解决后，能够降低其业务的风险，同时也能拓展其业务的范围和规模，最终实现供应链金融业务的盈利的提升。

在香港贸易金融平台上，贸易商(包括买方和卖方)需要上传他们的订单、物流、发票信息，物流公司(资质好的大型物流公司，数据可信)需要上传物流信息，银行本身则自带资金流信息，所以通过区块链的分布式账本，银行可以获取贸易过程中所产生的所有信息流、物流和资金流信息，“三流对碰”之后，就可以基本确认贸易背景的真实性。比如，订单中会有双方互相约定的单价，然后物流公司的装箱单中会有货物的数量，单价及数量的乘积再求和即可得到订单总金额，可以与供应商所提供发票中的总金额进行交叉验证。如果交叉验证数据无误，则相关发票金额就可以被银行认可为应收账款总金额，再乘以每家银行所定义的融资比率，就等于可融资金额。

贸易金融平台上线后，供应商可通过平台向指定银行授权解密与其相关的贸易数据，并提出融资申请。银行间处于相互竞争的关系，所以相互不会透露其客户的信息及客户相关的贷款信息，因此在区块链技术介入该项业务后，甲客户同时向A银行和B银行申请贷款时，两家银行是相互不知情的。但在平安的FiMAX(壹账链)中，虽然A银行和B银行仍然不知道甲客户同时向他们申请了贷款(因为数据加密，A银行看到的甲客户向B银行申请贷款的信息是加密的、无法理解的，反之亦然)，但区块链网络会主动监测并提示两家银行，甲客户用同一笔发票向两家银行申请了贷款(另一家银行具体是哪一家仍然是未知的)，此时两家银行都会了解到该风险信息并停止业务的办理。

根据上述的功能价值，以往供应链金融业务中最困难也最核心的贸易真实性审核的事宜已经在区块链网络中被自动执行了，并且相关信息已经是结构化的信息，无须银行再根据客户所提供的纸质材料进行信息的提炼和理解。并且基于联盟链身份认证和数据可防篡改的特性，只要存在类似于核心企业或大型物流公司这样的可信数据来源，经过与他们的数据的交叉验证后的数据也就可以被信任了。相关业务的操作复杂度有了明显的降低，随之而来的操作风险也大幅度降低。

如上所述，网络中只要存在类似于核心企业或大型物流公司这样的可信数据来源，经过与他们的数据的交叉验证后的数据也就可以被信任了，无论是多小、多新的企业，都可以满足数据可信的条件。那么自然，这些在传统业务操作中无法被贷款政策所覆盖的小型或新创企业也就自然成为整个供应链金融市场中的新蛋糕，并且他们的议价能力相对较低，银行在不增大风险的前提下，可以承接的资产自然就增多了，利润也自然水涨船高。

❖案例二　平安银行的供应链应收账款服务平台 SAS

受国内外经济下行因素的影响，行业内部产能过剩的问题突出，赊销贸易盛行，据前瞻产业研究院《2018-2023 年供应链金融市场前瞻与投资战略规划分析报告》的数据，全国企业应收账款规模在 20 万亿元左右。但出于信用风险、操作风险等方面的考虑，供应链应收账款融资市场发展有限，众多持有应收账款的中小企业资金需求未得到有效满足，资金周转困难。面对这一困境，平安银行多次涉足供应链应收账款领域，为市场各方提供了丰富的研究资料。

1. SAS 的产生与发展

在 2014 年，平安银行已建设了“商业保理云”这一平台为供应链应收账款领域提供服务，参与供应链金融业务的商业保理公司可线上获取应收账款管理、还款处理和融资管理等服务。2017 年，平安银行基于此前的供应链金融服务经验推出了“平安易贝”，负责特定供应链内企业间应收账款的管理和交易活动。2017 年末，“平安易贝”更名为“供应链应收账款服务平台”（Supply-chain Account receivable Service，SAS）。

SAS 平台于 2017 年末经监管备案，完成了首单融资；至 2018 年上半年，平台业务规模突破 10 亿元，服务的用户数量达到上百家。此外，SAS 平台更是积极探求与其他金融机构进行合作，以发挥供应链金融服务的普惠性功能，服务实体经济。在 2018 年，平安银行推动其 SAS 平台与信用担保机构深圳市中小企业信用融资担保集团有限公司合作后，服务的核心企业范围有所扩大，从只服务评级在 AA+及以上的企业扩大到了评级在 BBB 及以上的中小型核心企业，有力地支撑了深圳实体企业发展，中小微企业融资难的困境也有所缓解。

2. SAS 业务的操作流程

利用平安银行的 SAS 平台，供应链上的核心企业和上游中小微企业可以通过线上方式进行应收账款的转让和管理。得益于区块链技术的全流程信息记录和交互功能，应收账款债权流动和转让的信息实现了链上化、标准化、公开化，且通过与中登网直连的方式共享相关信息，使应收账款质押、转让登记实现了全自动化。在 SAS 平台上，参与企业可享受交易鉴证、应收账款债权转让登记、应收账款管理、机构受让、监测预警、结算清分等一系列综合金融服务。

其具体操作流程如下：第一，包括核心企业、供应商和银行在内的多方主体需在 SAS 平台注册；第二，核心企业以自身与供应商之间真实的贸易合同为基础，按照平台具体的运营规则向供应商签发记录双方债权债务关系及转让信息的电子单据，即 SAS 账单；第三，供应商对 SAS 账单进行核对并根据核对结果对账单进行签收或退回；第四，经过确认的应收账款即可在供应商之间进行转让以抵偿债务，或由供应商转让给银行等金融机构以获取融资，并同步记载于 SAS 账单；第五，平安银行以 SAS 记载的应收账款到期日为限，将核心企业备付金账户内的对应款项划至应收账款最终持有人指定账户，完成最终兑付。

图 5.5 所示为区块链信用传递的供应链授信融资模式。

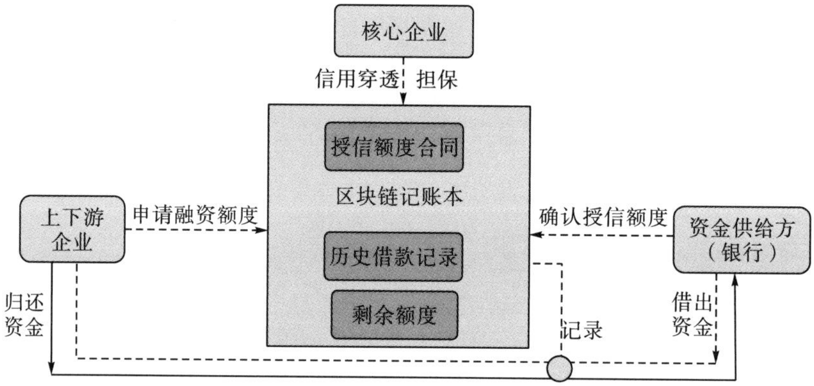

图 5.5　区块链信用传递的供应链授信融资模式

3. 对 SAS 业务的模式评价

如上文所述，在上游供应链融资业务中，应收账款的质量直接影响着融资业务的风险大小，但是应收账款债权转让、确权及还款方面存在的操作风险和信用风险对供应链金融应收账款融资市场更为不利。而平安银行将区块链技术应用于 SAS 平台，有效缓释了传统供应链金融应收账款融资业务风险，通过盘活应收账款获取融资、加速资金周转。

(1) 有利于证明应收账款质量

在传统供应链融资业务中，交易信息难以共享并传递，从而造成供应商融资需求无法满足、中小微企业融资难的现象。而利用在交易过程中建立的分布式账本，包括核心企业、供应商和银行等机构在内的 SAS 平台各参与方可共享数据和信息，如在联盟链内部提供线上化、结构化的基础合同、单证、支付等可信完整的电子记录，有助于提升信息透明度、实现穿透式监管。以供应链的交易主体作为认证中心，在利益博弈下，各主体遵守信用机制的积极性提高。且长期来看，供应链上游供应商和下游销售商会动态变化，因此基于区块链的 SAS 平台以动态多中心协同认证的方式提高了交易行为的证明力，削减了对应收账款存在及质量进行确权的成本。

(2) 有利于证明应收账款转让

确认债权转让时不可缺少应收账款转让通知这一环节，但实际操作涉及极高的多头融资风险、操作风险和人力成本。而在 SAS 平台，核心企业在签发 SAS 账单时即表明其同意应收账款在平台内流转，且基于相互确权，也可实现对 SAS 账单进行溯源等操作，因此不存在善意第三人主张对转让事项不知情的情况发生。此外，通过与中登网直连，当应收账款债权在平台内流动转让时，中登网会自动转让登记，从而避免了债权多头抵押、多头融资的风险。

(3) 延展融资服务，扩大可融资主体

如图 5.6 所示，在 SAS 平台，受让方受让应收账款时，可查询 SAS 账单中记载的交易信息追溯到核心企业。而根据物权法、电子合同法、电子签名法等法律，SAS 账单拥有确权凭证的性质，从而使核心企业的信用可沿着可信的贸易链路进行传递。通过核心企业信用背书，有效削减了应收账款转让、融资时受让方的风险；同时上游的中小企业可使用核心企业的信贷授信额度，获得较低利率的融资，实现资本降本增效。

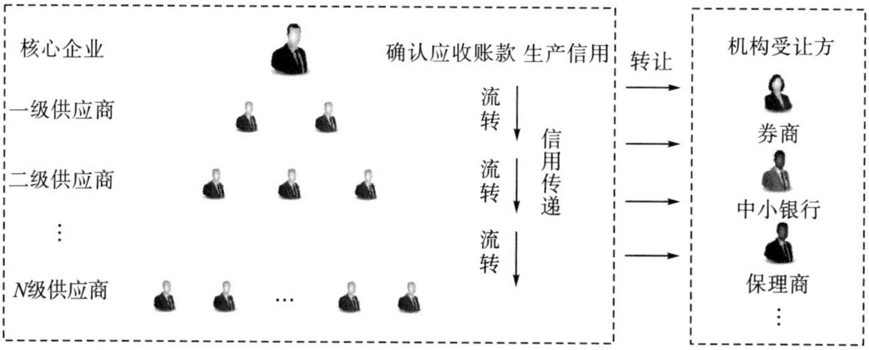

图 5.6 SAS 业务模式示意图

(4) 有利于保障回款安全

一方面，基于智能合约的自动清结算功能，SAS 平台可减少出错率、降低操作风险、保障回款安全；另一方面，SAS 账单上的交易信息经过核心企业在线确认并在链上发布，增强了核心企业按期付款的动力，有利于解决上游供应商应收账款收款不确定的问题，改善商业信用环境。

(5) 依赖核心企业的信用

SAS 平台的供应链融资模式也存在不足，其将信用置于核心企业，当宏观经济环境、行业状况、企业经营等方面出现问题时，核心企业的还款能力也难以保证。并且核心企业在融资市场上的授信额度有限，依靠其信用获得一定担保的上游供应商比较有限。

在上述案例中，HKTFP 项目有效解决了关于贸易真实性的审核烦琐的难题，SAS 平台有效降低了传统供应链金融应收账款融资业务的风险，并且盘活了应收账款，从而加速资金周转。区块链技术和供应链金融的结合有较美好的前景，但是目前来看，区块链技术和供应链金融的结合仍存在一些问题。区块链技术和供应链金融的结合使得核心企业为一些小微企业信用背书，上游的核心企业闲置的信用额度直接给下游的经销商授信，为下游的经销商缓解了资金压力，但是我们需要理清为何银行不愿意给一些下游经销商其所需的额度，可能是因为下游经销商本身存在较大的信用违约风险，假如下游经销商销售不畅、资金回笼出现问题，那么为经销商背书的核心企业就要承担相应的损失，于是就会产生一些本来不会产生的纠纷，所以区块链和供应链的结合还需要更完善的机制处理这种情形。另外，智能合约是预先设定好的不可篡改的智能化执行合约，这个合约会在到期日自动执行，但是真实的商业场景中，大型的项目通常会陆陆续续签订大量的补充协议，那么智能合约的不可篡改反而成为一种麻烦。可见区块链技术与供应链的结合任重而道远，但是相信随着金融科技的发展，区块链技术可以更好地应用在供应链金融当中。

场 景 五

票 据 业 务

票据作为“商品交易的血管中流动的血液”，集支付、理财、交易、清算和信用等诸多金融属性于一身，业务场景复杂、当事人众多、市场规模大，在服务实体经济发展中具有重要作用。然而，近几年频频爆出的多起票据大案，揭露了传统票据业务的巨大风险和多个痛点。票据是一种包含支付指令的价值凭证，存在到期或见票无条件向持票人支付票面金额的命令约束，其具有的货币请求权等财产价值对防伪、防篡改提出了高要求，其具有的可转让的流动性需要安全可靠的信任机制，其具有的无条件自动实行的特征[69]需要先有相关程序的设置。基于此，除了票据法律监管和市场运行体系层面的调整，业界的目光还聚焦在技术的优化上，探索以科技创新解决业务难题之路。区块链技术以具备高容错特性的分布式数据库、现代密码学手段和开放的技术架构，实现了数据的连续性和一致性、信息的公开透明和不可篡改，构建了新的信用范式，其去中心化和智能合约等概念与票据上述属性天然契合。有鉴于此，在中国电子票据持续增长、纸电融合、票据创新业务迭出的背景下，基于区块链技术的数字票据成为当前票据市场变革的突破口，这种智能化、可编程的新型票据形式，为业务链条长、参与方多而受困于集中撮合的市场交易机制的票据提供了新的发展思路。本章将通过梳理票据市场的发展现状与困境，分析央行和业界的试点案例，探讨数字票据背后的区块链赋能空间。

一、票据市场发展现状与困境

2009年中国引入电子票据后，纸电并行，票据市场规模迅速扩张。同时，鉴于其扮演的实体经济融资、流动性拆借和央行公开市场操作的货币政策工具等多层次金融市场角色，票据市场成为货币市场中与实体经济联系最紧密的分支市场。然而，票据交易活跃的背后，票据市场存在着诸多乱象，票据风险事件屡见不鲜、大案频发，监管部门已经展开强监管的态势。

(一)票据概念与发展沿革

票据是一种广泛使用的要式凭证，狭义概念上的汇票、本票和支票构成了中国特色票据体系，由此展开的银行“融信”业务通过推进商业信用票据化，支撑票据市场成为重要的投资、交易和流动性管理的金融子市场。纵向来看，2009年推出的电子票据开始打破原有的纸票体系，在票据市场纸电并行的背景下，数字票据开始崭露头角。

1. 票据的相关概念与内涵

票据指反映一定债权债务关系、具有流通性、代表一定数量货币请求权的有价证券，在其规定期限内，持票人或收款人可凭证向出票人或指定付款人无条件地支取确定金额的货币。广义上，票据泛指市场经济发展过程中一切体现商事权利或具有财产价值的凭证，包括各类有价证券，如股票、债券、发票、提货单、仓单、存单等；狭义上，与《中华人民共和国票据法》和国际惯例所规范的对象一致，指依据法律按照规定形式制成的并显示有支付金钱义务的凭证，涵盖汇票、本票和支票三大类型，具体票据类型如图6.1所示。正如《中华人民共和国票据法》第二条第二款规定：**“本法所称票据，是指汇票、本票和支票”**，在本书总体规划之下，本章的阐述和研究亦从狭义角度展开。

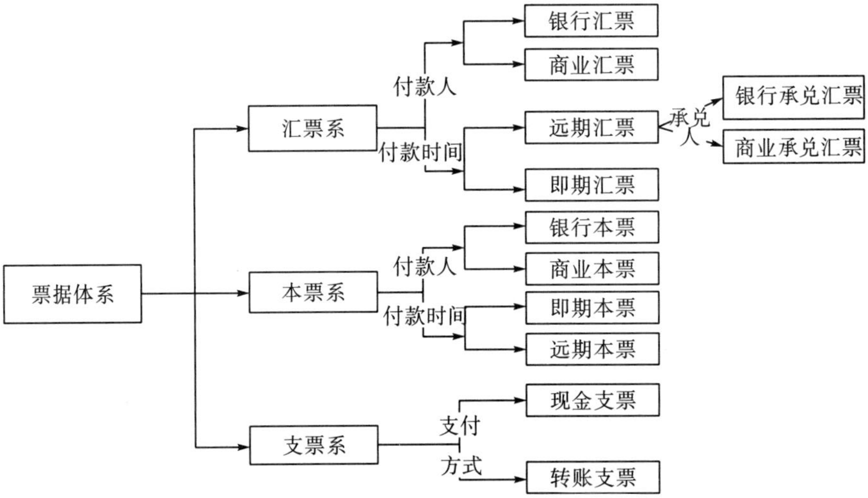

图 6.1　中国票据体系

在图 6.1 所示的架构中，商业汇票不仅支持交易结算活动，还可以利用贴现开展融资活动，是票据市场核心的信贷手段和关键的交易手段；远期汇票中，主要产生于国际贸易的银行承兑汇票，占据了当前国内票据市场约 90%的市场份额。因此，基于经济职能承担和市场份额占比，汇票在中国当前票据市场处于核心地位。相应地，《中华人民共和国票据法》第十九条对“汇票”单独进行了定义：“汇票是出票人签发的，委托付款人在见票时或者在指定日期无条件支付确定的金额给收款人或者持票人的票据。”由此，以汇票等为主的票据机制形成了具有中国特色的票据体系。

(1)票据业务

票据业务指信用机构按照一定的方式和要求为票据的设立、转移和偿付而进行的日常营业性业务活动，是银行的一项传统资产业务，建立在其商业信用基础之上，属于典型的银行“融信”业务，即银行信用和商业信用的结合。商业银行作为票据市场的主要参与者，以之为主体，票据业务主要包括票据承兑、票据买入、票据保管、票据卖出和票据托收五个过程，其中票据买入、保管和卖出也可合并称为票据流转过程，具体如表 6.1 所示。这三大环节、五个过程形成并贯穿了商业票据从诞生到消亡的整个生命周期。

表 6.1　票据业务主要流程

票据业务类型		具体业务过程
三大环节	五个过程	
票据承兑		**一般归类于信贷业务**，通过商业银行的承兑，商业信用转化为银行信用，通常由商业银行的信贷部门负责。 商业银行根据在本行开户客户提出的承兑申请，对客户的资信情况、交易背景情况、担保情况进行审查，决定是否承兑的过程
票据流转	票据买入	**作为重要的资金融通行为存在**，商业银行根据持票人的申请，通过对票据承兑人、票据本身、跟单资料及申请人资格的审查，决定是否买进并实施的过程，可分为以下三种形式。 1）贴现买入：银行承兑汇票的持票人在汇票到期前，为取得资金，贴付一定利息将票据权利转让给银行的票据行为，是银行向持票人融通资金的一种方式。 2）转贴现买入：原贴现人将已贴现而未到期的票据转让给银行，按照汇票金额扣除一定利息后提前取得票款的资金融通行为。 3）买入返售（逆回购）：银行在购买交易对手所持有的尚未到期的已贴现或者已转贴现的汇票的同时，约定在未来某一日期由交易对手购回原汇票的业务行为
	票据保管	银行对所买入未到期票据在持有期间的妥善管理过程
	票据卖出	同**属资金融通行为**，银行根据自身经营需要及市场价格等情况决定是否卖出并实施的过程，也可分为以下三种形式。 1）转贴现卖出：银行将已贴现而未到期的票据转让给其他银行、贴现公司或其他原已垫付资金的人，按照汇票金额扣除一定利息后提前取得票款的资金融通行为。 2）卖出回购：银行在卖出尚未到期的已贴现或已转贴现汇票的同时，约定在未来某一日期购回原汇票的业务行为。 3）再贴现（重贴现）：银行以未到期的合格票据再向中央银行贴现。对银行而言，再贴现是卖出票据，获得资金
票据托收		票据市场的附属业务，都归属于结算业务，由银行的会计结算部门负责。 商业银行以持有的将要到期票据要求承兑人按期承付票款并回收票款的过程

资料来源：根据公开文献资料整理

（2）票据市场

票据市场是以票据为媒介、结合交易工具及其相关的业务内容，在商品交易活动中产生的以汇票等的签发、转让交易等来达到短期融资目标的市场。票据市场实质属于金融市场的子市场，是货币市场与实体经济衍生的一个分支市场。再向下细分，对应票据业务，如表 6.2 所示，可分为三级市场，彼此互相联系又相对独立。

表 6.2　票据市场体系

	属性	涉及主体	涉及票据业务
一级市场	发行市场	开票行、承兑行、企业	票据签发、承兑
二级市场	流通转让市场	票据流通关系人、投资机构、市场票据中介	票据转让、贴现、再贴现
三级市场	再贴现市场	商业银行、中央银行	再贴现

资料来源：根据公开文献资料整理

随着金融脱媒化和利率市场化改革进程的不断加快，票据市场在快速发展的同时，竞争也日益激烈，经营主体在票据业务经营中规避利率风险和信贷规模调节风险的业务需求增加，为掉期、远期、期权等票据衍生产品的推出提供良机。特别是上海票据交易所成立后[70]，随着电票系统总体完善到位，票据市场为参与主体提供的投资、交易及流动性管理的功能将再度被发现。

2. 票据形式的演变：纸质→电子

票据的历史源头可向前追溯数千年，渊源的发展史中，基于纸质载体的特性所形成的传统票据理论，是现代票据制度建立的基础。随着票据规模和体量的大幅增长和信息技术的革命性突破，电子票据迅速占领了票据市场，但在弥补了纸质票据的部分缺陷的同时，也面临着电票系统本身的不足和管理制度尚不匹配等问题，短时间内还不能完全替代纸质票据。在这一背景下，基于区块链技术的数字票据，实质上作为电子票据发展的最新方向，是当前最受关注的票据业务创新。

(1)纸质票据：历史悠久，是现有票据基础制度设计的出发点

票据的出现最初是为了部分取代不便于携带和使用的金属货币，诞生于罗马帝国时代的“自笔证书”被公认为票据的雏形。在中国历史上，唐代的飞钱和“帖”、宋代的“交子”，其功能实质分别对应于现代的汇票、支票和本票；明清时期随着商帮的发展强大，“票号”和“钱庄”盛极一时。在纸质票据渊源如此深远的影响下，当前的票据基础制度设计事实上正是以纸质票据作为出发点进行考量，其使用也离不开“纸”这一载体的特性。

传统的票据理论中，票据具有的要式性和文义性等特征隐含着对物理可感官性的要求，票据行为需要进行书面方式的确定才能产生法律效力。当前的《中华人民

共和国票据法》(1995 年)、《支付结算办法》(1997 年)、《中国人民争行关于切实加强商业汇票承兑贴现和再贴现业务管理的通知》(2001 年)等一系列法律法规和配套性管理条例基本都形成于 90 年代中后期或 21 世纪初，其规制出票、签章、背书等的相关规定虽未明示，但都体现了“书面票据”这一概念。实务中，中国人民银行统一印制的纸质票据广泛流通，是保证票据有效性、办理支付结算业务的重要凭证。

(2) 电子票据：发展迅速，在法律体系和管理制度层面亟待跟进

纸质票据传递中的破损、假冒、背书不清楚等一系列问题，推动了电子票据的产生和发展。2009 年 10 月 28 日，中国人民银行构建的 ECDS 投入运行，标志着中国票据市场正式迈入电子化时代。此后电子票据尽管发展较快[71]，但市场份额占比一直较低，如图 6.2 所示，直至 2016 年 6 月，电票占比仅为 27.99%。在这一背景下，2016 年 8 月，中国人民银行又颁布《关于规范和促进电子商业汇票业务发展的通知》，进一步明确了票据电子化的发展方向：“自 2017 年 1 月 1 日起，单张出票金额在 300 万元以上的商业汇票应全部通过电票办理；自 2018 年 1 月 1 日起，原则上单张出票金额在 100 万元以上的商业汇票应全部通过电票办理。”同年 12 月，由中国人民银行牵头筹建的具有全国性质的上海票据交易所正式成立，中国票据业务迈入全面电子化的新时代。

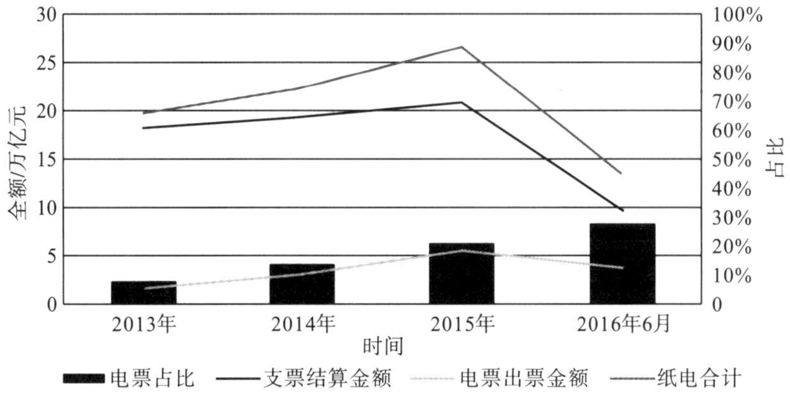

图 6.2　电票金额及其在商业汇票中的占比

资料来源：中国人民银行网站 http://www.pbc.gov.cn[2018-11-03]

目前，“电子票据”这一概念尚未在中国法律层面得到正式确立和界定。广义上，电子票据存在两种类型：一是传统票据的电子化，指以计算机等技术为依托，利用电子信息取代传统的纸面凭证从而展开资金流转的电子信息传递；二是用电子信息完全取代传统票据，信息传递的过程也就是资金流动的过程[72]。二者分别反映了电子票据在信息层面和货币层面的内涵，狭义上的电子票据一般指后者，这种数据电文存在形式本身即是一种全新的票据形式。概括来说，电子票据即是以电子方式制作、以电子签章取代纸质签章，通过数字技术设计和使用的票据。

相对于纸质票据，电子票据的出现具有重要意义：首先，票据的电子化大大降低了传递和保管成本，流通经由银行系统渠道进行，开票、托收实现零在途，运作成本降低的同时，交易效率也大为提高；其次，电子介质的安全性更高，不易被丢失、损坏和劫掠，也更易辨别真实性，可有效抑制假票犯罪，降低业务操作风险；再次，电子票据不受地域范围限制，可全国流通，有利于形成统一的票据市场；最后，电子票据的集中管理更为便捷，可满足票据池等业务发展的需求。但当前中心化的电票系统安全性和审核机制等都还有所欠缺，尚不能完全替代纸质票据。

（二）票据业务的发展现状

近年来，受监管政策趋严、金融脱媒及互联网金融等因素影响，互联网与票据业务进一步融合，票据业务创新持续活跃[73]。但与此同时，大量游离于监管范围之外的违规交易滋生，加之传统票据业务的诸多痛点，票据市场风险扩大，对商业银行合规经营和经济秩序稳定提出了较大的挑战。

一方面，票据业务发展迅速，服务实体经济的功能不断强化。互联网金融在实际投入使用中主要分为支付和融资两大模式，而这正与票据的双重属性相吻合。服务于“小而微”企业的互联网金融，进一步发挥了票据业务在加速资金融通、缓解企业流动资金不足、寻求社会融资等方面服务于实体经济的功能。截至 2017 年，企业累计签发商业汇票 17 万亿元，期末商业汇票承兑余额为 8.2 万亿元，其中未贴现银行承兑汇票余额 4.44 万亿元，占社会融资规模的比例为 2.5%；上海票据交易所日均交易规模突破 1800 亿元。

由此，票据业务已经成为银行盈利的重要来源，同时也是政府和相关金融机构进行市场调控的核心手段。首先，票据承兑业务通过服务于企业间的短期资金支付环节，为实体企业支付结算提供了便利[74]；其次，票据贴现和背书转让业务为实体企业提供了便捷的融资渠道和低成本的资金来源；再次，票据转贴现业务加快了资金融通，是银行等金融机构的传统资产业务；最后，央行借助再贴现、回购等货币政策工具，推动票据在货币政策传导、促进信贷机构调整、引导扩大中小企业融资范围等方面发挥了重要作用。事实上，关于票据业务体量与宏观经济发展之间的关系，已经有实证研究通过对 2001 年后票据业务与 GDP 的数据分析，指出票据承兑余额、承兑量、贴现量与实体经济指标存在显著的正相关关系。

另一方面，票据业务大案频发，监管政策密集出台。随着票据业务的发展扩大，票据案件也层出不穷。特别是自 2016 年以来，全国各地发生了多起银行票据案件，数额巨大，牵涉机构众多，严重破坏了金融市场秩序和经济稳定。除了传统纸质票据引发的案件，首例电票大案“焦作离职员工违法贴现票据案”后，电子票据也不再被视为完全牢固的安全墙。表 6.3 整理了部分票据市场风险案件，其中仅 2016 年一年，涉案金额便已超过百亿元。

表 6.3 2016 年以来部分票据大案

时间	涉案单位	涉案金额/元
2016 年 1 月 22 日	中国农业银行北京市分行	39.15 亿
2016 年 1 月 28 日	中信银行兰州分行	9.69 亿
2016 年 4 月 8 日	天津银行上海分行	7.86 亿
2016 年 7 月 7 日	宁波银行	32 亿
2016 年 8 月 12 日	中国工商银行、恒丰银行和焦作中旅银行	13 亿
2016 年 12 月末	邮储银行甘肃武威文昌路支行	79 亿
2017 年 1 月 22 日	华夏银行、中国光大银行、中国银行	47.65 亿
2017 年 7 月 29 日	中国民生银行、浦发银行、中信银行、泰安交通银行	99 亿

资料来源：根据公开新闻报道整理

票据风险事件屡见不鲜、大案频发，暴露了国内票据市场的巨大风险和银行业“重绩效、轻内控”的衍生乱象[75]。2017 年监管政策频出，加强票据管理的相关制度不断推出。2017 年 3 月 27 日，央行发布 73 号文《中国人民银行关于实施电子商业汇票系统移交切换工作的通知》，确定上海票据交易所将于 10 月正式接受 ECDS，同日上海票据交易所发布 16、17、18 号文，明确上海票据交易所交易、支票操作、登记托管清算三种业务规则；同时，中国银监会部署开展“三三四”专项治理工作，展开了突如其来的强监管态势，4 月 7 日连续下发七个文件，分别为银监发 4 号文(服务实体)、5 号文(整治十大乱象)、6 号文(防十大风险)、7 号文(完善各项制度)，以及银监办发 45 号(三违反)、46 号(三套利)、47 号(四不当)，文件之多、要点之细历史罕见；上海票据交易所也集中发布了《上海票据交易所票据交易规则》《上海票据交易所纸质商业汇票业务操作规程》《上海票据交易所票据登记托管清算结算业务规则》。

(三)传统票据业务痛点

面对近年来不断出现的票据业务“黑天鹅”事件，尽管监管趋严，但票据大案的源头尚未得到根治，当前票据业务仍然存在诸多痛点。除了潜在的风险项，在互联网金融发展迅速、金融加速深化的背景下，传统票据业务模式面对现代商业时间和地域跨度不断扩大的挑战，其真实性、有效性和及时性都受到质疑。

1. 票据的真实性问题：贸易背景虚构、市场中伪造假冒票据大量存在

由于银行审核主要基于形式上的要件，缺乏对实际贸易背景的有效掌控，其风控的穿透存在天然的缺陷，特别在票据业务的初始环节，贸易背景虚构成为影响票据真实性的重要问题。早于 1876 年，马克思就在《资本论》中指出商业票据业务的主要风险是贸易背景的真实性。从近年央行等部门频频发出的罚单特点来看，票据的违法违规行为主要归结于两点：一是对没有充足贸易交易条件的商业汇票进行贴现；二是签发或办理没有任何实际贸易环境的银行票据及贴现。这两点都直指票据贸易背景的真实性问题。与此同时，综合票据的审验成本和操作过程中人为介入多等问题，票据市场中仍有大量假票、克隆票、变造票等伪造假冒票据存在，这在纸质票据的流通中尤为常见。

2. 市场中的违规交易：部分交易主体和中介进行“一票多卖”等违规操作

除了企业可能通过签发虚拟贸易合同套取票据，部分银行在不良率高企和流动性的压力下，往往也会出现租借“同业户”等违规操作；加之当前票据中介良莠不齐，部分中介机构利用信息不对称进行违规经营，不透明、不规范操作和高杠杆错配等乱象丛生，甚至演变为行业“潜规则”。同时，纸质票据介质的物理性质带来的票据移交的时滞性和流动性差等问题、电子票据系统各接入点拉长了风险链条和中心化运行下相互间依赖性过强暗藏的安全风险，共同成为票据市场中一票多卖、短期回购、清单交易、过桥贷规模、带行带票、出租账户等违法违规行为存在的“温床”。上述风险极高的票据流入商业银行体系，加大了有效管控和风险防范的难度，使得票据大量沦为融资套利和规避监管的工具。

3. 划款的及时性问题：信用风险累积

鉴于票据自身的特性和信用背书的存在，在其贴现和承兑等环节中，往往存在信用风险暴露的问题，尤其是票据到期后承兑人不及时将相关款项划入持票人账户的现象突出。特别是商业银行承兑汇票，考虑到开票企业开具空头支票或受抵押冻结等因素，在资金融出给贴现企业的过程中，自然形成了对贴现企业的风险暴露；同时，由于承兑银行提供的信用担保，风险缓释转移，承兑银行成为最终的风险暴露端。此外，信息不对称往往导致不合理的信用等级评定，使得商业银行难以精准地把控交易目标的信用风险情况，提高了对中小企业的门槛，也影响了票据融资功能的发挥。

二、区块链赋能数字票据

面对纸电长期并存趋势下的多重业务痛点和累积风险，金融科技创新成为优化业务手段、变革传统票据市场的重要途径。近年来，以分布式为特征、现代密码学为安全保证的区块链技术正通过不断地应用落地重构金融基础设施，在这一过程中，央行和金融业界的探索在实践中催生了“数字票据”的诞生和发展。下面在论证区块链应用可行性的基础上，将通过分析数字票据针对传统业务痛点的优势，具体探讨区块链在优化传统票据业务流程中的应用。

（一）区块链应用的可行性：结合票据本质和特征

票据业务的金融属性和市场规模赋予了票据市场发展的重要性，而诸多痛点和巨大风险使得其改革具有必要性，这些都形成了票据发展和业务创新的**内在动力**[76]。同时，随着比特币的大热，区块链技术越来越受到重视，其公开、透明、去中心化、不可篡改等特性，使得推行数字票据具备了**外在条件和可行性**。

1. 书面原则——完整性和不可篡改

追溯票据的定义和内涵，特别是票据法的规定，可以看到要式性是票据行为的一个重要特征，其中的书面原则贯穿了整个票据法。书面原则的实质是对票据票面信息和交易信息**必须具备完整性和不可篡改性**的要求。

区块链技术通过计算机网络调制解调设备将搭载信息的数据电文，转化为人眼可直接感知的票面信息，然后进行后续操作；而诸如必备条款等的形式要求，如制作数字票据时未能根据系统要求填写完整所有的内容，票据就无法发出，票据行为也就无从依附。这样，通过密码学提供的安全性、完整性和不可篡改性的特性，区块链技术实现了对票据书面性的变通。

2. 电子签章——非对称式密钥加密

票据的另一个要式行为体现在签章上，传统票据理论中，票据行为主体的确认就是基于签章的确认。票据作为一种包含支付指令的有价证券，其法律意义的根本就在于可以通过签章确定承担金钱给付义务的主体，也即经典的“无签名则无责任”的票据基本原则。在《中华人民共和国票据法》尚未针对电子票据进行定义的前提下，颁发于2005年的《中华人民共和国电子签名法》中提出的“可靠电子签名”为区块链技术提供了变通思路。

区块链的非对称式密钥加密技术正是目前世界通行的一种“可靠电子签名”的技术方案。以票据的背书为例，背书人的公钥是公开可见的，同时个人持有私钥，其中私钥无法从公钥中推导出来。背书行为发生时，背书人用私钥加密相关转让票据的信息并广播至全部节点，被背书人则利用这一公钥与背书人的私钥配对解密信息，这一过程在事实上实现了传统书写签章的功能。再加上区块链的分布式记账特征，各节点均保存了完整的交易记录，提高了签章的可靠性。

3. 交付方式——流动性和背书可逆性

票据的流动性是其诸多金融功能发挥作用的基础，传统纸质票据通过对有形载体的现实占有转移实现交付，进而完成票据所载权利的转让。基于区块链技术的数字票据尽管具有无形性，但考虑到其是储存在链上各个节点共同确认的账本之上的数据电文信息这一实质，通过在计算机网络环境下对数据电文信息进行传输、修改及确认，就可以实现对数字票据的虚拟化占有和交付。

背书作为票据流动中的一大重要行为，相对传统流程，区块链实现了背书的可逆性。传统纸质票据一旦交付于被背书人，背书行为的效力后果就得到承认。数字票据的特殊性在于，背书行为的交付效力在经过所有链上节点的确认和记载后方才形成，鉴于各节点规模的不同，在被背书人尚未确认回复前，背书人可撤回要约，进而赋予数字票据背书转让一定程度的可逆性。

(二)数字票据的优势：面向业务痛点

相对于当前市场中的纸票和电票两大主流介质，数字票据以较为成熟的区块链技术克服了传统票据业务中的真实性、有效性、及时性和监管难题。

首先，有效保证票据的真实性。在对全网所有业务当事方广播的全部业务流程中，数字票据信息的转让或篡改，区块链都可以提供无可争议的一致性证明。分布式总账技术有效保证了链上票据的透明性和真实性。

其次，避免票据业务的违规操作风险。在数字票据环境下，区块链通过不可篡改的时间戳呈现了票据从发行到兑付的完整生命周期，各个环节都是可视、可追溯的。面对商业银行内控管理缺失、员工合规意识淡薄、严重违规经营、票据中介鱼龙混杂等问题，建立区块链票据平台，通过智能合约将票据准入标准、业务流程规划等编程写入票据平台，形成具有市场约束力的共识协议，可有效规范市场秩序[77]。

再次，显著提高票据承兑的及时性。区别于银行或企业进行信用担保，共识算法解决了信用问题，可以满足金融业务时效性要求，同时有效克服了票据到期后承兑人未及时划款的业务痛点。

最后，提高了票据的监管有效性。随着统一区块链票据平台的构建，相关监管机构便可以作为独立的节点参与监控数字票据的发行和流通的全过程，通过看穿机制实现链上审计，提高监管效率，降低监管成本。同时，在央行数字货币研究的基础上，未来还有望实现自动实时的券款对付（delivery versus payment，DVP）、监控资金流向等功能。

三、应 用 案 例

随着金融市场的加速深化和票据市场的飞速发展，票据业务创新迭出。近两年随着区块链技术在金融领域的应用研究，数字票据越来越受到业界乃至央行的关注。就 2017 年而言，年初浙商银行基于区块链技术的移动数字汇票产品上线，并完成首单交易；3 月深圳区块链金融服务有限公司与赣州银行发布了国内首单票链业务；11 月，江苏银行应用“区块链”技术成功办理票据跨行贴现业务；同时，央行联合上海票据交易所启动了针对数字票据交易平台的研究。2018 年以来，区块链技术在中国正步入初步规模化实质性应用场景阶段。[78]围绕票据业务的应用性实验已经展开，数字票据所搭建的基础服务协议，为银行业和其他金融场景的应用提供了健全的标准规范和丰富的实践经验，有利于夯实区块链技术在金融各领域的应用基础。

究其内涵，数字票据是基于区块链技术，结合现有的票据属性、法规和市场，开发出的一种全新的票据介质形式，既具备电子票据的功能和优点，又融合了区块链技术的优势，是更安全、更智能、更便捷的票据形态[70]。数字票据与传统的纸质票据、电子商业汇票在技术架构上完全不同，但也并非是对传统的票据规则的完全颠覆，而是借助区块链技术对传统票据规则的融合和变通[79]，在核心和实质的功能上属于电子票据的最新领域。作为票据业务的重要创新，数字票据的研究正如火如荼。

❖案例一 央行试水——数字票据交易平台

2016年在爆出多个票据大案的同时，中国前瞻性地认识到区块链技术在票据市场的应用前景，上海票据交易所会同央行数字货币研究所，组织中钞信用卡公司和试点商业银行进行了基于区块链的数字票据全生命周期登记流转和DVP票款对付结算的研究，当年12月25日原型系统试运行成功，2018年1月25日实验性生产系统联通上线并开始投入生产环境[80]。这一案例表明央行的数字货币探索实践在票据领域率先落地。

央行的数字票据交易平台实验性生产系统使用数金链(smart draft chain，SDC)区块链技术，借助同态加密、零知识证明等密码学算法进行隐私保护，通过PBFT进行共识，采用看穿机制提供数据监测。该平台主要包括上海票据交易所、银行、企业和监控四个子系统，如图6.3所示。

其中，上海票据交易所子系统主要负责管理区块链并监测数字票据业务；银行子系统具有数字票据的承兑签收、贴现签收、转贴现、托收清偿等业务功能；企业子系统具有数字票据的出票、承兑、背书、贴现、提示付款等业务功能；监控子系统实时监控区块链状态和业务发生情况。

原型系统基于票据业务场景特点自主开发了一套底层联盟链；而实验性生产系统又对前者进行了全方位的改造和完善。综合而言，其创新点包括多个方面。

第一，在安全加密方面，底层加密算法采用SM2、SM3(国家密码管理局于2010年12月17日发布的椭圆曲线公钥密码算法)完成数字签名；同时，实现了节点通信加密、数据落盘加密，并根据参与银行、企业的业务要求提供了定制的高安全级别的金融密码机和芯片智能卡。

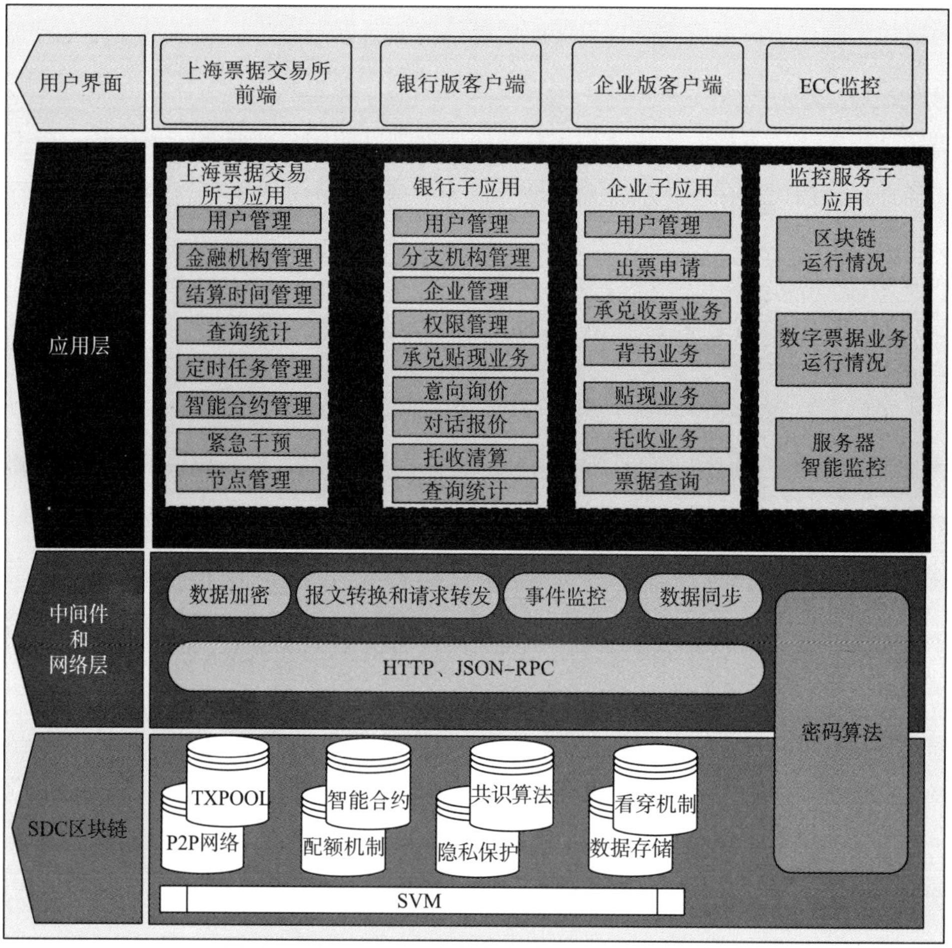

图 6.3 数字票据交易平台实验性生产系统架构

资料来源：根据《区块链在数字票据中的应用》[80]描绘重新绘制

HTTP: HyperText Transfer Protocol，远程过程调用的一种具体形式，HTTP 请求可以从客户端发一个信号到服务端，服务端上执行某个函数，然后返回一些信息给客户端

JSON-RPC: JavaScript Object Notation- Remote Procedure Call，一个无状态且轻量级的远程过程调用传送协议，比特币和以太坊都支持此协议

ECC: Enterprise Command Center，企业总控中心

TXPOOL:以太坊交易池

SVM: Support Vector Machine，支持向量机

第二，在隐私保护方面，追踪国际前沿技术，通过采用同态加密、零知识证明等密码学算法设计，同时实现了交易信息的隐私保护和市场监测的看穿机制。其搭

建的可视化监控平台，通过可交互的图形化展示、查询、告警、统计等功能进行实时监控，探索了新的监管模式。

第三，在业务功能方面，区块链数字身份方案解决了不同金融机构间对用户重复 KYC（know-your-customer，了解客户）认证的问题；引入的数字货币可实现资金流和信息流同步转移，进而实现 DVP 票款对付结算；“链上确认，线下结算”的结算方式创新便于与支付系统进行对接。

第四，在技术开发和升级方面，创新性地提出并设计了区块链中间件，实现了底层联盟链与上层类中心式业务应用系统之间的消息传递机制，有效降低了开发门槛；业务逻辑智能合约与数据智能合约相分离的新型设计模式，解决了传统区块链智能合约不易升级，以及升级后繁重的历史数据迁移等问题。

第五，在系统性能方面，参考以太坊智能合约虚拟机技术，扩充了 OPCODE（php 程序执行的最基本单位，指在手机等移动设备上通过输入一定的指令进行功能调整）指令操作码，实现隐私保护机制所需要的同态加法操作，同时参考 Fabric 共识机制，优化了 PBFT 算法，提高了系统性能、降低了记账损耗，有利于实现“运行去中心化、监管中心化”。

央行和上海票据交易所牵头研发的数字票据交易平台是区块链技术应用于金融市场基础设施的一项重要举措，其里程碑意义在于验证了区块链技术应用于票据业务场景的可行性，并积累了开发经验，形成了人才队伍。除去央行在此领域的率先试水，互联网金融业界对于以区块链技术为基础构建数字票据的探索同样如火如荼。例如，海航集团开发的“海票惠”业务、美的金融开发的区块链数字票据平台业务等也纷纷落地，或已开始进入测试阶段或已正式进行交易。

❖案例二　票据金融服务平台海票惠

“海票惠”是海航集团下属上海邻客网络科技有限公司旗下供应链金融服务平台“海平线”最新推出的票据金融服务，是中国首个票据行业的区块链应用。海票惠主要为用户提供票据融资、票据投资、债权转让等服务，其所有票据的录入、挂牌、摘牌和承兑等信息都写入区块链中，数据真实可靠，不易被内部篡改或攻击，投资机构可随时查询，结合时间戳的交易记录亦可做证据保全。

1. 运行原理与机制

在票据的生命周期中，承兑、流转和托收是票据业务中的三大核心环节，也是风险最高的审计重点。相对于上海票据交易所的架构，海票惠等平台在具体业务流程的改造上展开了探索，其基本原理和运行机制就在于通过区块链技术优化三大业务处理流程，以实现票据风险管理。易观在2018年6月发布的《中国区块链市场应用专题分析2018》中针对这一思路，基于第一节所述的三个环节对应的票据业务五大过程，设计的如图6.4所示的重构方案，就是对这一运行机制的总结[81]。

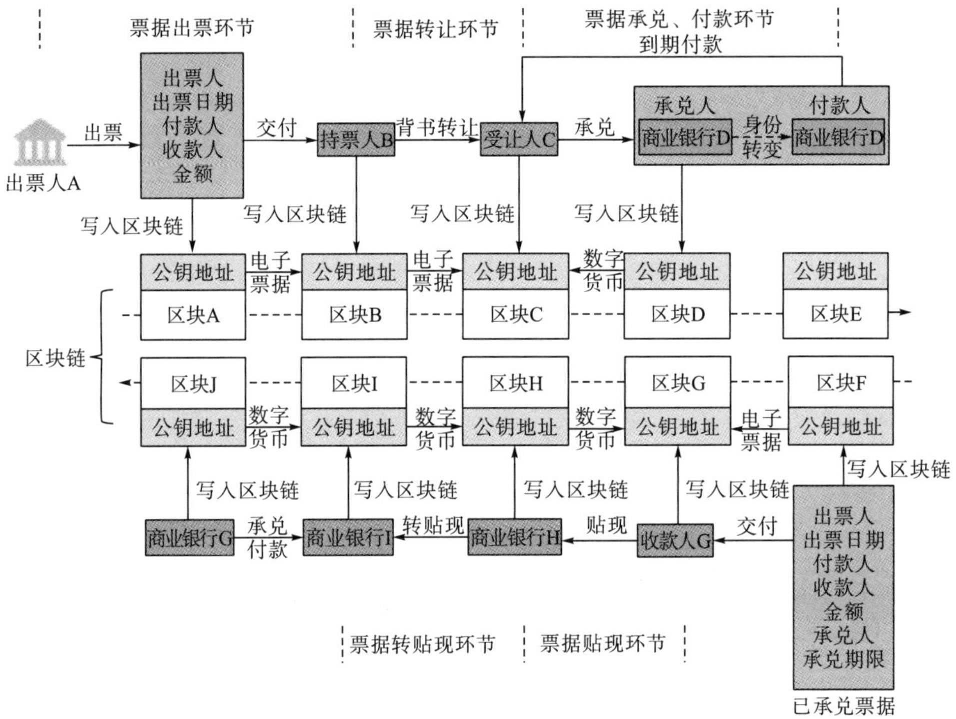

图6.4　区块链对票据业务流程的重构

资料来源：Analysys.中国区块链市场应用专题分析2018[R]. 2018

在图6.4所示的运行机制设计基础上，结合当前相关实践的应用，海票惠等区块链数字票据平台的运行原理可按三大业务环节进行归纳。

首先，在承兑环节中，不同的企业在区块链网络体系中占据的节点存在差异。

与比特币的第三方记账制度相似，出票人 A 在交易中出于资金周转需求申请开具票据，交付给持票人 B，而最终的付款人和承兑人 D 就成为出票人 A 的第三方担保人。不同于比特币致力于计算能力的开发，票据的承兑环节更侧重构建完整的算法规则和生成对应的数据区块，以实现具体操作。在这一环节中，区块链的优势体现在以下几方面。

1）相比于当前中心的 ECDS，其信息流转实现了去中心化。

2）点对点的交易，其价值传递实现了去中介化。

3）风险管控：时间戳不可篡改和信息面向全网公开的特征有利于规避假票风险；分布式结构和去中心化特征规避了操作风险；共识算法和开放性颠覆了以即时通信工具为基础的沟通机制，规避了信用风险。

其次，在流转环节中，票据的背书转让、贴现、再贴现、回购、买入返售等业务在这里通过可编程的智能合约进行重新定义。在这一过程中，尽管往往涉及多个商业银行和企业，但通过将不同业务场景的交易要求和规则以点对点的编程方式写入智能合约并及时更新，就可以利用公钥和私钥的匹配建立合理的规则完成交易并记录信息，同时生成对应区块。其中，区块链的优点体现在以下几方面。

1）非对称加密技术使得仅拥有公钥的参与主体难以伪造签章，有效规避了信用风险中的假票风险。

2）匿名机制与隐私保护机制（同态加密和零知识证明等）解决了两难问题，可有效防止商业机密被盗取，保护了信息安全。

最后，在托收环节中，票据到期日等信息已在承兑环节写入代码，到期时系统会自动向承兑人发出托收申请。待托收完成后，将由基于固定的规则第三方记录信息并生成区块。对此，区块链的优点体现在以下几方面。

1）与资金清算相挂钩，直接实现了价值交换，消除了托收逾期等现象。

2）基于代码控制，托收过程中其他操作被禁止，最大程度保证了账实相符，防范了操作风险。

3）风险管控：具体交易规则以代码的形式明确于智能合约中，规避了信用风险；智能合约的强约束功能，规避了恶意赖账、到期不及时偿还等道德风险；定点投放、智能投放等可有效遏制中介市场中的错配现象，规避了市场风险。

2. 运行过程

基于上述原理，海票惠区块链票据平台的具体运行过程如图 6.5 所示，在出票和承兑阶段，用户经私钥签名确定身份，再经由分布式校验，可有效防止身份假冒和盗用问题的发生；在流转阶段，分布式架构下各节点和时间戳同步，共同备份信息，历史数据无法篡改，可有效抵御黑客攻击和内部技术人员的操作风险；同时海票惠应用数字货币结算，可实时逐笔清算交易资金，无须停盘清算。接入该平台后，主要操作分为以下四步[82]。

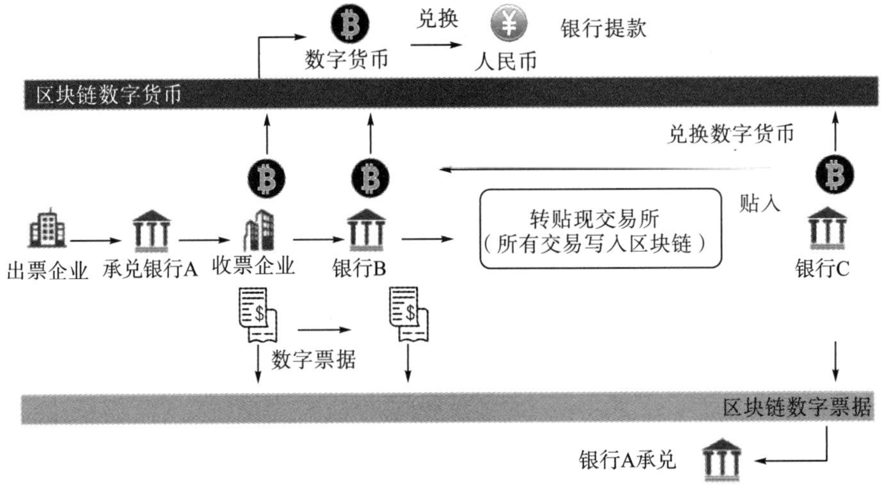

图 6.5 海票惠运行示意图

资料来源：CAICT. 区块链在金融领域的应用[R].中国信通院，2018

第一步：交易双方各自在平台上完成注册并开具银行托管账户，出票方在区块链平台上挂出票据，购票方将对应的资金存入银行托管账户。

第二步：登录进行票据录入，在与 ECDS 直联的情况下，只需输入编号就可以在区块链上写入票据信息。

第三步：票据录入完成后，便可以一定利率挂牌。

第四步：资金充足的其他企业或保理公司就可以根据利率选择是否在区块链上摘牌，进而形成合同关系，并开始交割。

由此，海票惠深度结合区块链技术和票据业务，通过去中心化的数据模式确保信息不可篡改，也大大减少了对第三方的依赖性，安全性能和用户体验都得到了显著的提升。作为中国首个基于区块链撮合系统的票据服务应用，尽管尚存一些技术问题，业务范围在初始阶段也只涵盖了海航集团的部分票据，但在其尝试过程中，一个高并发、低延时且具有极强的扩展性的交易系统已经初步建立，为其他业务链条长、线下票据分散的企业提供了应用思路和可行路径。

❖案例三　票据撮合系统美的&杭州复杂美

海票惠是由海航与杭州复杂美科技有限公司共同成立的区块链创新实验室所研发，在票据领域，除了“海平线”，上下游关联企业众多的科技集团美的在布局区块链时也选择了联合开发的方式。2017 年 4 月美的金融宣布推出区块链票据撮合系统，这是一个较大的企业级票据行业区块链应用。其技术架构见图 6.6，整个系统分为内网和外网，前者通过共识网络和分布式账本进行数据存储和处理，后者通过前置节点接入业务处理环节，实行权限有效期、白名单、黑名单制管理，从而实现多服务器同时提供服务，交易稳定性和安全性较高。

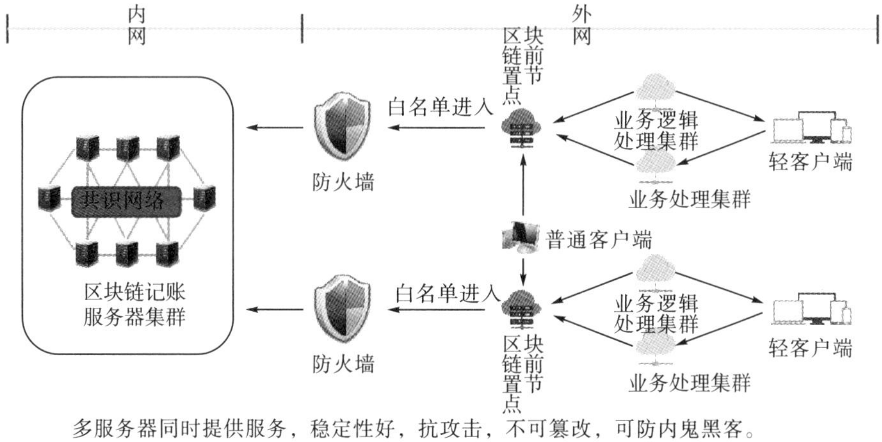

图 6.6　美的区块链票据的技术架构

资料来源：CSDN，https://www.csdn.net/article/a/2017-04-14/15927144[2018-11-20]

“利用区块链技术，分布式部署多个同步节点，时间戳和操作历史无法篡改；共识服务器抗攻击能力强、稳定性高，维护成本低；用户的每笔操作私钥签名，无法伪造与盗用；智能合约自动执行，自动结算，自动统计，大幅降低人工运营成本；交易流转可追踪，有利于提高信誉及方便监管，扩大市场。”[83]建立在以上架构中的美的区块链票据平台提供了供需撮合、信用评级、分布式监管、数据存证和智能交易等多个功能。其业务架构见图 6.7，具体承兑、流转和托收等环节都是通过接入 ECDS、并行美的票据信息平台实现，流程中的数据存储与信息核验都在该平台中进行。

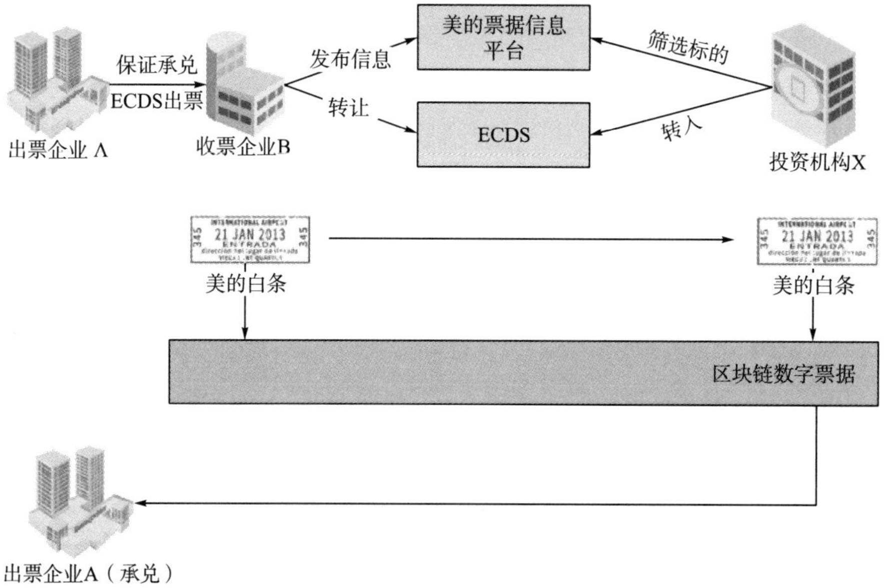

图 6.7　美的区块链票据平台的业务架构

资料来源：CSDN，https://www.csdn.net/article/a/2017-04-14/15927144[2018-11-20]

供货企业收到商业承兑汇票后，可以在这一平台上卖出流通，现金在区块链上可转为代币，买卖双方的交易信息通过私钥签名不可篡改地记录在区块链上。随着交易和信息的累积，美的金融对关联企业便可以形成较为完善的信用评级，进而有选择地进行销售活动和放款融资。

综上所述，中国央行率先实现了货币发行中的实际数字票据基于区块链的全生命周期的登记流转和基于数字货币的票款对付结算功能，这意味着数字票据交易平台原型系统已开发成功并达到预期目标，显示出数字货币在数字票据场景的应用落地。海票惠平台及票据撮合系统都是联合杭州复杂美科技公司共同开发的，企业供应链长、上下游合作企业多，对中小企业融资和票据流动性等问题较为敏感。利用区块链技术，一方面，可完整汇集企业商业票据信息，进而对接多渠道资金方，为相关的中小企业引入可靠的外部资金；另一方面，融资方和资金方等各参与主体都在可信任的区块链上进行交易，智能合约上的票据信息和交易数据不可篡改，有效解决了票据交易过程中的信用缺失问题。但限于核心企业的不同，尽管基本原理大体一致，但在具体架构中仍有较大区别：海票惠的区块链参与程度更高，直接接入ECDS，中间还引入了数字货币；而美的平台的区块链系统则与 ECDS 并行接入，更侧重于信息处理。总体而言，区块链的快速发展给票据市场带来了全新的技术途径，区块链的优势弥补了传统票据的不足，随着智能合约的发展成熟，区块链数字票据已做出了部分尝试，但其在实际运行中也存在着一些问题。

首先，区块链在票据市场大规模应用的配套设施尚不完善。一是海量数据的存储问题。在数字票据交易系统中，区块链要求系统记录从一开始发生的每一笔交易信息，并且系统的每一个节点都要实时下载、存储和更新数据信息，从而形成完整、连续和可追溯的数据区块。因此，需要有信息存储能力强大的基础设施才能实现对海量数据的有效存储。二是对系统运行能力要求高。当数字票据进行多主体的规模化交易时，短时间内会产生大量数据，这对计算机硬件的要求非常高，高性能计算机的使用必然会增加电力成本和硬件成本，而一旦系统的设计容纳能力或基础设施无法容纳如此大的交易量，系统就会瘫痪，甚至可能导致系统性风险的产生。

其次，数字资产缺失，无法实现链上结算。在央行数字货币正式推出之前，银行对区块链的应用始终面临数字资产缺失的困境，票据场景也不例外。目前只是将票据的基本信息和交易状况记录在区块链平台，但涉及客户的银行账户资金变动却只能通过银行账户实现，无法实现链上结算，本质上区块链只起到了登记存证的作用。

最后，数字票据市场参与者运用区块链技术进行交易系统对接的难度较大。传统的票据交易系统设计模式中建立了标准化的开发接口，跨技术平台的系统对接和数据交互并不存在障碍。然而，借助区块链建立起来的数字票据市场中，每个交易节点都代表着市场的一个参与方，且自身有相应的系统在运行；另外，在上海票据交易所的构造过程中，数字票据所在的联盟链还需要与其他技术平台下的系统或者其他联盟链之间发生数据交互和功能调用等，从而产生了在数字票据发行和交易过程中，如何确保每个交易参与方的系统不仅可以平稳运行而且能够与区块链中其他系统实现顺畅对接的问题。就目前的技术水平而言，上述问题还很难得到有效的解决。

场 景 六

财产权登记

作为一种公示权属变动、维护交易安全的行为，财产权登记是建立现代产权制度、推动市场经济持续健康发展的基础。在现代化的信息技术和网络技术普及之前，纸质化的财产登记簿主要依赖人工记录登记事项，为提高准确度和节约登记成本，记载对象以法律已经确定主要内容且种类有限的财产权为主[84]。而区块链作为一个公开透明、无法篡改的分布式账本，其不可篡改、公开透明、共识机制等特点为电子化的登记簿和登记信息平台的建设提供了可能，不仅能准确记载财产权内容，避免由重复抵质押造成的偿付风险[85]，还能够长期保存合同、遗嘱等原始资料。有了区块链技术的支持，实现财产权登记的低成本、高效率、准确性、真实性及可登记财产权的多元化就有了可操作性。

一、财产权登记制度及存在的问题

与人身权不同，财产权以财产利益为内容，主要包括物权、债权、继承权及知识产权中的财产权利等，可简称为“产权”。党的十九大报告中指出，“经济体制改革必须以完善产权制度和要素市场化配置为重点，实现产权有效激励、要素自由流动、价格反应灵活、竞争公平有序、企业优胜劣汰”①。可见，要推动市场经济持续发展，就必须建立健全归属清晰、权责明确、保护严格、流转顺畅的现代产权制度，不断完善财产权登记体系。根据中国的法律规定，部分财产权利的取得和变化须经过一定的登记程序，否则不会产生法律效力[86]。因而在本章中，我们主要讨论物权和知识产权中的财产权利的登记体系及其存在的问题。

（一）财产权登记制度

根据财产权性质的不同，财产权登记主要分成物权登记和知识产权登记两个部分。其中，物权是指权利人依法对特定的物享有直接支配和排他的权利，包括所有权、用益物权和担保物权。根据学界主流观点，根据是否具有可移动性或移动后用途和价值是否改变可将物权法的“物”划分为不动产和动产。

1. 不动产登记制度

根据《不动产登记暂行条例》，不动产登记的适用对象包括了集体土地所有权，房屋等建筑物、构筑物所有权，森林、林木所有权，耕地、林地、草地等土地承包经营权，建设用地使用权，宅基地使用权，海域使用权，地役权，抵押权及法律规定需要登记的其他不动产权利。国家要实现对不动产领域的治理，首先就需要完善不动产登记制度。通过不动产登记制度，权利信息能以更直观、全面和准确的方式展现，普通公民可在交易中有充分的安全保障，进而鼓励市场交易、增强市场积极性，同时政府部门也可以厘清不动产资源的状况，了解不动产市场的状态，实现地籍整理、土地管理、税收征管、财产公示等目标。

中国符合物权公示手段的不动产登记制度开始真正建立起来是在改革开放后，但当时建立的不动产登记制度行政管理性显著，且实行多部门、多级别登记，不仅增加了权利人的办证成本，同时也带来了交易风险[87]。此后，随着《不动产登记暂行条例》的落地和《不动产登记暂行条例实施细则》的颁布，“不动产统一登记制度”基本得以建立并开始运作，并在 2018 年 6 月实现了全国统一的不动产登记信息管理

① http://www.gov.cn/zhuanti/2017-10/27/content_5234876.htm。

基础平台的全国联网，各级不动产登记机构登记的信息纳入统一的不动产登记信息管理基础平台，推进不动产领域信息查询共享机制建设，不动产登记制度进入到全面运行阶段。统一的不动产登记制度为统一的不动产交易市场的建设打下了产权基础，不仅推动了不动产领域的市场经济体制建设，对中国的产权制度建设也大有帮助，尤其是可有效避免同一不动产上负有多个抵押权，保护抵押权人受偿能力。

统一的不动产登记制度细化了不动产登记的基本原则、程序、申请主体、申请材料、审查要点等内容，并对登记资料管理和相关文书格式进行了规范。但根据地方的统计情况，各地的查询系统刚开始运作，要统计此前几十年的不动产数据，任务繁重，因此不动产登记的完成仍需要很长时间。

根据《不动产登记暂行条例》第 21 条和《中华人民共和国物权法》第 14 条的规定，不动产登记的登记事项自记载于不动产登记簿时完成登记，基于法律行为的不动产物权变动的时间点是将变动事项记载于不动产登记簿时，而非发放权属证书时，因此具体的生效日期应以不动产登记簿为准。此外，原则上不动产登记是由不动产所在地的县级人民政府不动产登记机构办理，由该机构负责登记有关事项。

2. 动产担保登记制度

根据《中华人民共和国物权法》的相关规定，动产担保登记的内容包括了一般动产抵押登记、基金份额和上市公司股权质权登记、非上市公司股权质权登记、民用航空器抵押登记、船舶抵押登记、机动车辆抵押登记、应收账款质押登记、知识产权质押登记及法律规定需要登记的其他权利。动产担保登记制度设立的目标就在于提醒交易双方，其交易的特定动产之上可能存在权利负担，以及在出现重复抵质押等权利竞合时，能够确定各方权利之间的优先顺位。动产担保登记制度的建立能够使权利信息更全面、准确、真实地展现给交易双方、政府机构及其他市场主体，能够增强市场信心、鼓励市场交易，并且有利于相关部门把握动产市场或知识产权市场的状态。

如表 7.1 所示，中国的动产担保登记制度仍呈现出地方登记、分散登记的特点，高效统一的动产担保法制的欠缺，极大地提高了动产融资的成本，不利于经济的快速健康发展[88]。

表 7.1　中国动产担保登记体系（以标的物行政归口管理为特征）

负责部门	负责登记事项
工商行政管理部门	企业（及个体工商户、农业生产经营者）的一般动产抵押登记、非上市公司股权质权登记
公证机关	其他民事主体的一般动产抵押登记
中国民用航空局	民用航空器抵押登记
海港监督管理部门、农业渔政管理部门	船舶抵押登记
公安交通行政管理部门车辆车籍管理部门	机动车辆抵押登记
中国人民银行征信中心	应收账款质押登记
证券登记结算机构	基金份额和上市公司股权质权登记
各知识产权主管部门	知识产权质押登记

资料来源：高圣平. 统一动产融资登记公示制度的建构[J]. 环球法律评论，2017, 39(6): 66-83

为厘清动产的真实权利状况、避免同一动产标的的重复融资，中国人民银行征信中心在 2007 年正式上线了中国首个基于互联网的应收账款质押登记公示系统，提供应收账款质押登记及查询服务。随后在 2009 年，中国人民银行征信中心又上线了融资租赁登记公示系统，提供融资租赁的登记及查询服务。在 2013 年，中国人民银行征信中心在此前两个系统的基础上，建成了动产融资统一登记系统，上线了所有权保留、留置权、租购、其他动产融资、保证金质押、存货/仓单质押、动产信托等动产物权的登记和查询业务。

随着市场上统一动产担保登记的呼声越来越高，在 2017 年的《中华人民共和国中小企业促进法(修订草案)(二次审议稿)》中曾提出“国家健全完善动产担保融资制度建设，推动建立全国统一的动产融资登记互联网公示系统，支持金融机构为中小企业提供以应收账款、存货、机器设备等为主要担保品的动产担保融资”，这被视为是建立统一动产融资登记公示制度的重要一步，但实际上最终通过的文本中将该条前段的部分规定删除了。

为逐步建立起统一的动产担保登记制度，国家市场监督管理总局从动产抵押登记入手，在 2018 年建设完成了全国市场监管动产抵押登记业务系统(以下简称系统)，经试点工作后于 2018 年 12 月 28 日起在全国上线运行。系统运行体现了三个原则：①系统统一原则，申请人或其他公民通过互联网访问系统办理业务，地方业务部门通过工商专网访问系统，通过全国统一的系统可改变信息孤立的现状，同一动产标的的重复融资风险大大降低，实现业务共享、节约开发和运营成本；②业务和标准统一原则，系统按照《中华人民共和国物权法》和《动产抵押登记办法》的相关规定，对全国的动产抵押登记业务办理流程、书式要求和申请材料进行了规范，确保全国动产抵押登记业务办理的统一；③线上线下同效原则，系统审核通过的文书与现场办理的文书效力相同，考虑到实际情况，系统在推广在线办理的同时，也保有了现场登记录入等功能。

3. 知识产权登记制度

知识产权是权利人对自身所创造出的智力劳动成果所享有的财产权利，具体可分为专利、版权、商标、商业秘密、特定领域知识产权等，而知识产权服务业则主要可以细分为版权、商标权和专利权三个子行业，其中，版权行业的成熟度相对较高，也正处于风口；而受互联网公司的影响，商标权行业正处于激烈变革中；由于行业门槛较高和专业性的限制，专利权行业的市场仍有待进一步开发。登记是权利确认的先决条件，对知识产权行业来说，确权是行业发展的基石，在确权的基础上才能进一步用权、维权。

与不动产登记制度和动产担保登记制度不同，知识产权登记的标准有很强的主观性，如专利权的评判标准是专利是否具有“新颖性、创造性、实用性”，著作权作品是否有“独创性”或是商标是否有“显著性”，权利的确定完全由登记机关凭借其行政权力来进行决断[89]。在著作权管理工作方面，国家知识产权局与国家版权局负责按照党中央、国务院关于版权管理职能的规定分工执行；专利申请则由国家知识产权局专利局受理；要进行商标注册的，需要向国家知识产权局商标局提交申请书。

随着经济全球化进程的加快和网络虚拟世界中新秩序的冲击，知识产权在全球贸易过程中和互联网虚拟空间上快速产生并得到应用，其权利的执行不再局限于“民族国家”的法权框架①，在当今世界，有相当数量的文字作品、专利、商标的产生或使用跨越了国家的疆域，在更加宽广的世界范围内进行传播。为沟通不同国家的知识产权登记制度，现有的国际知识产权保护制度中形成了多个知识产权国际条约，

① 徐珉川. 知识产权的“去中心化”——比特币与登记制度[J]. 科技与法律, 2014(03): 474-497.

如 TRIPs 协议（Agreement on Trade-related Aspects of Intellectual Property Rights，与贸易有关的知识产权协议）、产权之巴黎公约（Paris Convention for the Protection of Industrial Property，保证成员国的工业产权在所有其他成员国得到保护）、伯尔尼公约（Berne Convention for the Protection of Liberary and Artistic Works，保证成员国的文学和艺术作品在所有其他成员国得到保护）等，使知识产权能以“优先权”或“国民待遇”等形式，在不同国家和地区间实现其权利合法性的复制，并以此为基础在法律形式上再次赋权。

为了整合来自全球的知识产权信息、降低信息开放成本、提高全社会的知识产权保护和风险防范意识，国家知识产权局正加快建立知识产权公共服务体系、建设全国知识产权信息公共服务平台，推动商标、专利等知识产权信息的传播利用，为创新创业提供便捷的查询咨询等服务，实现登记信息的互联互通。

（二）财产权登记制度面临的主要问题

综合来看，除去针对各种类型的财产权的特别规定，财产权登记制度在发展过程中面临的问题如下。

1. 权利归属复杂，信息整合难度大

长期以来，产权登记常被视为行政机关所享有的行政管理职权，多个行政机关分别负责登记，因此形成了分散登记的现象。中国分散登记的登记模式由来已久，以不动产为例，对同样的一宗不动产，土地管理部门负责土地的权属登记并颁发土地使用权证，房管部门负责房屋的权属登记并颁发房屋所有权证，林业部门负责林地的权属登记并颁发林权证，草原管理部门负责草地的权属登记并颁发草原证。不同部门之间登记信息的相对隔离阻碍了权利人全面、准确地掌握财产信息，容易导致重复抵押等现象，使权利人承担偿付风险。且即使已经确立了不动产统一登记制度，在此前的分散登记中所产生的存量数据信息仍处于孤立状态，需要进一步地整合[87]。

虽然从目前来看，只有不动产登记实现了统一登记和不动产登记信息管理基础

平台的全国联网，但统一登记必然是未来登记制度改革的方向。在从现有的分散登记过渡到统一登记的过程中，难以避免经历“阵痛期”：一方面，财产权的统一登记是在旧有的分散登记的基础上发展出来的，因而存在着两类不同属性的数据：分散登记产生的存量数据、统一登记产生的增量数据。在将不同口径的存量数据转化为统一口径的增量数据时，面临着技术性问题。另一方面，以不动产登记为例，在不动产登记信息管理基础平台建设中，各级相关部门需要将电子登记资料和纸质登记资料原件如期移交给不动产登记机构，登记机构依据完整的原始资料开展登记，以实现登记行为的准确和高效。如果作为统一登记机关的国土部门和之前的登记部门之间的信息互通工作不到位，出现部门间信息阻隔的情况，则国土部门进行不动产统一登记工作时将会面临众多掣肘，导致进展缓慢。

2. 确权和信息查询效率低、费用较高

综合来看，权利人进行财产权登记时需要提供的资料包括登记申请书、申请人身份材料或其他主体资格证明资料、确权财产的权属来源、登记原因等材料，申报权利过程复杂，提交资料繁多。针对这种情况，在社会上也逐渐出现了一些互联网企业，开始为权利人的确权提供服务，从中收取服务费用。

为保护公民的私有财产权利，法律规定权利人、利害关系人、其他依法有权管理和处分相关财产权利的主体和有关国家机关才可申请查询该财产的登记资料，但其应当提交查询申请书及该财产的权利人、利害关系人的身份证明材料，其中查询申请书应当包括查询主体、查询目的、查询内容、查询结果要求、提交的申请材料清单等内容，此外，如果权利人、利害关系人需要委托代理人代为申请查询登记资料的，被委托人应当提交双方身份证明原件和授权委托书，授权委托书中应当注明双方姓名或者名称、公民身份证号码或者统一社会信用代码、委托事项、委托时限、法律义务、委托日期等内容，由双方签字或盖章。

登记机构在收到申请人申请登记或查询的资料后需要根据部门的审核要求，综合来自各部门的相关信息，对材料的真实性、准确性、完整性进行形式审查或实质审查，耗费大量的时间成本和人工成本。互联网企业的加入虽然加快了确权过程，但整体时效性仍然较差。以知识产权登记中的版权为例，表 7.2 所示的登记时间较

长且收费金额较高，在提供登记服务的互联网企业之间，收取的费用差距较大。

表 7.2　互联网企业办理版权登记一览表

公司	收费方式	收费金额
猪八戒	普通作品登记（20～25 个工作日）	498 元/件（官费+服务费）
	作品加急登记（10 个工作日）	898 元/件（官费+服务费）
知果果	文字作品登记（30 个工作日）	800 元/件（官费+服务费）
权大师	作品版权	399 元/件起（官费+服务费）
	作品版权加急	399 元/件起（官费+服务费）
超凡网	一般作品版权登记（3 个月）	2650 元/件（官费+服务费）
版权家	文字作品（普通）	300 元/件（官费）

资料来源：国泰君安证券. 知识产权服务遇到区块链：天作之合[R]. 2016

为弥补成本，权利人在登记机构进行产权登记时要支付一定的费用，再叠加企业的服务费用，产权登记的费用较高。以专利费用为例，缴费的名目有申请费、发明专利申请实质审查费、专利登记费、公告印刷费、印花税、复审费、著录事项变更费、专利权评价报告请求费、无效宣告请求费、恢复权利请求费、延长期限请求费、专利文件副本证明费、年费、滞纳金等，申请人缴纳的费用较高。

3. 财产权登记的可扩展性要求高

近年来，随着国家登记政策的调整和经济的发展，需要登记的财产权在数量上不断增加。以不动产登记为例，《不动产登记暂行条例》中规定的可登记的不动产权利中包括了“法律规定需要登记的其他不动产权利”以进行兜底，但“其他不动产权利”的具体范围仍存在不小的争议，为了配合政策的调整，不动产登记簿应该具备一定的灵活性和可扩展性。

党的十九大报告提出了要“统一行使全民所有自然资源资产所有者职责，统一行使所有国土空间用途管制和生态保护修复职责”[①]，为了更好地监管自然资源开发利用状况和保护情况，原国土资源部（现中华人民共和国自然资源部）决定从自然资源管理体制改革出发，实现自然资源产权确权与不动产统一登记，将自然资源的

① http://www.gov.cn/zhuanti/2017-10/27/content_5234876.htm。

确权登记信息录入不动产统一登记信息管理基础平台，实现登记信息的有效衔接，因此不动产登记簿应该添加相应登记簿页记载自然资源产权信息。

4. 合同的成立与财产权的变动不完全同步

根据现行的法律规定，合同自双方当事人就合同的主要条款达成一致时成立，而部分财产权的变动需要登记行为的触发，也就是说只有当该财产权的变动记载于登记簿时，才会产生权利变动的法律效果，合同的成立与财产权的变动不同步。例如，房屋的所有权人甲将其房屋抵押给乙，签订了抵押合同，但还未办理抵押登记，此时，由于合同双方已经对合同的主要条款达成一致，则该抵押合同成立，但由于双方还未办理抵押登记，不动产登记簿上未记录相关信息，在该房屋上的抵押权还没有设立。若此后甲又就该房屋与丙签订抵押合同并办理完毕抵押登记，则丙就该房屋的抵押权优先受偿，乙就面临着无法回收资金的风险。

5. 登记中公权力干预私权利

登记机构的审核模式一直存在形式审查主义与实质审查主义的争论，实质审查的出错率低，但耗时长、效率低，登记机关也要承担一定的风险；而形式审查的效率较高，登记机关不承担风险，但也存在着隐患。在登记机关利用自身的行政权力得以高效、权威地进行财产权登记时，同时也产生了公权力干预私权利的问题。为解决这一问题，采取实质审查主义的国家和采取形式审查主义的国家均采取了一些补救措施，如德国的物权行为理论、法国及日本的公证制度等，但立法、司法的补救成本相当高。

中国当前的登记审核机制更倾向于实质审核，但相对于完全确立实质审核的国家，登记错误的法律救济还不完善，登记机构尽职履责的程度和登记机构有故意或者重大过失时应支付的赔偿数额仍有待明确。特别地，在知识产权登记中，公权力干预私权利的现象更加突出，局限于国家的知识产权框架受到了来自全球化和互联网新秩序的冲击，在未来，知识产权需要面对的是更加多元化的需求及全球性的传播和应用；需要站在全球化和网络化的角度，来研究商业利用个人信息、遗传基因的可专利性、商业模式的可专利性、文化保护等一系列新问题，来思考权利主体、原则和最终的适用，因而用单一的行政权力来垄断权利确认的登记制度已经不合时宜[89]。

二、区块链赋能财产权登记

结合不动产、动产、知识产权登记的特点，引入区块链可发挥其在追溯、防止丢失、保护隐私、实时监控等方面的特有优势，且信息的标准化上链可以解决财产权登记的诸多问题。建立基于区块链的注册系统不仅可以保持原有登记体系的访问、搜索功能，还可以整合有效信息，提高信息透明度、不可篡改性和系统安全性。

(一)产权链准确清晰，实现信息的有效整合

传统的所有权管理系统基本上以纸件为主，且通用范围以国家甚至以地区为限。由于标题缺陷和信息记录错误等，交易过程不明了，在中心化的登记机构进行标题决议时耗费巨大，改进空间很大。而区块链可以直接淘汰纸质的产权记录，将所有的交易记录储存在不可更改和去中心化的账本上，基于共识机制实现全网信息的沟通，且由于区块是按照事件先后的顺序连接的，每个事件都可以作为另一个事件的时间见证，因此信息的真实性就有了保障，有效治理了由登记不清导致的重复抵质押、一物数卖等问题。此外，基于区块链的注册系统保有了访问和搜索功能，在减少信息重复的基础上还可将冗长杂乱的产权链梳理清楚，既能在第一时间确认财产权是否被侵害，又可以快速找到侵权主体[90]。

(二)提高产权认定的效率

在既有的登记框架下，政府机构公证环节需要核实申请人的申请资料、查明一宗财产上所附着的各项权利，在分散登记模式下需要协调与其他部门的关系，在统一登记还未完成时涉及部门间资料的转送问题，登记机构确权耗费大量时间。利用

区块链技术，权利确认过程中直接可由技术取代公证部门的工作，直接在节点中宣布财产权归属，理论上可以实现即时确权，调查时间大大减少。且公共区块链上程序透明，银行、政府机构等可直接在区块链上发布和跟踪特定用户在特定产权上的信任记录，集体维护分布式账本，提高产权确认的效率。

(三)去中介化使得成本降低

基于去中心化账本，数据的完整性和可访问性得以增强，使得检索和“修复”产权记录的人力资源需求随之降低，有利于大幅度降低耗费于检索人员、监管人员和摘录人员上的人力成本。

由于区块链技术的应用，传统的用于记录产权信息的登记簿被淘汰，所有的交易记录都储存在去中心化的账本上，当可登记的财产权范围扩展时，可直接在区块链平台上记录，无须由作为中介的行政机构再调整产权登记簿，行政成本得以削减。

智能合约的出现使基于区块链进行交易的双方不再局限于简单的价值转移，而是可以由双方自行设定复杂的规则，然后交由智能合约自动执行。合同双方可以就登记事项达成一致的情况下，编写好智能合约代码，设定当合同双方对合同的主要条款达成一致时作为事件，进而触发合约的执行。以不动产为例，智能合约将使房地产合同、第三方托管的契约、财产记录(例如契约)自动完成，并且在无须产权公司或律师的情况下进行分配，实现信息上的去中介和操作中的免执行。在不久的将来，购房者可能会在网站上通过购物车购买房产(以及托管和产权保险)，并完成购买流程。而在这一过程中，区块链可以在绕开信用中介的情形下仍确保买方获得所有权或契据，卖方获得相应的报酬[91]。

此外，区块链还可将记录的产权或契约向监管部门开放，使监管部门在不维护中心化账本的条件下仍可对财产权进行监管，大幅削减监管成本。

(四)调和物权与债权不同步的矛盾，促使物权登记和合同签署同步化

此前，合同成立和物权登记之间存在着时间差，从而导致债权的发生和物权的

变动出现不同步的现象，催生出众多纠纷。而在区块链平台，相关的合同可以通过标准化的方式在区块链上签署、公证并记录，且签署、公证和记录同时同步完成，理论上可以做到即时确认，财产权变动的信息实时准确地记录于去中心化账本，权属登记簿上不再出现“权属登记错误”，包括抵质押权人在内的权利人可全面掌握财产上的权利负担，重复融资、一物数卖等现象得到遏制。

（五）去中心化改变价值表示和价值转移的方式

在现代社会中，进行价值转移的主要方式就是记录，为避免数据文件的可复制性与价值表示唯一性的需求之间的冲突，在数字世界进行价值转移时要依赖可信的第三方作为中介。而在现实中，这个角色往往由行政性政府机构来担任，进行权利确认的职责由其天然享有，从而使产权登记尤其是知识产权登记中出现“权利垄断”现象。区块链技术的出现为未来的产权登记提供了新的思路，信用中介不再由政府机构担任，而是由区块链担任信用中介，在区块链上进行价值表示和转移，将财产权登记的权利交给普通用户，由用户决定“什么物品，在何种范围，成为哪些主体的财产”等，满足财产权登记的可扩展性要求的同时，可重建授权基础。[92]

三、应 用 案 例

区块链技术的可追溯、防丢失、保护隐私、便于实时监控等特点有助于规范产权行业，解决财产权所面临的诸多问题，因此有不少的国家和地区已经将区块链技术应用于财产权登记领域：格鲁吉亚的国家公共登记处和 BitFury 公司进行合作，发起了基于区块链的土地登记系统试点项目，这是首个区块链在国家级房地产数据管理项目中正式使用的案例；日本政府将分散于各部门的房地产、土地信息统一到由区块链技术推动、政府管理的单一账本，合并成可视的数据记录；区块链创业企业 Blockai 可以为上传的艺术作品颁发产权证书，并用时间戳证明作品的创作时间……

围绕财产权登记的区块链应用已经开展，各方在不断探寻高效便捷的方式来记录财产权信息、保护权利人合法权益，探索安全、低成本的途径进行产权交易，减少一物数卖、重复融资等风险。

❖案例一　基于区块链技术的房产权登记平台 Ubitquity

针对房地产登记领域中效率低、产权转移成本高昂、权利归属复杂等痛点，国际上已经出现借助区块链技术寻求解决方案的案例，荷兰土地注册局(Land Registry)正研究通过区块链技术来管理房地产所有权、抵押权及与荷兰房地产市场有关的各种外部数据，同时解决好技术、法律和治理等方面存在的问题，实现组织和业务流程的灵活化；瑞典土地登记机构(Lantmäteriet)已完成了土地和房地产登记区块链平台的初步试验，通过瑞典区块链创业公司 ChromaWay 的私有区块链网络，买卖双方所创建合同的流程中的每一步都会通过区块链哈希确认，以备银行、土地登记机关或其他用户进行检查；英国土地所有权登记机构英国皇家土地登记处已利用区块链技术进行了房地产登记注册的测试，以数字化的方式为房地产登记提供国家层面的担保；澳大利亚新南威尔士州土地登记管理处和区块链技术公司 ChromaWay 进行合作，通过 ChromaWay 的开源技术完成数据记录、交易实现、智能合同提供和概念验证等操作，实现分布式账本技术在房地产产权交易中的应用等。

除此之外，Ubitquity 是美国一家利用区块链技术保护房地产产权的区块链初创公司，也是涉足房地产业务的第一家比特币区块链公司，该系统采用 Colu 的彩色币协议(Colored Coins Protocol)管理比特币区块链上的数字资产。

彩色币构建于比特币协议层之上，可在借助比特币的基础架构的同时，赋予比特币某种特定属性、创建新信息。通过彩色币，现实世界的资产得以在比特币区块链上表示，资产能以分布式的方式在用户间交易，且可应用比特币系统去中介、交易费用低廉等所有相关优势。

2017 年 7 月，Ubitquity 的发起者 Nathan Wosnack 宣布测试其登记系统，开始将房产地址、所有者、门牌号、分区等级等信息的哈希值嵌入到基于彩色币协议的比特币区块链系统。该系统于同年正式投入运营，与巴西房地产登记处(Cartório de Registro de Imóveis)进行开创性合作：在初期设置一个临时系统以模拟巴西当前房地产所有权和转让的过程，之后再实施完整的区块链解决方案以确保登记和转让过程的绝对安全。在测试和正式运营的过程中，房地产所有权的安全性与稳定性大大提升，同时也增强了市政局在记录保存方面的实力与优势。

该公司已经推出平台模型，具体登记流程如图 7.1 所示。

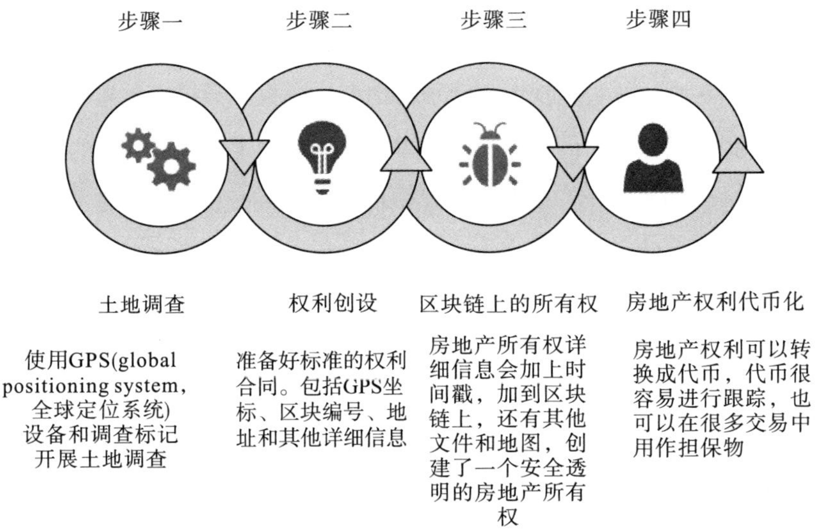

图 7.1　Ubitquity 平台模型

资料来源：作者根据网上公开资料整理

Ubitquity 平台在利用 GPS 设备和调查标记进行土地调查后，对 GPS 坐标、区块编号、地址和其他与房产有关的信息有了详尽的了解，并将相关的信息录入到标准的权利合同之中。此时，关于房地产所有权的详细信息及其他文件和地图都记录到了区块链上，然后 Ubitquity 的用户或平台自身通过比特币的脚本语言将元数据存入区块链网络，创建属于自己的彩色币后，可将房产购买记录或其他房产信息存储到比特币区块链，进而可完成在比特币区块链上的产权登记和转让交易。

借助比特币的基础架构和彩色币技术，Ubitquity 在房地产登记领域优势显著。

1) 房地产产权登记的安全与否对整个房产销售过程起着重要作用，而目前来看，比特币的区块链是现存最安全可靠的公有链，其开放性、透明性、安全性和不可篡改性的特点，使其成为记录登记信息的不二之选。

通过对美国市场的整合，Ubitquity 掌握了产权登记所必需的各类信息，从而得以利用区块链技术简化追踪和记录信息所必需的过程，重塑整个行业的运作方式，其在区块链上建立的产权保管链能够为参与的各个节点提供不可篡改的原始记录，房产信息中所记录的所有文件和相关信息都有了真实性、准确性的保证。

2）比特币区块链网络能够减少交易双方或其他主体在登记上所耗费的时间，优化行业的交易时间和运营成本。对众多国家而言，房产信息的登记仍旧被传统低效的登记系统所拖累，审核信息、录入信息等耗费大量的时间成本和人工成本。而在Ubitquity平台，相关的文件将以统一标准化的方式在区块链上签署、公证并记录，不仅解决了登记统一的问题，并且关于房产的所有信息上链后可降低人工成本、提高产权证书的查验效率，这将使得未来的产权转移更容易、成本更低[93]。

3）基于区块链的Ubitquity平台将进一步提升产权登记的完整性、及时性。为了保证交易的安全，在进行房产登记时需要尽可能地涵盖房产相关信息，但由于传统登记系统的设置问题，出现信息损耗、滞后的情况，而类似Ubitquity的共享公共账本系统则通过产权保管链进行彻底的产权调查以实现产权调查的完整性、全面性，实时的房产登记可确保交易者掌握权利的正确归属，违规的一房数卖、重复融资现象得到整治。

❖案例二 验证、拥有和交易数字媒体资产的平台Monegraph

随着知识经济的快速发展，知识产权越来越成为市场竞争中的重点，在当前，知识产权侵权现象频发、纠纷不断，行政保护力度不够、举证困难、维权成本高等问题成为产业发展的重大障碍，发挥原创精神和鼓励创新的目标更是难以实现。而区块链技术的引入能够为知识产权保护提供解决方案，极大提升知识产权服务业的运行效率，解决产业链过于繁杂的问题[94]。

目前，借助区块链技术进行知识产权保护的实践已然存在，Monegraph、Colu、Blockai、原本等区块链团队先后发布了基于区块链技术的知识产权保护产品。

2014年成立的Monegraph是一个由律师事务所Pryor Cashman推出的使用区块链技术保护数字媒体资产的平台，可传输至平台的数字艺术作品包括摄影作品、音乐作品、视频及其他能够在内容创造者和内容需求方之间交易的其他形式的数字资产。通过Monegraph平台，数字资产上下游的买卖双方可进行直接的沟通，从而得以记录和保存整个数字产权链上的信息。

在进行知识产权确权和交易之前需要对用户的身份进行验证，Monegraph 平台对此设计出了数字媒体证明的身份认证方法，即充分利用现有的社交媒体实现对用户身份的认证。用户通过其推特账号登录 Monegraph 平台后，平台会对该推特账户和公开图片进行核验以查明用户身份[90]。

作为数字艺术作品的内容创造者，其可将作品传输至某个网站，并将网站与 Monegraph 平台联系起来，再基于平台的区块链技术对其知识产权进行确权并盖上时间戳记录于分布式账本之上，绕开传统的机构认证和注册的劣势，对作品信息进行快速的登记备案。此外，Monegraph 平台也可为艺术品和其他数字媒介创建可持续的所有权记录服务，用户若想交易特定的数字媒体资产，则可在 Monegraph 平台通过相应数字资产的网址链接进入该作品的网站，再进行询价、购买等一系列操作，在整个过程中，用户的推特账号和作品链接信息都将记录在区块链上，实现对数字媒体资产的持续跟踪保护，进而保证了数字内容在价值转移过程中的透明性、真实性。

对于内容供求的双方来说，Monegraph 平台可以有效打通二者之间的壁垒，使双方可以在平台上进行沟通、交流(图 7.2)。对于内容供给方来说，包括艺术家在内的卖方可以从平台所确定菜单中选择对其数字媒体资产进行出售、授权、转售、合

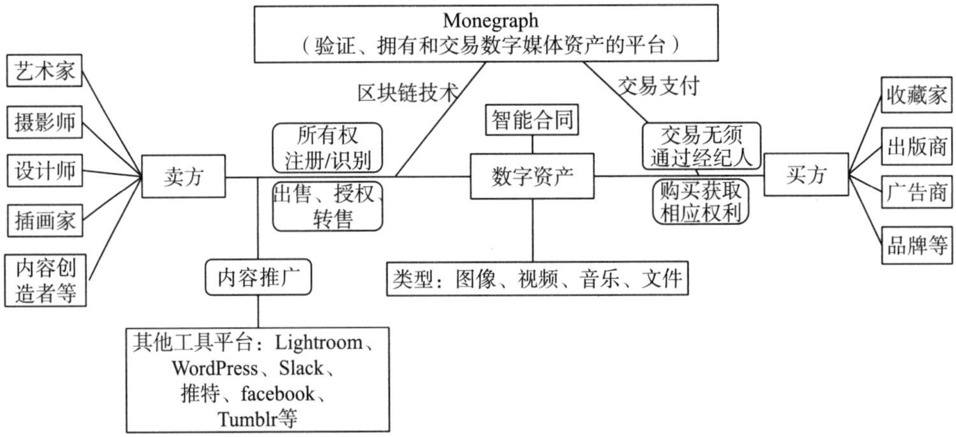

图 7.2　Monegraph 平台打通数字媒体资产上下游，润滑产业链

资料来源：国泰君安证券. 知识产权服务遇到区块链：天作之合[R]. 2016

成或其他混合型的权利，并允许卖方自行确定资产的价格。对于内容需求方即买方而言，平台中的所有用户都可参与到完全授权的数字媒体交易当中，在交易中其可以不通过经纪人而直接与资产所有者进行沟通，同时在平台上卖方的身份和数字媒体资产的所有权归属都可以通过区块链技术得到证实。

此外，利用区块链技术，内容创造者可以很容易以其数字媒体资产为内容构建智能合同和授权许可，大大简化了授权许可、支付处理、媒体处理和分配处理的流程，供求双方之间提高了交易速度，从而为艺术品的实时数字交易铺平了道路。

在当前，对知识产权的确认及后续的跟踪保护都主要由国家政府部门负责，但在知识经济快速发展和网络作品爆发式增长的背景下，由国家行政权力垄断知识产权的确立认证已经难以满足当前的登记需求。Monegraph 平台通过区块链技术将对数字媒体资产进行确权的权利交给了平台上的各个节点，排除了知识产权登记机构的控制，选择让各个普通用户参与到权利确认的新体系中，以普通用户的力量来鼓励知识创新。当前人们通过“©”这一标记就可明白某样东西是有版权保护的，而可以预见的是，未来将会出现与“M”有关的符号证明某项资产是“被 Monegraph 认证”的，这也是知识产权实现“去中心化”的重要一步。

除了 Monegraph 以外，Colu、Blockai、原本等创业团队也在区块链的基础上建立了平台系统以处理艺术认证和所有权问题，Colu 通过与音乐科技公司 Revelator 的合作可简化音乐版权的核查步骤，使权利人能直接管理、跟踪和销售其音乐；Blockai 给上传到网站的艺术作品颁发版权证书，以时间戳证明作品的创作时间；原本对接线下公证处和律所为版权提供认证服务，且通过其设计的全网侵权检测工具 Hawkeye，为在“原本”进行过版权认证的文章开展定期追踪并向其用户发送结果报告。

通过区块链技术验证所有权固然可以有效地进行知识产权保护，但由于其涉及的法律问题较为复杂，仍需要对相关的法律法规进行规定、解释或调整，使知识产权登记平台能够按照合法合规的方式运行，为用户提供安全高效的服务。

Ubitquity 通过采用 Colu 的彩色币协议，将现实世界的房产表示在比特币区块链上，并通过此平台实现对区块链上数字资产的管理，使资产以分布式的方式在用户间交易，区块链技术以其巨大的潜力影响着房产权登记的基础设施建设和流程设计，使房产权登记呈现出了一个更为简单和有效的状态。无独有偶，以 Monegraph 为代表的保护数字媒体资产的平台，也采用了区块链的方式进行知识产权确权，并有效打通了数字媒体资产的上下游，将整个产业链有效联系起来，为数字媒体资产的产生、交易流通和消灭提供了良好的环境。

总体看来，区块链技术为财产权登记贡献了很多价值，如有效整合相关信息、提高产权认定效率、降低成本、减少重复抵质押或一物数卖现象、减少偿付风险等，具备了重塑财产权登记体系的可能性，但是其仍然需要依靠其他新兴技术，如云计算、机器学习等，并且需要监管方以法律法规的形式对财产权登记平台的法律地位、运营依据、权限范围、法律责任等做出规定、解释或调整，厘清财产权登记平台之间、财产权登记平台与既有的登记机构间的关系，而这无疑需要监管机构、创新者、普通公民及其他利益相关方进行深入的合作，从而延迟其应用的时间。

此外，智能合约的本质不过是帮助双方执行既定条件的计算机程序，技术上能够实现不可篡改、自动执行等，但编制智能合约的依据最终还要落脚到现实世界的法律世界当中，且当在区块链平台上发生纠纷时，仍需要第三方机构提供司法救济。智能合约为财产权登记体系带来了技术上飞跃的可能性，而非完全抛弃现有的法律体系和金融体系[90]。

场景七

大宗商品交易

大宗商品市场集交易、融资、仓储物流、支付结算和金融服务于一体，是一个跨界性极强的多边融合市场，其背后的金融属性使之成为市场经济的基础和命脉。在全球化的趋势中，大宗商品的跨国交易渐趋集中，交易商和交易所呈现寡头垄断的态势，中心化依赖度高；同时，现代大宗商品交易环节冗长、运转成本高昂、违约风险高企、信息安全度低，使得内幕交易、数据篡改、监管空白、仓单重复质押等问题不断出现，极大制约了大宗商品交易的进一步发展。在比特币被部分人认为应归于大宗商品之际①，区块链这项技术革命在大宗商品领域的应用潜力也被进一步审视，去中心化、去信任、不可篡改、共享账本等特征可有效解决传统大宗商品的业务痛点。时处中国从大宗商品大国向大宗商品强国转变的过渡阶段，本章将深入探讨区块链技术应用于大宗商品交易市场的空间和渠道。

一、大宗商品交易市场的发展现状与困境

大宗商品贸易通常涉及采购、运输、仓储、保险、结算和销售等多个环节，业

① 2018年3月7日，美国布鲁克林区的联邦法官杰克·温斯坦(Jack Weinstein)判决比特币等加密数字货币可被视为一种特殊的“大宗商品”，由美国商品期货交易委员会(Commodity Futures Trading Commission，CFTC)负责监管。

务交易流程复杂、交易工具种类繁多，易受国际政治、经济形势及行业供需等多方面因素影响，价格波动较大。随着全球贸易合作不断深化及信息化程度不断提高，传统交易行业竞争日趋激烈，越来越多的大宗商品贸易商开始整合产业链，交易活动也多集中在几大交易所中[95]。近年来中国大宗商品发展迅速，但市场体系尚不完善，存在诸多问题和风险。

(一)大宗商品交易概述

根据中国《大宗商品电子交易规范》(GB/T 18769—2003)的定义，大宗商品是指可以进入流通领域，但非零售环节，具有商品属性用于工农业生产与消费使用的大批量买卖的物质商品。大宗商品主要可分为以下几类：①能源化工商品，包括原油、天然气、煤炭、电力等；②金属商品，分为有色金属(铜、铝等)、黑色金属(铁等)和贵金属(金银等)；③农产品，包括大豆、玉米、小麦、棉花等。根据大宗商品持仓金额(持仓量×价格×合约单位)来看，能源类持仓占到将近一半比重①。

1. 大宗商品交易机制和流程

依据标的物凭证类别，大宗商品交易可分为挂牌交易和仓单交易；后者是当前市场中最主要的交易模式，也是电子交易的前提，指将大宗商品的规格按照交易所的标准化要求填写到具有物权效力的仓单凭证上，将凭证直接作为交易标的。**依据交易期限**，大宗商品交易市场分为中远期现货交易和即期现货交易，前者由交易市场为各个交易品种提前制定交货期,后者则无须等到某个固定的交收时间才能交割。**依据交易合约需要包含的信息**，挂牌交易、仓单交易只需要包含商品基本信息；而即期交易、中远期交易则需包含资金交付的信息，即期交易中的连续现货交易还需包括可转让权利的信息。根据交易信息流转的一般规律，合约所包含的信息越少，线下所需的标准化工作越多，对支付结算中心的依赖程度就越高。

现代大宗商品交易基本通过电子交易实现,即采用计算机网络组织的同货异地、同步集中竞价、统一撮合、统一结算、价格行情实时显示的交易方式。在上述分类

---

① 资料来源：芝加哥商品交易所年报(2017年)。

中，即期现货按照市场定价，而中远期现货合约的议价方式在买卖双方权利平衡的博弈过程中经历了从当前价格定价到期货价格再到点价法定价的演变。大宗商品期货价格中包括了根据现货当前价格对未来的预期，而点价法除期货价格之外还有买方在一定时期内确定价格的权利，因而多用于国际交易[96]。

大宗商品的场内交易撮合在交易所的交易系统中进行，标准的大宗商品电子交易撮合系统如图 8.1 所示，按照一般的交易流程，电子交易系统至少需要具备验证保证金余额、查验要约信息完整性、在线修订要约、撮合交易、生成电子合同、支付结算等几个功能模块。其中撮合系统按功能可以分为竞价交易、招标报价，采用竞价交易机制的，对买卖双方的交易撮合基本是根据价格优先、数量优先、时间优先的原则。

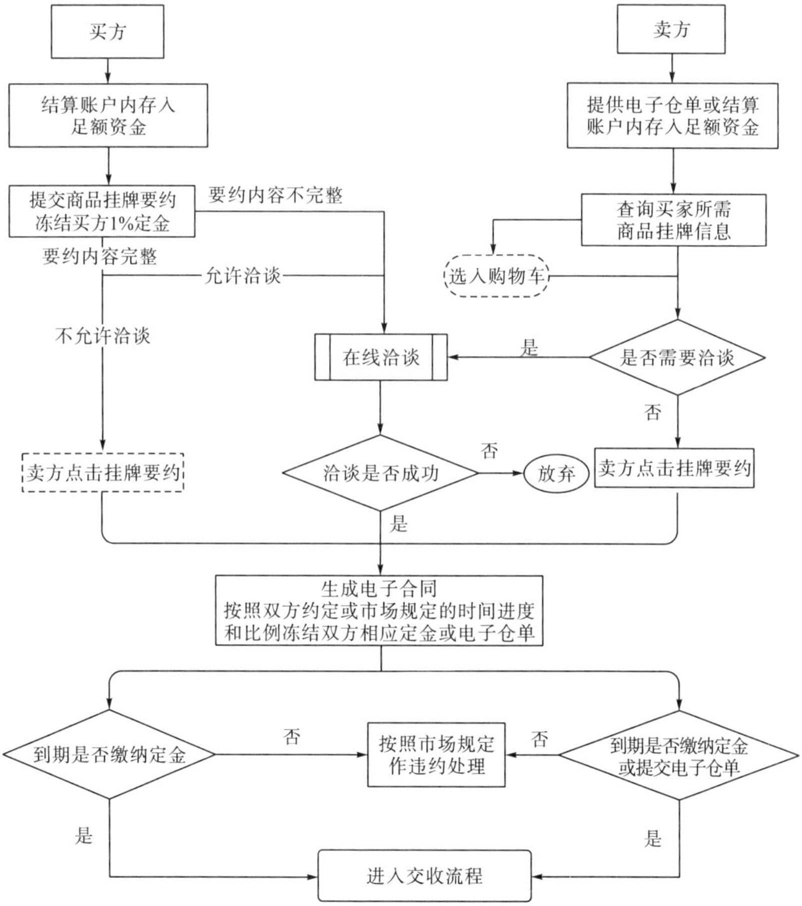

图 8.1　大宗商品电子交易标准撮合系统

资料来源：作者根据网上公开资料整理

2. 国际大宗商品交易的主要贸易商和交易所

大宗商品的交易一般具有批量大、金额大、风险大、标准化等特点，**由于上述特征导致的行业高壁垒，世界大宗商品贸易市场基本进入寡头竞争状态**。在各个主要类别的大宗商品中具有较强影响力的交易主体如表 8.1 所示。

表 8.1　各类大宗商品的主要贸易商

贸易商	托克	嘉吉	嘉能可
成立概况	1993 年，荷兰	1865 年，美国	1974 年，瑞士
主营品种	基本金属、能源	农产品	基本金属
特点	有实业作为依托，提供贸易和金融服务，全球布局。业务集中在产业链中下游，包括开采、加工、仓储、物流、融资、其他资产管理服务。在实际业务中采用高杠杆运作，债务/息税前利润保持 10 倍左右，因此被认为风险较大	业务集中在农产品收购、加工和销售。销售业务作为传统强项，结合金融手段进行风险管理，高度重视农产品研发。利用 Nistevo 的基于互联网运输执行力，在北美地区的甜味剂事业单位中削减其自身的物流成本	通过并购迅速抢占市场份额，如收购矿业巨头 Xstrata。通过提供融资及其他供应链金融服务，换取矿业生产企业稳定的产品包销权及优势价格，再利用在物流仓储方面的领先优势，借助大宗商品期货及衍生品工具盈利

资料来源：https://www.taodocs.com/p-52453745-1.html[2018-12-20]

大宗商品交易按照场所分为场内交易和场外交易。拥有大量仓库和进行大笔实物资产场外交易曾经是欧美大型国际银行的一大特点，直到 2011 年《Dodd-Frank 金融改革法案》出台，要求金融机构把场外交易的衍生品转入交易所，为了消除过度投资风险，禁止银行用自有资金参与高风险交易。欧洲也早已于 2010 年 9 月推出《泛欧金融监管改革法案》，包括把所有标准化场外衍生品纳入交易所或者电子交易平台，通过中央清算所清算。当前国际主要交易所如伦敦金属交易所（London Metal Exchange，LME）、芝加哥期货交易所（Chicago Board of Trade，CBOT）、纽约商品交易所（New York Mercantile Exchange，NYMEX）集中了世界绝大多数的大宗商品交易金额。

（二）中国大宗商品市场的发展现状

随着市场经济体制的健全和完善，中国大宗商品市场经历了一段迅速的发展。

据中国物流与采购联合会大宗商品交易市场流通分会的不完全统计，截至 2017 年底，中国大宗商品类电子交易市场多达 1969 家。在细分市场中，能源化工方面，截至 2017 年末，中国已经是世界上最大的原油进口国和第二大的原油消费国(排名仅次于美国)；金属市场上，中国的钢铁贸易仍是国内贸易占主导，而铜库存方面，中国和欧洲、美国三地鼎立、分布均衡；农产品市场上，中国是世界最大的大豆需求国，也是美国最大的出口客户。

但随着 2008 年金融危机后监管环境趋严，在相关法律法规体系有待完善的背景下，“上海钢贸业崩塌”、昆明泛亚有色金属交易所操纵市场篡改交易数据、钢材仓储领域重复质押、空单质押等信贷案件集中爆发，行业问题不断凸显，监管部门紧急介入[97]。近几年，大宗商品市场发展的脚步略微放缓，但在整顿中行业发展逐渐规范，呈现稳步增长的态势。

大宗商品领域作为国家经济发展的基础和命脉，在新的经济环境下将承担越来越重要的角色。中国作为全球最大的大宗商品需求和供给国，在供需两端都拥有庞大的市场规模，但囿于整体交易效率低、成本高、安全性低、模式粗犷，综合竞争力不强，一直是市场价格和市场规则的接受者，尚未拥有与市场体量相匹配的国际话语权和定价权[98]。

(三)大宗商品交易发展的困境

综上，从国际和国内两大角度来看，传统大宗商品交易因参与节点多、验真成本高、交易流程长，存在多个业务痛点。

1. 大宗商品中心化依赖程度过高，信用风险和系统风险高企

如前文的表 8.1 所示，在日趋激烈的国际贸易竞争中，少数几个具有基础优势的交易商开始整合大宗商品产业链，扮演其产业链管理者的角色，从而形成了交易中介的寡头垄断；在交易场所特别是场内交易中，几大国际交易所在金额和体量上垄断了绝大多数的大宗商品交易，进而使得大宗商品交易严重依赖于交易所机构和中介交易商。这种发展态势下，一方面，交易所和交易商掌握了全部的数据和信息，

极易出现内部篡改数据、操纵市场的情况，泛亚有色金属交易所诈骗案就是一个典型例子；另一方面，以商品交易所为中心进行大宗商品交易的模式下，对交易所服务器性能和安全性要求较高，一旦在交易的过程中出现意外情况导致系统故障，则相关交易会受到极大影响，流程将全部中断。

2. 大宗商品交易业务场景复杂，其金融配套服务背后市场风险频发

大宗商品往往涵盖多个主权国家，交易距离远、仓储运输量大、横跨时间长、交易工具繁多，因而违约概率高、损失金额大、汇率波动敏感，违约风险和汇率风险因素多。此外，如前文图 8.1 所示，大宗商品的交易链条长，往往涉及跨境支付、票据、征信、融资、供应链金融等多个环节，在实现金融属性的同时，金融风险也随之暴露。

以大宗商品融资为例，根据《巴塞尔协议》2004 年 6 月版本，“大宗商品融资是指对储备、存货或在交易所交易应收的商品(如原油、金属或谷物)进行的结构性短期贷款”，具有短期性、自偿性、组合性和融资成本的不确定性，关联主体多，对授信主体承债能力的依赖度较低，主要形式有仓单质押融资、保兑提单融资和信用证融资等。作为实质上的各种授信理念的综合运用，大宗商品融资存在多种风险，具体如下。

一是套现风险。在资金紧张的情况下，企业可以利用大宗商品融资方式来获得流动资金贷款，但此类贷款的利率比正常的流动资金贷款利率低一些，所以贷款资金很有可能会变相流入民间借贷或房地产市场，形成套利和重复融资，从而加大了进口融资的风险。

二是大宗商品价格下跌风险。一些银行和企业签订了未来货物物权质押合同，就是以未来的进口大宗商品的物权来质押获得贷款资金，但是在这个过程中必须有一个前提条件——大宗商品的价格必须稳定或上升，如果大宗商品价格下跌，那么将来的回款就无法覆盖信用证金额，从而形成风险。

三是货物监管方的管理能力与资质风险。银行在使用仓单质押融资或存货质押时，监管方的管理能力和资质直接影响质押物的有效性。如果监管方资质差、管理不规范，导致存储的货物出现混杂、变质或损失，或者仓储企业的员工素质不高造

成账实不符，甚或与不法分子勾结监守自盗等，必然会造成银行质权遭到损害，引发银行授信业务风险。

四是中小型贸易代理企业的信用风险。中小代理企业如果自身的风险防范措施做得不到位，或者所代理的下游大中型生产企业因为价格、财务状况等拒绝收货或提货后无力支付货款，都会造成代理企业的财务危机和信用风险。

五是转口贸易情况下的贸易背景真实性风险。转口贸易情况下，如果货物没有真正进入境内或区外(保税区区外)，接受银行融资的企业也就没有进口报关单，所以银行很难把握住贸易背景的真实性，更难以把控货权。

3. 传统大宗商品交易方式效率低，成本高

大宗商品交易环节涉及多种金融场景，造成传统的大宗商品交易方式的效率低、成本高。一方面，在登记结算和信息审核中，大宗商品交易过程中需要对买卖双方的信息进行审核，流程复杂且耗时长，如银行开具纸质信用证和通知的时间叠加后，周期达两周以上；卖方在合同制定、客户信息审核及进行产地调查等方面耗费大量时间成本；涉及国际贸易时，受时差因素影响，单据审核的时间进一步拉长[99]。另一方面，在支付结算中，因多个主权货币的参与，加上较长时间引致的汇率风险，传统的跨境支付，如 SWIFT(Society for Worldwide Interbank Financial Telecommunication，环球同业银行金融电讯协会)手续费和电报费繁杂，到账时间需跨多个工作日，详见本书场景九。

4. 交易信息不透明，易引发信任危机

前文所提贸易商等中介的产生和集中，这一特征出现的根本原因就在于大宗商品交易的信息不对称。当前大宗商品的买卖双方在交易时间和地点上差异较大、客户供应商资源和销售渠道较为垄断，交易各方的信息还不能完全透明化。这在市场中又引致了两个信任障碍：一是交易环节透明度不足；二是仓储物流环节信息不准确。在传统技术框架下，为保障交易各方权益的信息保密需求和监管机构的信息公开需求间的矛盾难以平衡[100]。

二、区块链赋能大宗商品交易

面对大宗商品交易业务的诸多痛点，在比特币被多个交易所作为大宗商品推出期货合约的同时，其背后的区块链技术也引起了相关金融机构的关注。通过去中心化、去信任化、安全性高的分布式账本数据库，区块链能以不可篡改的、公开透明的方式记录复杂的交易，同时跟踪货物运输轨迹。针对复杂的多方交易，这既可显著降低金融风险，也能增强信任、标准化和效率，因而区块链与大宗商品业务具有极高的契合度。

（一）区块链应用的可行性和适应性

金融活动的核心在于交易合约的签订和执行，对大宗商品而言尤甚，因此针对大宗商品的金融创新需要保证合约的履行和控制违约风险。区块链的可编程性和智能合约技术为其在大宗商品领域的应用提供了技术可行性。

一方面，区块链的智能合约是一种基于提前写入计算机代码的、可自动执行的合约，与传统合约相比，其最大的特点是使用计算机代码来描述合约的内容并控制执行过程。一旦达到预定条件，相关代码就会被触发并自动强制性执行。已发展到智能合约阶段的区块链技术可保证大宗商品业务流程的标准化和自动化，使得期权等衍生品合约的执行更加扁平化、更加简洁高效[101]。

另一方面，已衍生出联盟链和私人链的区块链技术具有开源的技术架构，可根据场景需要进行编程和扩展。因此区块链技术可应用于大宗商品集中式的中介机构中，不断自动完善，并完整记录大宗商品交易全过程的所有信息[102]。

（二）区块链赋能的优势

区块链的应用可在大宗商品交易体系中建立节点分散的庞大云端数据库，自动录入数据并打包成区块，共享给所有的交易参与方，且永久记录、不可篡改。由此，相较于传统的大宗商品交易设施及其业务痛点，结合区块链的新型业务流程具有多个优势。

1. 分布式记账体系可减少对中央服务器的依赖，实现去中介化

对业务高度集中、中心化依赖度极高的大宗商品交易，通过采用分布式的系统框架和点对点的网络协议，可在供需端提供直接的交易渠道，减少对交易所和中间交易商的需求，分散传统中心机构和中介机构的职能。这对打破大宗商品行业垄断，提高行业竞争力，以及新兴经济体破局争取掌握大宗商品话语权具有重要意义。在改变了以商品交易所为中心的业务模式的同时，大宗商品区块链平台的建设也有助于减少对中央服务器的依赖[103]。相对于传统交易所服务器一旦出现瘫痪或被攻击，整个交易流程就全部中断的情况，区块链任一节点出现故障，都不会影响系统的运行和信息完整性。

2. 有效提高大宗商品交易效率，降低业务成本

传统的大宗商品交易需要对买卖双方的信息进行审核，流程复杂且耗时长，而区块链平台不仅可缩短银行的开证时间，而且凭借底层技术可完全代替纸质单据，通过自动化、数字化数据匹配的方式，显著提升文件数据的处理速度和效率，贸易的效率也能得到极大提升[104]。在交易过程中，销售合同、信用证及政府许可等大量需要传统簿记工作的环节，都可利用区块链技术实现数字化处理，数据的实时匹配避免了大量重复工作，大幅节省了文档处理的时间。同时，在对交易环节的信息核验中，通过智能合约、数字签名、签署的文件和时间戳进行验证，无须大量人工的反复确认。

3. 提高信息透明度，便于监管跟踪

区块链技术的数据共同存储、信息公开透明的特点，可有效解决大宗商品交易环节的信息不对称和信用危机问题。对涉及多方的大宗商品交易而言，基于区块链技术实现的数据加密可真实保障交易各方的信息安全；同时参与各方通过密钥可实现交易信息的实时共享，任意查询所有时点的交易记录。进而，相关监管机构只需

要维护区块链系统里的一个普通的节点，就可以实时获得链上的记录，有利于及时发现异常情况，实现实时监管、智能监管。

4. 天然适合于复杂金融场景，可有效抵御市场风险

有别于其他部分场景，大宗商品的交易集中了跨境支付、登记结算、融资、票据、保险等多个业务环节，场景极为复杂。但区块链平台在上述各场景中都具有强大的应用潜力和广阔的改善空间，如跨境支付利用加密数字货币的网关、数字票据的建立、智能化保险的推出等(具体参考其他场景)，可与大宗商品共同集中在一条区块链中，降低业务难度[105]。

三、应 用 案 例

尽管区块链在大宗商品领域的商业化大规模应用尚未开始，但相关金融机构的试点已经纷纷进行，不少业务试验得到了实践的正面反馈。国际上，托克联合 Natixis 银行已经和 IBM 组织进行美国得克萨斯州原油交易，试点区块链应用；国际大型能源和大宗商品交易商 Mercuria 联合 SG、ING 进行原油交易区块链试点应用；BP 联合意大利埃尼集团、奥地利维也纳能源公司、加拿大技术公司 BTL 和安永已开展区块链天然气交易试点；俄罗斯天然气工业股份公司(Gazprom)和道达尔(Total)等能源贸易公司已试行以区块链技术为基础的交易结算技术[106]。上海煤炭交易所(以下简称上海煤交所)展开的"上链行动"亦是中国在大宗商品领域进行探索的一个代表。

❖案例一　能源交易平台 Komgo SA

由多个大型跨国银行、贸易公司和一家能源公司在瑞士成立的合资企业 Komgo SA，是为大宗商品交易提供融资的新型区块链平台。其合作机构包括荷兰银行(ABN AMRO)、荷兰国际集团(ING)、法国巴黎银行(BNP Paribas)、法国农业信贷银行集团(Credit Agricole Group)、法国兴业银行(Societe Generale)、花旗银行(Citi)、三菱 UFJ 银行(MUFG Bank)、法国外贸银行(Natixis)、荷兰合作银行(Rabobank)、

贡沃集团(Gunvor)、瑞士摩科瑞能源集团(Mercuria)、麦格理集团(Macquarie)、壳牌集团(Shell)、SGS 集团和科赫供应与交易公司(Koch Supply & trading)等[107]。

1. Komgo SA 的区块链技术开发和试验

Komgo SA 通过与在以太坊区块链基础设施和解决方案方面有相关背景的 ConsenSys 集团进行合作，到目前为止已开发了两个基于区块链的概念验证(proofs-of-concept, PoC)原型，分别是“Easy Trading Connect 1”和“Easy Trading Connect 2”，并在能源和软商品交易中对这两个产品进行了相关测试。其中，“Easy Trading Connect 1”主要负责在无须中心化数据库的情况下对 KYC 流程加以规范并促进，“Easy Trading Connect 2”则起到以数字化方式进行信用证明的作用，可允许大宗商品公司或其他平台向指定银行提交贸易数据和文件。

2. 应用的实践化和范围的扩大

作为一个由众多国际融资、交易和生产机构共同组建的平台，在成立最初，Komgo SA 平台的服务领域主要局限于能源行业，尤其是在北海原油货物贸易中得到了较多的应用，而在后期，该平台正尝试将业务范围逐渐扩大到农业和金属领域。目前，基于区块链的一家石油交易平台 Vakt 正在与 Komgo SA 进行合作。

Vakt 是由英国石油(BP)、壳牌(Shell)和 Equinox 等大型石油公司联合大型银行和贸易公司推出的一个基于区块链的能源大宗商品交易平台，其合作方还包括荷兰银行、荷兰国际集团、法国兴业银行，以及贡沃、科赫供应与交易公司和摩科瑞等，其主要作用在于利用智能合约使行业参与者从文书工作中解放出来，从而减少运营时间、提高交易效率[108]。据估算，一旦基于区块链的大宗商品交易平台全面投入运营，其可能会为交易方节省约 40%的成本。

❖案例二　农产品交易平台 Cerealia & ETC

基于区块链的大宗商品交易平台不仅服务于能源领域，在农业领域也得到了众多交易商的重视和初步的应用[109]。例如，在国际上，从事小麦、植物油和面粉等国际农产品交易的瑞士公司 Transoil 国际公司和 Solaris 大宗商品公司已经完成了 2.5

万吨黑海小麦的区块链试点交易，其在交易中利用了来自瑞士初创企业 Cerealia 的区块链农业大宗商品交易和融资平台。

Cerealia 是一个区块链的农产品交易和融资平台，以中小型贸易商和农民为目标客户，支持小麦、小米、玉米、黑小麦、燕麦、水稻、大豆等十余种农产品。其最小的可行产品于 2018 年 10 月 19 日完成，次月 12 日成功实施的黑海小麦交易正是其首个贸易试点，当前已经与 AgriCensus 公司、MPS（Mont Pelerin Society）项目银行、GAFTA（Grain and Feed Trade Association，谷物与饲料贸易协会）等多家机构达成合作。其大宗商品交易流程见图 8.2，该平台将记录合同缔结过程中的所有修订和协商记录，跟踪并加密卖方提供的货物文件，在供应商将加密数字货币发送给平台的智能合约后，自动执行交易操作。Cerealia 的智能合约可确保操作不可逆转，并可为争议和仲裁提供可靠的审计追踪。

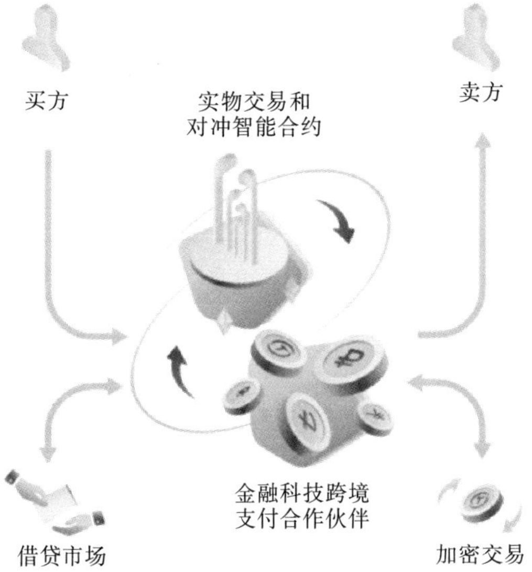

图 8.2　Cerealia 平台交易流程

资料来源：https://cerealia.ch[2018-12-24]

而在中国，区块链技术首次应用于大宗商品贸易就是在中美大豆贸易中，交易的参与方包括了法国兴业银行、荷兰银行及贸易企业［包括农业贸易公司法国路易达孚商品公司（Louis Dreyfus 公司）、山东渤海实业股份有限公司、荷兰国际集团］

组成的财团，其中买卖的双方分别是山东渤海实业股份有限公司和法国路易达孚商品公司。在操作过程中，买卖双方先对选择使用区块链技术在线下达成了相关协议，后通过使用线上的 ETC（easy trading connect，简易交易连接）区块链平台来实现合同签订、贸易资质审核、货物交割及最后的资金划转等流程，从而促使贸易的便利性和安全性得到了极大的提升[110]。其具体的实现过程如下。

首先，买卖双方通过线上的 ETC 区块链平台进行合同的登记和确认工作，买方可直接在 ETC 平台上与开证行取得联系，基于开证行的相关规定并结合合同相关内容填写信用证申请书、交纳一定数量的押金或提供一定的担保。开证行在对审核内容进行确认后，将为卖方开具信用证以记录买方银行和卖方银行达成的资金划转协议并将其送达卖方银行。此后，需要通知行对签章进行核对和确认，在确认无误后，ETC 平台会将信用证交付给卖方，卖方再对比信用证具体内容和合同相关条款，经确认无误后则进行货物装运、单据开具等工作以便交易顺利进行。

在这一过程中，交易信息不仅需要买卖双方在 ETC 平台上进行确认，还需要第三方代理商将装港代理单据、审批文件、第三方检验单据等相关单据的电子文本上传至平台。上传完毕之后，ETC 平台会自动检查单据与信用证条款的相关内容是否一致，若确认一致，交易会自动转入下一环节，由卖方进行装货运输，买方于货物运达后进行资金的划转。

❖案例三　上海煤交所区块链服务平台

除了以上跨国银行和相关企业的合作，以上海煤交所为代表的大宗商品交易所也在积极关注区块链对传统的大宗商品交易模式的变革。2018 年 12 月 14 日，上海煤交所宣布正式上线以区块链技术为核心的煤炭能源产业区块链服务平台。该平台系上海煤交所与上海祺鲲信息科技有限公司联合打造，是大宗商品领域首个以区块链、云计算、大数据、物联网等技术为依托的“区块链资产验真+供应链金融服务”的创新平台。

1. 平台设计思路

目前中国的煤炭产业链呈现“哑铃型”的格局，上游的煤炭企业和下游的大型电厂、化工厂等多为国企、央企，中游主要是数十万煤炭贸易商、物流、仓储等中小企业，呈现出“两头大、中间小”的趋势。作为中间连接纽带、融通交易链的中小企业由于融资困难，降低了行业流动性。因此，为中游企业安全引入充足的外部资金，保障产品流通性，进而稳定市场煤炭价格，成为上海煤交所“上链行动”的初衷。

上海煤交所搭建的煤炭能源产业区块链服务平台的运行思路为“3+2”：“3”指矿山、电厂、贸易商；“2”指两个独立的第三方，即上海煤交所和外部金融机构或其他服务型机构。上海煤交所区块链平台作为一个信息平台，主要进行相关数据的收集、提供和验证。区块链结合物联网、云计算将煤炭这一大型实体经济商品的所有交易数据从第三方进行采集，并同步上传，记录进区块，与合同、订单、交割信息、关键单证、结算单等进行交叉验证，以确保交易的真实性。

2. 平台业务落地与未来发展

时至 2019 年初，该平台的第一批业务已正式上线运营，该批业务由 6 笔正在实际操作中的煤炭贸易组成，通过铁路运输完成了 10.4 万多吨煤炭交易，总计实现 6262.7 万元的融资。这是中国首例基于区块链技术，摆脱主体担保和主体授信模式，根据真实交易的资产本身完成的大宗商品资产证券化交易。

据预计[①]，至 2019 年下半年，该平台的交易数据将达到 500 亿元的规模，以 10% 的转化率估算，将为煤炭行业注入约 50 亿元的外部低成本资金，具有极大的未来想象和增长空间。

上述三个案例分别从国际、国内两个维度探讨了区块链在能源和农产品大宗商品交易中的应用。多个跨国银行和机构共建的能源大宗商品交易平台 Komgo SA 已经从试点走向了应用，尽管其涵盖范围尚且有限，但应用前景极为广阔，影响较大，特别是其开发的概念验证原型对其他大宗商品交易提供了路径参考；瑞士的

① 引自上海煤交所董事长李建平接受《国际金融报》记者采访中的发言。

金融科技公司打造的农产品大宗商品交易平台 Cerealia 引入了加密货币作为代币，其首个试点已经成功；以上海煤交所为代表的大宗商品交易所也在抢先布局。中国作为大宗商品交易大国，缺失定价权，在国际竞争中处于弱势地位，因而通过占据区块链竞争的制高点，优化金融科技的顶层设计，助力人民币国际化，争取发展成为大宗商品强国，就有了重要的战略意义。

场景八

保险领域

保险行业是金融市场的重要组成部分，近年来我国保险行业在持续高速发展，然而发展过程中也存在不少问题，如产品设计阶段创新能力不足、信用体系建设阶段的数据管理能力不强、投保核保阶段的流程烦琐及信用缺失产生的一些问题，信用是保险经营管理效率的保障，而保险行业存在天生的由信息不对称所带来的“道德风险”和“逆向选择”等问题，导致各个流程都需要较大的信用维护成本。借助于公开透明、不可篡改和分布式的特征，区块链技术可以为保险行业重构信用提供全新的视角。运用区块链的“去中心化”思想，通过其自身的开放透明性获取更多客户，从而构建新的科学、公平、高效的信任体系，对保险业传统的信用基础设施加以升级，重塑包括用户信息管理、产品设计、定价、销售、理赔在内的保险业链条，结合各种不同的场景，制定不同的自动赔付合约，实现保险经营管理模式的革新。本书将结合具体案例介绍区块链技术给保险行业带来的新的挑战和机遇。

一、保险行业的发展现状及困境

保险是市场经济条件下风险管理的基本手段，也是金融体系和社会保障体系的重要组成部分。随着经济的发展，保险的种类日渐繁多，除了人寿保险、车险、财产险等，还包含为各个服务对象量身定制的特殊保险；保险的流程也日益复杂，整个流程包含产品设计、保险承保、保险理赔、市场销售等[111]。近年来，中国保险行业整体呈现快速增长，据 2018 年 1～11 月保险统计数据报告，截至 2018 年 11 月，保险行业总资产已经高达 18 万亿元(图 9.1)，较年初增长 7.51%，原保险保费收入 35419.50 亿元，同比增长 2.97%，保费增长保持稳定，市场前景广阔，险种覆盖全面。

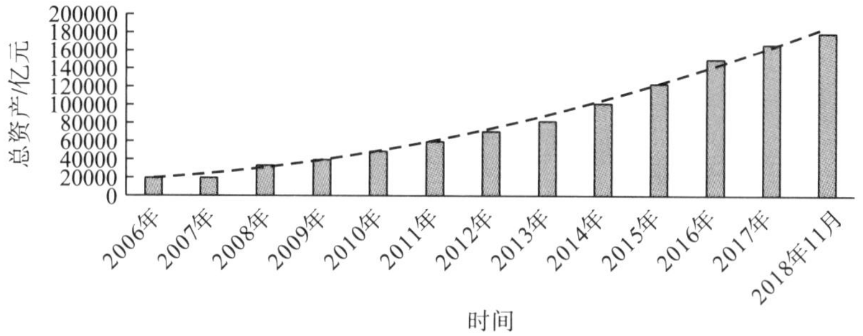

图 9.1　中国保险业总资产

资料来源：http://www.cbrc.gov.cn/chinese/newIndex.html[2019-12-12]

虽然我国保险市场增长潜力巨大，但在保险行业发展过程中及保险公司运营过程中仍存在不少难题。如图 9.2 和图 9.3 所示，传统保险业务的流程包括产品研究和开发、承保、核保、理赔，以及保险公司资本金和投资组合等，然而在每个环节都存在诸多问题有待解决[112]。

在产品开发定价阶段，大多数保险产品同质化严重，保险公司缺乏创新，保险公司需要基于自身发展和保险市场需求做出有创造性的新产品或者对现有产品进行改良、组合，以适应市场需要、提高自身竞争能力。中国有近 160 家保险公司，但鲜有保险公司能够独树一帜，多数保险公司的产品都是大同小异，如人寿保险、意外险、财产险等诸多保险业务服务内容同质化较为严重，同时这意味着多数保险公司缺乏核心竞争力，难以满足投保人日趋多元化的需求。此外，消费者的信息数据由相应的承保保险公司所有，且各个保险公司出于竞争和数据安全的考虑，一般不会共享数据，这其实在一定程度上限制了保险行业的进一步发展。

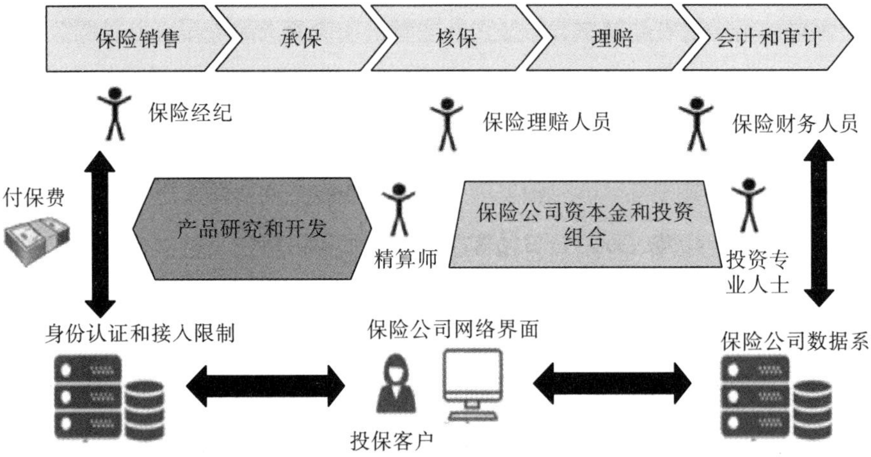

图 9.2　传统保险业务的流程

资料来源：作者根据网上公开资料整理

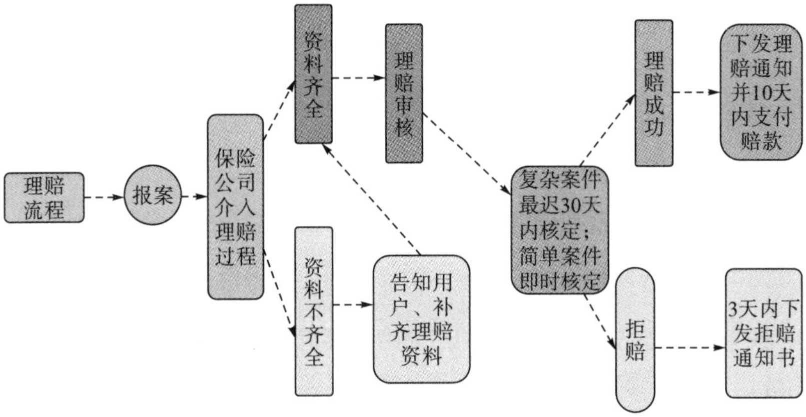

图 9.3　理赔的流程

资料来源：作者根据网上公开资料整理

在信用体系建设阶段，当前亟须加强保险信用信息体系设施建设，保证数据的安全。目前传统保险公司对客户信息的管理效率较低，客户资料泄露的事件时常会发生，客户信息的安全无法得到保障，这使保险公司的形象也大打折扣。

在投保阶段，保险公司需要竭尽所能推销产品，因此推销员需要进行广泛有效的保险宣传，让更多潜在的客户清楚认识到服务内容及产品的优势所在，从而可以最大限度地挖掘潜在客户，并且需要对投保人提供周到、优质的售后服务，树立保险公司良好形象、巩固和扩大市场份额等[113]。目前保险公司的销售渠道成本高，申请材料繁杂且新产品同质化现象比较严重，导致保险营销与销售成为各家保险公司的痛点。

在核保阶段，核保是控制保险业务质量的主要环节，其重点在于对投保人资格和投保要求进行审核、判断，然后决定是否接受投保，目前整个流程冗长，核保流程包括面晤→观察→询问→报告，需要多方面了解投保人的投保动机及被投保人的职业与经济能力、健康状况等，以降低道德风险。此外，业务员要亲笔、完整、及时地完成报告书，材料审核复杂，工作量很大，并且很多投保人的资料存在掩饰行为，这对投保审核人员是一个严峻的考验。

在理赔阶段，保险人需要处理有关保险赔偿责任的程序及工作，其重点是事故勘察与核赔，核实保险标的实际损失程度和数额，明确赔偿责任，并确定相关的赔付额及处理纠纷与疑难事件。但是整个过程效率低、风险大、耗时长，同时又有部分人存在骗保的行为有待甄别。

在监管阶段，监管者需要保证保险业符合规范，但是一方面数据统计与业务监管成本高，另一方面监管缺乏及时性。

二、区块链赋能保险行业

将区块链作为底层技术嵌入传统保险行业，运用区块链的分布式架构，以及不可篡改、公开透明的特性，升级传统信用基础设施，实现了包括用户信息管理、产品设计、销售、核保、理赔、监管在内的保险业链条的重塑，在去信任化的基础上，降低各环节的成本，提高经营管理效率，对传统保险行业实现了革新[114]。如图 9.4 所示，基于区块链的保险平台架构分为基础设施层、分布式技术层、数据层、业务合作服务层及应用层。基础设施层包括云计算平台、物联网服务器等设施；分布式技术层包括智能合约、P2P 网络等技术；数据层可分为结构化数据和半结构化数据，结构化数据的存储和排列是很有规律的，这对查询和修改等操作很有帮助，所以保单、保费、理赔等数据是以结构化数据的形式存储，半结构化数据可以灵活调整相关的信息，投保人信息、保险产品信息是以半结构化数据的形式存储；业务合作服务层主要包括信用控制、保费流程、理赔处理等流程信息[115]。基于区块链的保险平台对传统的保险服务流程的各个环节都有所改善。

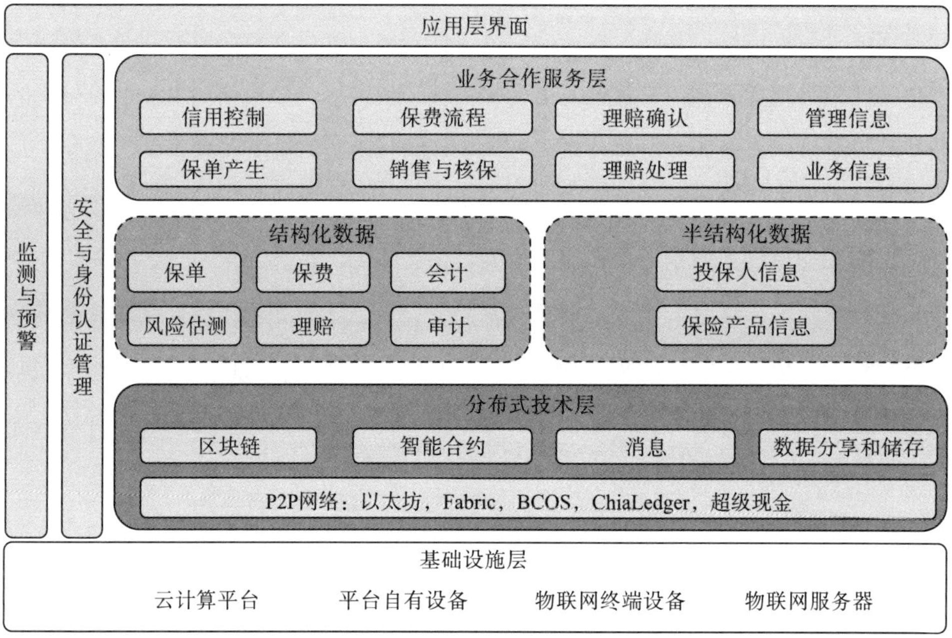

图 9.4　基于区块链的保险平台架构

资料来源：作者根据网上公开资料整理

在产品开发定价阶段，可以优化产品设计，使得产品更加多样化，符合不同受众的需求，客户的增多也有利于保险公司获取更多的数据，从而更好地设计产品。**产品设计中**，区块链技术有助于为不同潜在用户量身定制专业的保险服务，从而有助于解决各家保险公司业务同质化的问题，进而提升保险的竞争力。借助区块链技术完成场景化的产品设计，基于区块链上大量公开透明的数据，保险机构可以挖掘各类需求，认清投保人的真正需求，然后为客户制定专业的保险产品。**数据获取中，**利用区块链存储各个保险客户的信息，将客户信息与承保人独立开来，所有数据可以通过客户的公共密钥获得，实现人身险、车险、信用保险等方面的数据共享。这样既保障了数据安全，又能实现数据共享，完善数据源，从而有利于保险公司挖掘客户需求，并且可以强化风险评估，简化核保核赔工作[116]。

在信用体系建设阶段，客户数据信息相当于保险公司的血液，保险公司需要基于客户的信息数据进行风险管理与产品设计。区块链技术可以提高整个流程的透明化程度与参与程度。在传统保险行业中，用户常常会因为个人信息泄露等问题而对保险公司一些个人信息登记环节抱有戒备心理，双方无法建立信任关系。而区块链技术的非对称加密算法可以保障个人信息安全[117]；同时，用户在区块链中还能管理个人数据，只有申请获取用户的密钥才能访问客户的信息，可见这种加密算法可以对数据产权有更清晰的界定，防止投保人客户信息流失或被盗卖。同时这种共享信息的平台可以有效预防由信息不对称所造成的“道德风险”与“逆向选择”问题。

在投保阶段，一方面，区块链技术可以简化投保流程。区块链的智能合约可以自动执行从而简化投保程序，减少保险代理人的干预，缩短了处理周期，也为保险公司根据智能合约强制履行保险责任提供了保证。**另一方面，**区块链技术可以助力保险产品营销。区块链技术的安全性使得客户更加放心，保险产品更易销售，而且一旦产品成熟，可以与区块链更好结合，后期推广时更容易传播。此外，区块链还有助于建立更加多样化的小额保险产品，可以灵活调整保险产品承保范围并定价，满足各类个性化、差异化的产品需求。

在核保阶段，一方面，编入智能合约的自动核查、理赔功能大大减少了核保的工作量。由于保险欺诈是一个由来已久的问题，通常涉及巨大金额，保险公司投入大量人力、物力反复核实，而智能合约的智能执行可以降低人工成本，提高效率[118]。例如，一些特殊风险，如艺术品或其他特殊物品保险需要对保险标的进行合理评估，传统保险没有统一有效办法，并且对艺术品、宝石等特殊风险评估流程非常烦琐，难度很大，而且存在不小的误差，智能合约的执行则可以大大减小误差并减轻工作量。**另一方面，**时间戳可以保证所有信息能够追溯源头，通过链的历史信息记录，可以更容易地识别可疑行为，减少欺诈。这个减少的欺诈不仅是投保人的欺诈，也可能是保险公司的一些手段。此外，在投保过程中，区块链技术的去中介的特性可以缩短保险业务链，其公开透明的特性也将使得保险价格更加合理[119]。

在理赔阶段，传统模式下普遍存在当投保人利益受损后，保险公司推脱责任，不予赔偿的问题，而区块链技术可以提供基于智能合约的自动赔偿和电子保单存证的解决方案。追溯源头的特性可以让投保者在利益受损时快速找到提供保险服务的责任方，通过智能合约强行索赔。以物品为例，结合物联网，险企可在需投保的物品上注入保单信息，利用区块链的智能合约技术进行管理，自动检测损坏，自动启动维修流程，一旦满足赔付条件，智能合约技术将自动从承保人账户划拨理赔款给受益人，免去银行中介过程，大幅度减少结算或清算时间，降低保险公司运营成本，增加理赔透明度，切实保障客户的利益。此外，智能合约也可以预防篡改原始病例虚假理赔、保险赔偿金被冒领等行为。

在监管阶段，一方面，区块链技术可以提高监管效率。保险公司的运营流程、交易记录、资金流水等信息都会记录在区块链上，监管机构可以注册成为一个记账节点，监管机构就可以实时观察到保险公司的全部运营过程，包括交易主体、资金流向和投资构成等[120]。**另一方面，**区块链技术可以实现实时监管。注册为链上的节点以后，对任何一笔交易都可以实施追踪，及时检测风险。如果发现风险，可以根据时间戳追溯源头，查明风险源，及时解决问题。而且智能合约可以实现自动化合规处理，分布式架构有利于提升透明度、避免欺诈行为，从而实现更高效的监管。

综上所述，区块链技术与保险行业的结合有助于保险行业提升服务质量、风控能力、运营效率，降低人力成本和欺诈风险，革新自身的商业模式，形成自身独有的竞争优势，发展核心竞争力，以区块链为代表的金融科技，可能会有重塑未来信用社会的潜能[121]。

三、应 用 案 例

国际上区块链技术研发的快速进步和应用规模的迅速壮大，让区块链技术落地保险业的呼声愈发高涨，保险产品也将迎来新一轮互联网创新[122]。中国保险行业在区块链研发应用方面也在持续探索，众多保险企业纷纷利用分布式思维方式搭建高效保险平台，互相协作，力图实现保险业务环节的优化。通过搭建公有链或联盟链，各家险企可以实现客户信息在保证安全的情况下共享，进而可以优化产品，更好地管控风险，各家公司涉足区块链技术的状况可见附录 2。下文将重点介绍几个区块链在保险行业试水的案例。

❖案例一　保险新生态 InsurChain

InsurChain 是由新加坡 XLab 基金会（非营利性）发起的保险区块链平台。InsurChain 主要目标是解决传统保险行业中间费用较高这一痛点，通过把区块链当作底层技术嵌入保险行业，减少一些中间环节，降低经营管理的成本。如图 9.5 所示，基于 InsurChain 模式的保险可以节约大概 70%的成本，前景可期。

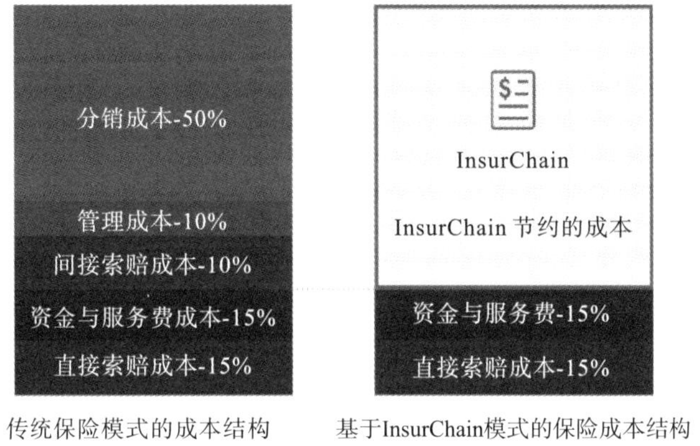

图 9.5　传统保险生态和 InsurChain 的成本结构对比

资料来源：InsurChain 白皮书[R]. 2018

如图 9.6 所示，InsurChain 架构支持自动赔偿、核查等功能。基于这些功能，InsurChain 建立如图 9.7 所示的保险方案，各参与方都可以注册为区块链上的节点，自由设计合约的内容、购买和投资相应的保险产品，智能合约可以实现自动理赔，监管方可以实时核查。

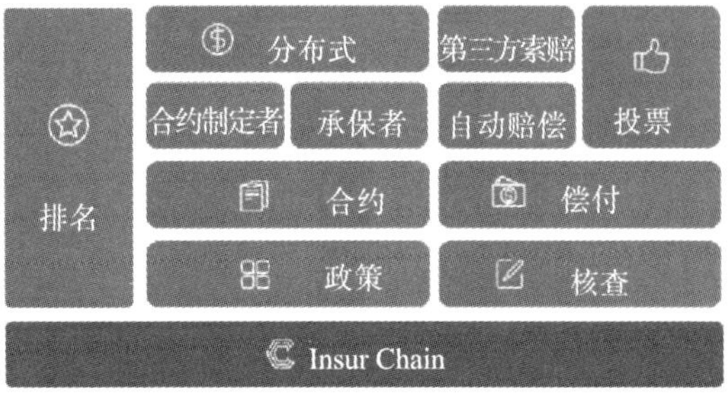

图 9.6　InsurChain 的架构

资料来源：InsurChain 白皮书[R]. 2018

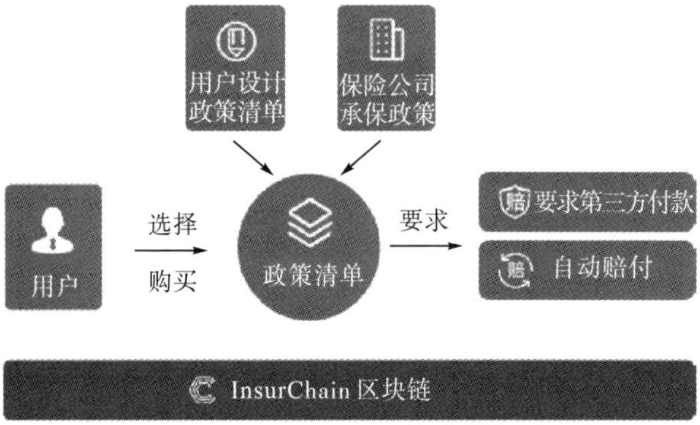

图 9.7　InsurChain 建立一种全新的保险方案

资料来源：InsurChain 白皮书[R]. 2018

传统保险的过高保费主要源自一些高风险用户的保险欺诈行为，这种高风险行为会给保险公司带来很大的损失，所以保险公司会把这一因素加入风险管理模型，设计的产品自然而然价格会提高，间接地损害了一些诚实本分的客户的利益。

InsurChain 的解决方案是引入担保人机制，投保人如果有担保人信用背书，可以降低保费，保险公司还会给担保人一定的奖励，但是，如果投保人做出了欺诈行为，给保险公司带来了损失，那么担保人也要被追究责任。以上这些内容都会被写入智能合约中，这种连带关系，会限制投保人的欺诈行为，降低保险公司所受的风险，从而降低保险赔付率，进而降低保费，担保人机制让保险回归本源[123]。

图 9.8 描述了 InsurChain 在一个车险案例中的具体应用。John 一年需要支付 1000 美元的车险，John 请求他的朋友 Mary 作为担保人，如果 Mary 愿意提供担保，John 每年可以节省 400 美元车险，每年只需要支付 600 美元，同时，Mary 对 John 的信用背书可以获得 100 美元作为奖励。不过，如果在合约期限内，John 出现了保险欺诈行为，Mary 将要被罚款 550 美元(400 美元的折扣+100 美元的奖励+50 美元的惩罚)。基于 John 不正当行为之后会影响与 Mary 的信任关系并且给双方带来损失，John 进行保险欺诈的概率会大大降低，保险公司的风险损失也会大大降低，改善了保险行业的风气。

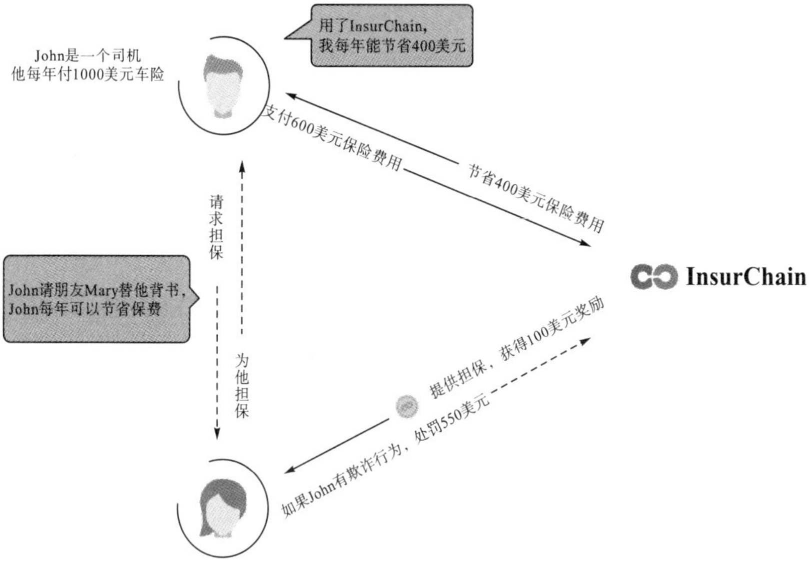

图 9.8　InsurChain 应用场景

资料来源：https://mp.weixin.qq.com/s/ChWf0cCCAB7vFXGOC5jyMg[2019-01-22]

❖案例二　理赔项目 POC

2016 年民生保险开展了区块链理赔 POC（proof of concept，概念验证）项目，如图 9.9 所示，POC 项目基于理赔理算流程及规则，模拟了基于关键假设依赖的目标理赔业务场景，验证了使用区块链智能合约和存证技术实现线上自动理赔的可能性。

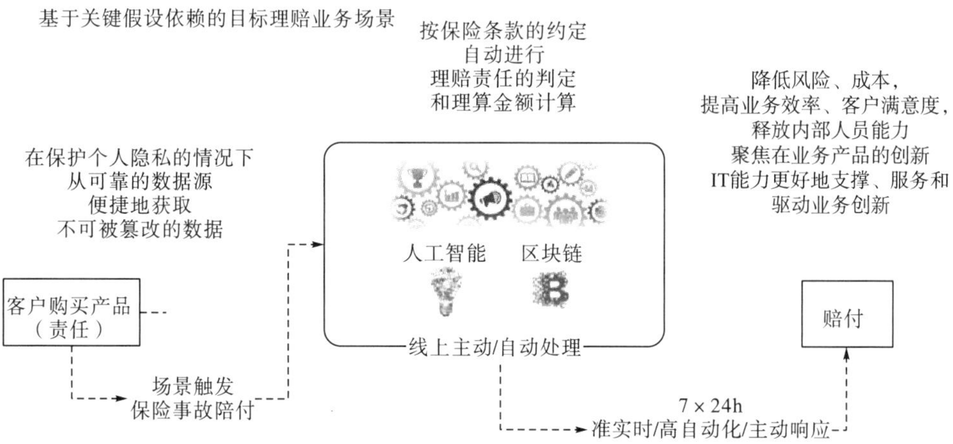

图 9.9　理赔 POC 项目的理赔场景

资料来源：https://mp.weixin.qq.com/s/uB-w6AnJeUIz4ie0wmbeWg[2019-01-22]

POC 项目主要有两个目标，第一个目标是希望客户能够清楚自己所购买的保险产品的优势，第二个目标是可以把客户的信息匿名共享，从而更有利于信息交流。

先从第一个目标说起，传统保险业的渠道主要是线下代理人，当互联网保险兴起之后，保险推销的渠道变多了，包括电话、微信公众号、QQ 等渠道进行销售，但是有一些人尤其是老年人并不能对自己购买的产品有一个清晰的认识，不能排除一些推销员夸大的成分，而且保险合同的内容很多人不会认真阅读，因此投保人本人对保险产品的认知可能并不全。如图 9.10 所示，2017 年 10 月至 2018 年 1 月，POC 项目已经研发出客户行为存证技术和分布式匿名交换技术，存证技术将互联网保险售卖过程中推销员和客户的行为数据存证上链，确保投保过程的透明和可追溯，杜绝一些推销员欺骗的现象，并且合同信息在授权后可以随时查看，还有用户对此合同的评价信息，有助于投保人分析判断[124]。

关于第二个目标，目前保险公司的保险合同保存于保险公司内部系统中，且一般情况下保险公司之间不会共享客户信息，即使共享数据也要依靠人工流程和纸质文档，环节繁多、成本高昂。POC 项目可以把与保险合同相关的所有交易数据存储在一个(或多个)区块链上。只要有客户提供的密钥就可以访问客户的数据，如图 9.11 所示，数据交换过程是匿名的，这样就可以在保证客户信息安全的情况下共享数据。

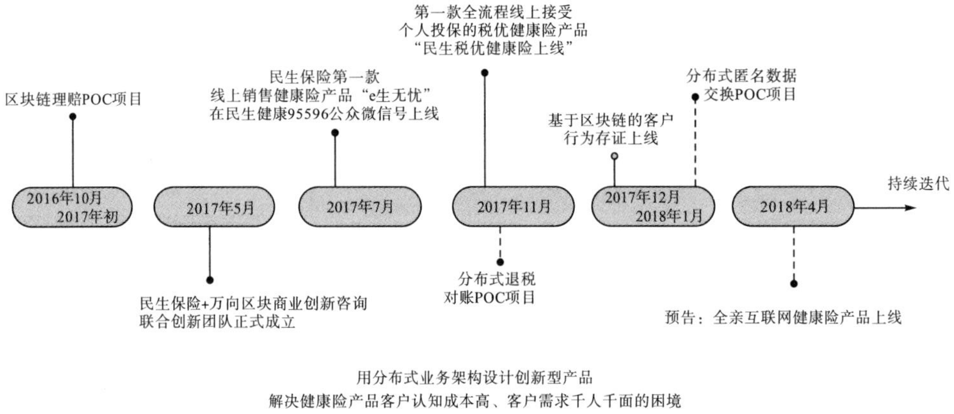

图 9.10　分布式业务架构设计创新保险产品

资料来源：https://mp.weixin.qq.com/s/uB-w6AnJeUIz4ie0wmbeWg[2019-01-22]

图 9.11　基于区块链技术的分布式匿名数据交换方案

资料来源：https://mp.weixin.qq.com/s/uB-w6AnJeUIz4ie0wmbeWg[2019-01-22]

❖案例三　区块链全球保险联盟：再保险平台

2016 年 10 月，德国安联保险集团(Allianz)、慕尼黑再保险(Munich RE)、瑞士再保险集团(Swiss Re)、荷兰全球保险集团(AEGON)及苏黎世保险集团(ZURICH)共同组建 B3i 联盟(Blockchain Insurance Industry Initiative，区块链保险联盟)。如图 9.12 所示，目前 B3i 成员已拓展到 15 家保险和再保险公司。B3i 持续在结合区块链技术与传统保险行业方面进行有益的探索，致力于提高传统保险业经营管理的效率，打造更加智能化、更加高效化的业务平台。

图 9.12　B3i 联盟

资料来源：http://www.hxtop.com/html/blockchain/201709075835.html[2019-01-22]

B3i 联盟最初探索的领域是再保险行业，再保险(reinsurance)是指保险人将其承担的保险业务部分转移给其他保险人的经营行为。传统的再保险交易中，对再保险经纪公司的依赖非常大，再保险经纪公司的职责是作为第三方收集交易双方间的文件资料，撮合交易双方达成合作协议。鉴于再保险经纪公司使得再保行业出现中介成本和运营成本高昂、信息更新不及时等痛点，B3i 希望借助区块链技术的公开透明、去中心化及实时性来解决再保险行业的痛点。基于区块链技术的再保险交易平台是去中心化的，因此可以从再保险业态中抹去再保险经纪这一环节，实现了去中介化的 P2P 交易，打破了传统再保险交易高度依赖再保险经纪的局面[125]。不仅保证了交易方之间数据文件的真实性，而且可以实时更新数据文件。

B3i 再保险平台根据 ACORD(the association for cooperative operations research and development，美国国际保险信息化标准协会)的标准，对数据结构、保险合同、再保险合同、合同实施执行、信息加密等进行了设定。以创建再保险合同为例，初级保险公司(出单人)发起再保险需求一般情况下分为以下三步。

第一步是创建再保险交易意向合同，填写基本信息。初级保险公司在创建的合同内要明确合同名称、合同的业务类别(自然灾害险、财产险等)、有效日期、合作方和再保险公司等。在合同页面中会显示初级保险公司、再保险经纪公司和再保险公司的基本信息(公司法人、公司地址、联系方式)。

第二步是完善再保险交易合同的详细信息。初级保险公司在创建完合同后，需要填写具体的合同条款，如每家再保险公司承担的责任结构比例，有限责任或是无限责任等。同时，再保险交易平台内设有标准化的费率计算模型，保险公司只需输入预计保费收入、保费的支付方式(期缴、趸缴)和支付比例，交易的费率就能自动计算。

第三步是审核合同信息。当合同信息填写完后，再保险交易平台会自动总结创建的合同信息，并让保险公司进行审阅和确认。具体的信息如保额、免赔额、再保公司名字、留存金等。信息确认无误后，保险公司可以将创建好的再保险合同发布到平台上。

上述这些信息，有些信息是可以公开的，有些信息是防止泄露的，如图 9.13 所示，为了防止数据信息的泄露，B3i 再保险交易平台将数据结构分成三层：完全私有数据、加密通信数据和主数据(公有加密的共享数据)。

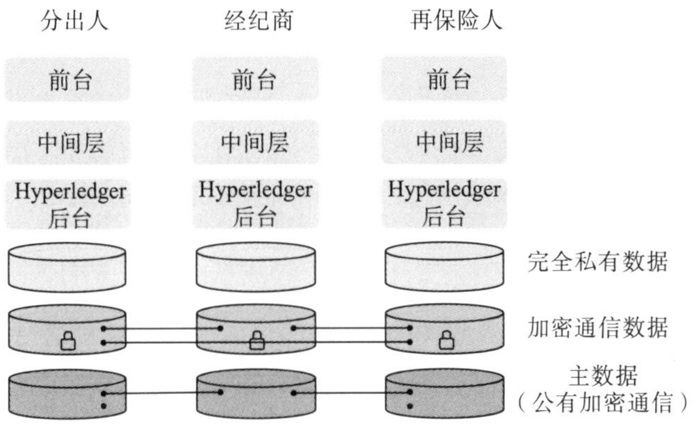

图 9.13　B3i 的数据结构层

资料来源：http://www.hxtop.com/html/blockchain/201709075835.html[2019-01-22]

最底层的数据是主数据，是公有的，在联盟链的每个内节点都可以储存备份。 在再保险交易过程中，交易各方需要相互交换主数据，这部分数据包含了如何描述合同的生命周期、合同周期，合同的不同周期应该怎样分步执行，以及在不同的步骤中，如何从一个步骤触发进入下一个步骤。同时，公司的架构、公司的信息这些结构性的数据也包含在主数据内。以分出人(初级保险公司)向再保险公司上报理赔要求为例，主数据的交换包含了这个保险合同是哪个合同、这笔交易的时间、合同号及初级保险公司是哪些保险公司等。

中间层是加密通信数据层，这部分数据是指经过加密通道的通信数据。 可能涉及具体的合约改细节、定价模型等。加密通信不仅能反复地交换信息，还能实现智能化的操作。如安联向瑞士再保险发出了理赔指令，再保险平台系统会自动识别涉及的是什么类型的合同，在这个合同中，哪些公司是参与在内的。如果合同中包括了赔付责任，平台会自动计算各方的理赔责任金额，并发送消息提示再保险公司进行赔付。

最上层的是保险公司自有的私密数据库，所有的资料信息都不与第三方共享。 包括了保险公司所有不愿意公开给第三方的数据，主要涉及的是合同架构的投入和产出，如在怎样的情况下进行支付，不同利益方间的详细合同条款等[126]。

总体而言，区块链技术能够对所有保险企业的核心竞争力起到一个推动的作用，它是整个保险行业改变商业模式的一个触发点，这种新型的模式会给保险公司、再保险公司、保险经纪人、代理人等带来增值，能有效地评价风险，对风险进行定价，创造保险市场的智能产品。

通过上述的三个案例可以发现区块链技术有效解决了传统保险行业存在的一些问题：InsurChain 引入担保机制大大减少了保险成本；POC 项目实现了客户信息共享，并且所有保险合同信息上链后可追溯，减少了一些欺诈行为；再保险平台则提高了传统保险业经营管理的效率，保证了保险信息的安全性。区块链技术与保险行业的研究探索还在持续，但是目前来看，区块链技术没有颠覆传统保险行业，区块链技术和保险行业的结合仍存在一些瓶颈，首先代币机制和保险行业难以契合，以法国的安盛保险（AXA）推出的基于以太坊公有区块链的飞机延误保险产品 Fizzy 为例。当飞机延误时，安盛保险公司代表 Jean-Baptiste Mounier 表明公司拟使用以太币作为理赔支付。但是在数字货币价值不确定的时代，很多客户并不愿意接受以太币作为赔偿，所以具体实行起来仍有一定的难度。同时，不同保险业务的多样性无法用统一的代币实现，这在一定程度上违背了区块链保险的去中心化理念。其次，目前区块链技术并未完全成熟，存在隐私安全方面存在不足、处理高频交易会出现性能瓶颈等问题，这些问题限制了区块链技术在保险行业的大规模应用。最后，目前没有关于区块链保险的法律法规，区块链与保险行业的结合的合法合规性仍需要进一步探索。

场景九

跨境支付

支付是金融系统的动脉，在不同主体的金融交换和货币债权转移过程中，成为“一切商业行为的入口，数据和流量的中心”[127]。事实上，支付体系的构建与维护伴随着银行的诞生与发展，已成为现代经济中各国中央银行的基本职责之一。而近年来大量涌现的数字货币，颠覆了支付清算和信用创造的方式，各国央行和金融机构开始积极探索数字货币背后的区块链技术在货币发行和支付结算等金融场景中的应用。现代支付的本质就在于支付信息的传输与账户余额的变化，作为货币的一项重要职能，其与区块链的深入结合将真正活化加密数字货币的应用场景。与传统支付体系相比，区块链支付使交易双方直接进行数据交互，实现点对点支付，不涉及中介机构，在极大地降低中心化支付方式的系统性风险的同时，还具备成本和效率优势。同时，在全球化的趋势和布局中，支付亦是国际贸易的核心环节和结算的关键节点。因此，本章将结合后文关于数字货币发展沿革与现状的梳理，重点就跨境支付这一落脚点，探究区块链对传统中心化支付体系的挑战与颠覆。

一、跨境支付系统的发展现状与困境

支付清算作为金融市场最重要的基础设施，当前呈现着分层式和中心化的突出特征，特别是在跨境支付的迅速发展中，不断增强的市场需求与传统模式成本高、效率低之间的矛盾愈发突出。

(一)支付体系的演变轨迹

支付体系承担着货币流通职能的实现，随着16世纪金匠银行的出现，市场流通中贵金属货币逐渐为银行券所代替，银行使用账簿记录客户的资金变化；伴随着经济活动的发展，行内交易不再能满足支付交易的扩大需求，央行开始发行纸币，使用集中式的账簿处理跨行交易[128]。事实上，**货币形态和支付方式相互依存**，支付方式随着货币形态的演变轨迹而发展。如图10.1所示，与货币的演变趋势相对应，随着社会经济的发展和科技的进步，支付体系经历了牛羊铁等实物支付，金银等金属货币支付，现金、票据等信用货币支付到银行卡支付、移动支付等电子货币阶段。

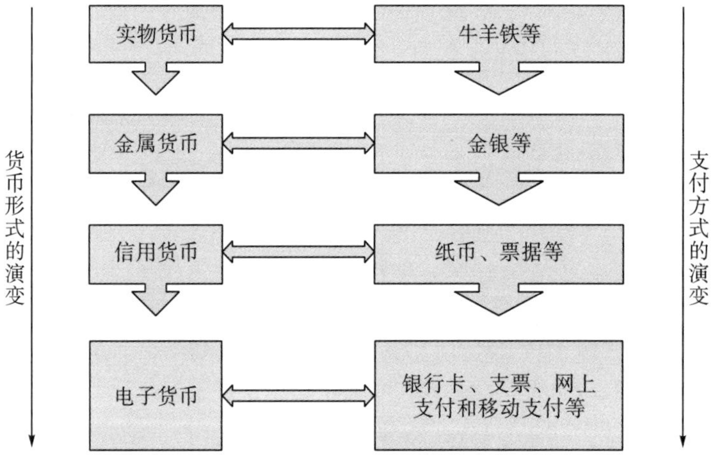

图10.1　货币形式与支付方式的演变

当前，中国的支付体系正处于信用货币支付(现金、纸质票据等)、银行卡支付和移动支付并存的状态。尽管电子化记账方式和移动支付正快速普及，但与纸币等传统支付方式一致，当前的支付体系仍保持着**分层式和中心化的特征**。在现代支付体系中，客户、银行和中央银行构成了三级体系，下级节点在上级节点开户，上级节点维护下级节点的账簿。

金融作为经济的血液，“支付就是金融的血管”，支付体系是一国金融系统的核心基础设施，关系到一国金融业的效率与稳定。而传统的支付体系依靠中心化方案实现价值转移，依托清算中心进行银行间的数据交互，通过中心化机构的背书来解决信用问题，因此受多中心、多环节的制约，对账、清算、结算的成本较高；同时涉及大量的重复性人工流程，一方面效率低，另一方面操作风险和道德风险高企。

(二)跨境支付行业的发展现状

互联网技术正加速将世界紧密连接成一个整体，伴随着经济全球化和互联网金融的“东风”，跨境贸易、旅游、教育等内容成为新经济时代全球化的主题[129]。跨境支付，指两个或两个以上的国家或地区之间因国际贸易、国际投资及其他经济活动所发生的国际债权债务借助一定的结算工具和支付系统实现资金跨国和跨地区转移的行为。从支付场景上，可分为跨境汇款、跨境线上消费和跨境线下消费；根据支付主体，可分为个人支付和银行间支付；基于支付渠道，可划分为银行账户间支付、第三方账户间支付、现金对现金支付等[130]。根据麦肯锡发布的 2018 年全球支付报告，2017 年全球支付总收入已达 1.9 万亿美元，其中跨境支付为 2063 亿美元。近年来，随着跨境电商的蓬勃发展、“一带一路”倡议的实施和人民币国际化的稳步推进，中国在全球跨境支付市场中仅次于美国和欧元区，位列第三，在这一过程中，人民币已成为中国第二大跨境支付货币、第五大全球支付货币。

从企业角度看，在国家推出多项政策扶持跨境贸易的背景下，2017 年中国货物进出口总额高达 27.79 万亿元，对比图 10.2，环比增长率达 14.21%；其中，跨境电商交易额达到 8.06 万亿元。从消费者个人层面看，中国当前跨境网购、务工、留学、旅游等愈加旺盛，年度个人跨境汇款的规模达到 150 亿美元。因此，**不论是 B2B 市场还是 B2C 市场，全球特别是中国对于跨境支付服务的需求都在大幅增加。**[131]

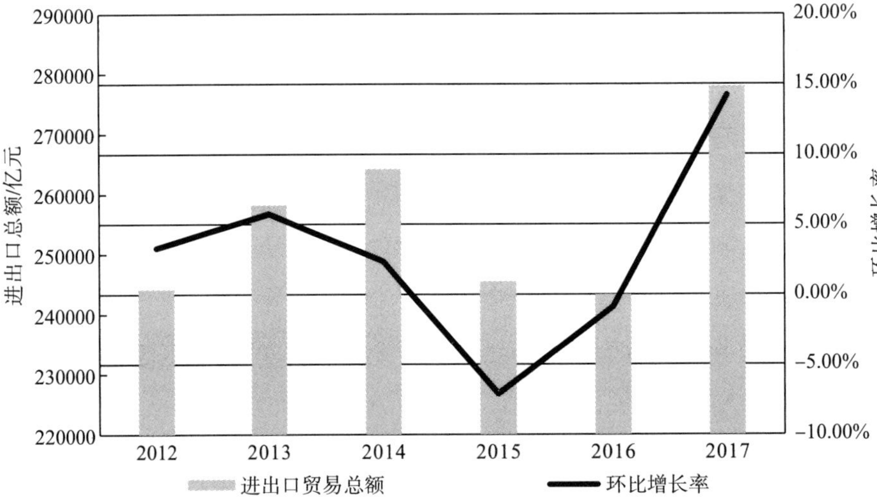

图 10.2　2012～2017 年中国跨境贸易进出口总额

资料来源：国家统计局

当前，跨境支付的“枝干愈加丰满，但主干日益老朽”[132]。随着互联网信息技术的发展，跨境支付的便捷程度、安全性和用户操作体验等均在不断提升，支付公司种类丰富，从银联等国际清算公司到收单机构、电商、第三方支付平台等衍生服务公司，层次清晰；同时，电子化程度提高，线下 ATM（the automated teller machine，自动提款机）、POS（the point of sale，销售终端）及线上网站、App 大量涌现。但是，相对于境内百花齐放的支付手段，跨境支付的创新脚步较为缓慢，其核心网络没有本质变化，以 SWIFT 系统为代表的汇款方式在其高额手续费、查询便捷度和耗时上均无显著提高。

究其原因，首先，跨境支付缺少强信任的中央主体，因而当前主要借助通用协议（如 SWIFT 协议）或第三方机构以备付金的方式建立资金池解决跨国的信任问题，但前者的信任传递成本高昂，后者又与现有银行账户体系结合度较低、风险较大。其次，跨境支付往往涉及多个主权货币，面对实时变动的汇率，系统信息更新效率的诉求较高。此外，由于跨境支付的复杂性和敏感性，监管机构高度关注，监管合规要求高。

随着跨境贸易活动的发展和跨国消费活动的增多，跨境支付正扮演着越来越重要的角色。面对不断增加的跨境支付需求与跨境支付创新不强、成本高、效率低的矛盾，如何通过金融科技促生跨境支付新业态，便成为一个重要的课题。中国人民银行上海总部课题组研究指出[133]，区块链技术在支付清算领域，除了可以改造现有的央行支付系统①，还可以通过跨境支付、数字票据和智能支付创新支付产品；其中，在跨币种、跨国界、多种经济合约下，成本高且时间效率低的跨境支付是支付清算系统中应用区块链技术的首选。因此，结合当前实践应用趋势和赋能空间，在本书整体框架安排下，这里将重点研究区块链技术在跨境支付上的应用落地。

(三)传统跨境支付系统

跨境支付往往横跨多个货币主体、覆盖多种经济活动，其支付模式也呈现多样化，但在中心化体系的窠臼下都需要通过金融中介建立信用，资金成本高、运转效率低，且业务链条长，流程烦琐，存在大量风险因素。

1. 跨境支付市场的四大模式

在国际跨境贸易支付方式中，传统模式多采用汇付、托收和信用证等直接支付方式，即经济活动当事人双方直接通过银行发生关系。随着经济活动形式的增多和金融科技的快速发展，跨境支付市场的支付模式也越来越多样化。从市场份额来看，中国当前的跨境支付市场主要由银行电汇、专业汇款公司、国际信用卡组织和第三方支付公司主导，分别对应四种支付模式，见表 10.1。

表 10.1　跨境支付市场四大支付模式对比

模式	银行电汇	专业汇款公司	国际信用卡组织	第三方支付
主要场景	跨国银行间往来	国际汇款业务	线上海淘交易	B2C 小额跨境支付或定制企业方案
支付方式	一般使用 SWIFT 通道	与银行、邮局等合作设立代理点	国际信用卡结算系统	与境内外银行合作
传输渠道	网络、柜面	网点柜面	网络	网络
盈利模式	手续费+电汇费+中转费：定额+百分比	分级收取	手续费：欧洲 1%～2%；亚太 1.8%～2.5%；中国 2.8%～3%	分级收取，最低档手续费为 1%～1.5%

① 主要包括大额支付系统、小额支付系统、网上支付跨行清算系统、全国支票影像交换系统和境内外币支付系统。

续表

模式	银行电汇	专业汇款公司	国际信用卡组织	第三方支付
到账时间	较慢，2～3 个工作日	较快，10～15min	2 天	3～5 天
适用范围	大额汇款与支付	中小规模	小额支付	小额支付
交易时间	工作日	工作日	7×24h	7×24h

资料来源：作者整理

以上述四大支付模式为代表的传统的跨境支付体系中，金融市场的交易当事人双方需要通过大量中心化的信用中介来建立有效的信用机制。其中，银行电汇历史最久、应用最广，是传统进出口贸易跨境支付方式，一般银行都提供电汇业务。目前，中国以电汇为主的大部分跨境支付都通过 SWIFT 来完成交易，实现数据传输、发送报文，指示其向收款人解付约定金额来进行跨境汇款结算。SWIFT 作为重要的国际银行同业间的国际合作组织，事实上发挥着信用中介和信息中介机构的作用，其在世界范围内拥有超过 4000 个会员银行，同时赋予每家会员以唯一的 SWIFT Code（银行国际代码）作为银行间电汇或汇款的银行代号。中国包括央行、中国进出口银行等政策性银行、19 家全国性商业银行、79 家城市商业银行和 55 家外资银行现都已拥有自己的 SWIFT Code。

而作为主流的传统跨境汇款方式，基于 SWIFT 通道的银行电汇存在着诸多问题，在其重复性的人工业务流程中，资金往来成本高，系统运转效率低。电汇的汇款周期一般为 3～5 个工作日，到账时间长，且收费较高，除一般的手续费外，SWIFT 还会通过其系统进行的电文交换收取较高的电讯费，见表 10.2。此外，“汇转钞”费用①、中介费、备用金等都增加了电汇的支付成本。

表 10.2　部分银行电汇业务收费情况统计

银行	手续费费率（按汇率金额计）/%	手续费最低-最高限额/元	电报费/（元/笔）	到账时间/工作日
中国银行	0.10	50～260	150	2～3
中国建设银行	0.10	20～300	80	3～5
中国工商银行	0.10	50～260	150	2～3

① 使用人民币现钞或美元等外币现钞办理汇款业务时，需要按当日汇率缴纳钞汇差价费用，即汇款本金×当日现钞卖出价/当日现汇买入价−汇款本金。

续表

银行	手续费费率(按汇率金额计)/%	手续费最低-最高限额/元	电报费/(元/笔)	到账时间/工作日
中国农业银行	0.10	20～200	80	3～5
交通银行	0.10	50～150	150	3～5
中国民生银行	0.10	50～00	125	3～5
中国邮政储蓄银行	0.08	20～200	70	1～2
中信银行	0.10	20～250	100	3～4
招商银行	0.10	100～1000	150	2～3

资料来源：作者整理

2. 跨境支付流程的四大阶段

进一步探究传统跨境支付的业务流程，可分为支付发起、资金转移、资金交付、交付之后四个阶段，具体可见图 10.3[134]。传统跨境支付体系流程烦琐，且各个阶段的流程都存在相应的痛点。

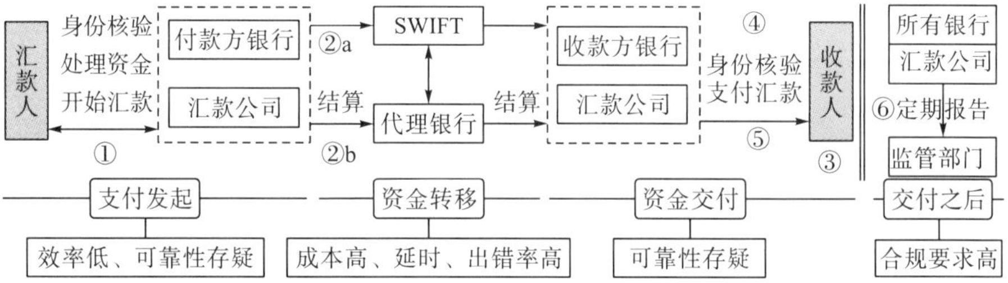

图 10.3　传统跨境支付流程示意图

资料来源：许嘉扬. 基于区块链技术的跨境支付系统创新研究[J]. 金融教育研究, 2017, 30(6): 9-14, 25

(1) 支付发起阶段

对应于图 10.3 中的①，本阶段主要涉及汇款人和付款银行两大主体。首先，汇款人通过银行等向另外一个国家或地区的收款人发起转账汇款，在这一过程中，付款方银行或公司进行身份核验、KYC 和反洗钱(anti-money laundering，AML)核查后，收集资金并收取相应的手续费，之后进行再确认并开始处理汇款业务。

在支付发起阶段，对汇款人和收款人的信息收集和审核都需要经过重复性的人工业务流程进行，效率低，操作风险较高；同时，由于是远距离跨境业务，汇款银行或公司对客户身份信息和相关文件控制力有限，信息不对称严重，身份核验环节的可靠性存疑，信用风险较高。

⑵资金转移阶段

对应于图 10.3 中的②，本阶段主要涉及付款银行、SWIFT 或代理银行和收款银行三大主体。银行电汇通过 SWIFT 通道直接进行汇款；而非 SWIFT 成员的付款方银行或其他支付模式下需要通过当地代理银行进行汇款。

在资金转移阶段，资金流和信息流经过多个机构，人工模式下出错率高、效率低；同时，往来账户中的备用金提高了银行的机会成本和对冲成本；最重要的是，不论是 SWIFT 还是代理银行，其业务成本都较高，根据麦肯锡发布的 2016 年全球支付报告，通过代理银行模式完成一笔跨境支付的平均成本在 25～35 美元之间。

⑶资金交付阶段

对应于图 10.3 中的③④⑤，本阶段主要涉及收款银行和收款人两大主体。收款方银行或汇款公司向收款人发出通知后，履行 KYC 和 AML 相关流程，再以当地货币形式支付收款人相应款项。

在资金交付阶段，类似于支付发起，人工流程多，效率低，且身份核验环节的可靠性存疑，此外，部分汇款公司(如西联汇款)还要求取款必须本人亲自到场，手续较为烦琐，核验成本较高。

⑷交付之后阶段

对应于图 10.3 中的⑥，本阶段主要涉及银行和监管机构等主体。为便于交易追溯和责任追查，应当地监管机构和相关法律法规的要求，当事银行和汇款公司需定期向有关部门报送收付款人身份、汇款金额、币种和时间戳等业务信息。

在支付之后阶段，对银行和汇款公司而言，由于涉及机构多，数据来源和渠道复杂多样，且监管合规要求较高，在报送信息时往往需要较高的技术功能和复杂业务流程的支持，工作量和成本管控压力大；同时，监管机构是事后审核，依赖于文件信息，监管效率不高。

3. 传统跨境支付系统的弊端和痛点

整体来看，对应于跨境支付需求的快速增长，传统跨境支付体系的弊端和行业痛点限制了其金融功能的进一步发挥。

一是效率低，程序烦琐，到账周期长。如上所述，在跨境支付业务流程中，支付发起和资金交付阶段的信息收集和身份检验都需要大量重复性人工操作，而资金转移又需要 SWIFT 或代理银行等中介机构进行逐笔验证；加上以银行为主要渠道[①]的支付方式涉及开户行、央行、购汇机构、境外银行等多个中间机构，账务系统彼此独立，对账和清算业务复杂，存在操作风险和汇率风险高、耗时长、效率低等问题。以银行电汇为例，每笔跨境汇款业务平均需要 3～5 个工作日，与境内支付系统实时到账相比，周期长，时间成本高。

二是业务成本高企，费用高昂。对于银行和转账机构而言，多个环节和机构系统的对接、大量的人工审核成本，使得成本控制难度大；相应地，对汇款人而言，手续费、中介费、备用金及汇率损失等各类支付成本累积，汇款费用较为高昂。正如前面提到的麦肯锡报告指出的经由代理银行模式的跨境支付成本平均在 25～35 美元，与基于自动交换中心(Automatic Clearing House，ACH)的境内结算对比，其成本高出 10 倍不止。再以电汇为例，如招商银行的手续费率为 0.1%，最高可收取 1000 元，加上 150 元/笔的电报费和中介费、“汇转钞”差额等，高昂的费用极大地限制了小额跨境支付业务的展开。

三是安全性低，风险因素多。首先，传统的集中式、中心化支付方式中，收付款人与各个中介机构发生关系，任意一端出现问题都会影响整个支付流程；同时，鉴于身份验证等流程的需要，中介代理机构累积了大量的交易数据和账户信息，包括交易记录、认证信息、客户身份信息等，易被黑客和不法分子攻击，存在信息泄露风险。其次，一笔支付涉及的大量机构、多个环节和人工操作，使得出错率高，进而拒绝率较高。再次，中介机构之间存在差异性，加之远程活动中的信息不对称较为严重，其对客户信息和文件真实性把控力有限，客户与中介机构间的信任机制不健全。最后，实时变化的汇率，导致交易中汇率损失概率较高。综上，传统跨境支付体系中操作风险、信用风险、系统性风险和市场风险频发，安全性较低。

四是资金占用多，影响银行资源配置和流动性。银行作为跨境支付的主要渠道，

---

① 根据麦肯锡发布的 2016 年全球支付报告，全球 92%的跨境支付是 B2B 支付，而 B2B 支付中有 90%是通过银行进行的。

各参与方和机构都需要设立账户或账务系统，以便交易的记录、清算和对账。而传统跨境支付体系效率低，业务周期长，因而在途资金占用量较大。对此，一方面，客户需在代理银行分别开立相应的保证金账户，占用了客户资金；另一方面，银行间支付需在“往来账户间”保有多种主权货币，大量的留存资金增大了银行的机会成本和对冲成本。同时，中间机构和业务环节的复杂性、多样性，资金流动的不确定性和匿名性，也加大了监管难度。

二、区块链赋能跨境支付

不断增长的跨境支付需求和传统跨境支付业务发展困境之间的矛盾，共同形成了以金融科技创新跨境支付的**内在动力**。而基于数学算法、通过技术背书而非中心化信用机构建立信用的区块链技术，可直接针对交易设计规则，具备改变金融基础架构的能力，为跨境支付应用提供了**外在条件**。区块链去中心化的分布式结构、不可篡改的时间戳、安全的信任机制和灵活的可编程性，为解决传统跨境支付网络中的诸多痛点提出了创新性的解决方案。

(一) 区块链应用的可行性与机制设计

跨境支付与区块链的结合点在于加密数字货币，因而从业界的应用实践来看，当前区块链跨境支付的设计思路主要集中在以数字货币代替传统金融中介，进而建立起信用机制和运行机制。

1. 区块链跨境支付的设计思路

从当前应用落地的整体趋势看，区块链跨境支付的基本原理在于删除了中间银行的角色，以数字货币为中介，在付款端汇款人将当地法币转换为代币或数字资产，然后在收款端将之转换为收款人所在地的法币，进而完成跨境支付。

结合区块链的金融交易流程，如图 10.4 所示，收付款客户在签订相关交易合同的基础上，分别在同一区块链网络中开立账户。

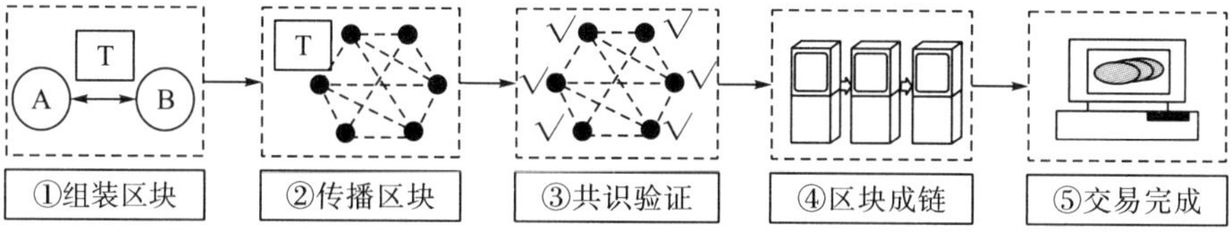

图 10.4　区块链的一般金融交易流程

资料来源：许嘉扬. 基于区块链技术的跨境支付系统创新研究[J]. 金融教育研究, 2017, 30(6): 9-14, 25

1）汇款人 A 首先购买代币或数字货币，签约并使用汇款区块链，将金额、币种、收款人身份等信息写入组装成一个“区块”。

2）区块通过密钥签名方式传递到链条中，形成一条汇款主链，借助 P2P 网络传播，发送给所有交易节点上的参与者。

3）所有节点的成员对汇款有效性进行共识验证，通过一致性验证确认后，验证结果再次通过 P2P 网络传播到每个节点。

4）经过核准的“区块”按时间戳顺序连接到原区块链末端，进行记账，生成可靠透明的交易记录。

5）收款人 B 通过数字签名验证身份，再用公钥解密，读取 A 的主链信息，获取数字货币，再兑换为当地法币，资金转移完成。

2. 区块链跨境支付的核心机制

在以上设计中，为实现不同币种之间的汇率转换和数字资产与现实法币之间的资金流动，其核心机制包括两大角色和四大功能模块，构成如图 10.5 所示的区块链跨境支付体系架构。

在图 10.5 所示的架构中，客户和网关是跨境支付系统中的两大角色。前者作为跨境支付的相关方参与交易；后者则利用区块链网络，将传统金融机构、外汇做市商、流动性提供商等加入支付网络，实现链上数字资产与现实法定货币的相互转化。这里，网关的引入解决了非熟人之间转账汇款的信任问题。网关一般由具有公信力的主体来担任，与客户形成债权债务关系，如 A 向 B 汇款时，网关与

A 客户生成债务，与 B 客户相应生成债权，这种债权债务关系以点对点的方式存储在若干服务器中。

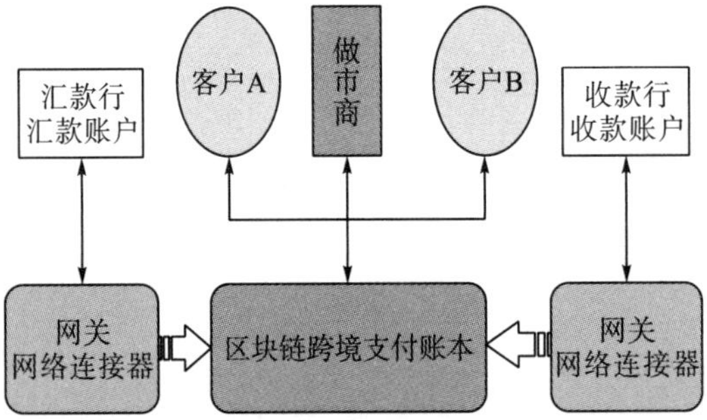

图 10.5　区块链跨境支付体系架构

同时，四个功能模块共同支撑了跨境支付系统的业务功能。其中，网络连接器作为网关接入区块链支付网络的工具，连接收款行和汇款行，为交易双方提供信息交换、确认和账本结算、通知等服务，极大地简化了传统跨境支付的流程；区块链跨境支付账本为做市商、客户和银行提供接入节点；做市商提供汇率信息给账本；交易客户端则为客户使用区块链支付网络提供了平台。

除了两大角色和四个功能模块，基于共识的加密数字货币的选择和设置也是区块链跨境支付的一个核心机制。数字货币种类的选择、发行额度的控制、底层协议和算法的设计，关乎支付网络的正常运行和支付场景的优化。

（二）区块链的优势：面向业务痛点

互联网在被普遍认可为金融实现收入“开源”的同时，区块链有望为金融业大幅降低成本并提升效率，具备显著的“节流”效应[135]。应用在跨境支付领域，区块链技术可创造大量的潜在效益。

一是有效提高支付效率，避免赫斯塔特风险。首先，区块链打造的点对点支付方式，无须第三方介入，收付款人之间直接进行交易，省去大量的中间环节；其次，区块链技术的可追溯性和公开透明的特征，避开了信息收集、身份验证等冗余环节，去除了不同中介之间清算、对账的时间成本；再次，传统的人工介入操作大幅减少，可实现 7×24h 全天候实时连续支付到账，便捷、高效；最后，引入加密数字货币，可有效规避因涉及不同的主权货币而存在的银行即期外汇交易业务的第三方风险，即赫斯塔特风险。相比于传统电汇 3～5 天的周期，区块链支付时间可达到分级乃至秒级[136]，显著降低了交易时间拉长引致的清算风险，提高了跨境支付的竞争力。

二是大幅降低支付成本，有望实现小额跨境支付。区块链去中心化的分布式账簿，免除了代理银行和 SWIFT 等的中转环节，交易者直接发生联系，缩短了交易环节，避免了重复性的授信、核验带来的额外成本，各项中介费和手续费减少，交易成本大大降低。除了银行的业务成本，客户的汇款费用也大幅减少，使得“小额跨境支付”成为可能，有利于普惠金融的推广。根据麦肯锡测算数据，区块链技术在全球 B2B 跨境支付领域中的应用可使每笔交易平均成本从 26 美元降低至 15 美元，减少约 42%的交易成本；其中减少的 11 美元里，有 8 美元是中转银行的支付网络维护费用，3 美元是外汇汇兑、合规和差错调查等其他运营成本。[137]

三是显著增强支付安全性，优化风险管理。相对于传统中心化支付体系中由一系列访问控制机制和审查制度组合而成的安全架构，区块链的分布式架构很好地防御了单点故障，单一节点被攻击或损害都不会引致整个系统的瘫痪，系统的容错性和业务连续性更强。同时，开放的区块链支付网络中，数据公开透明、不可篡改，其每一步调用、修改和开发信息都可实时追溯，系统稳定性和可靠性提高。

四是降低了监管难度，有助于实现智能监管。区块链技术利用其数据库存储的客户电子档案进行客户身份识别、核验，从而完成 KYC 环节，为监管合规提供了新的解决方法和思路。数据的可追溯性和公开性，又可对链上的交易进行监管，借助智能合约还有望实现智能监管，可提供更高强度的反洗钱监管。

(三) 区块链的应用：改造传统支付流程

基于现有“区块链+跨境支付”的设计框架，在支付准备、共识校验和记账支付三大阶段过程中，实现了跨境支付业务的增值。同时，以智能合约代替纸质信用证、汇款单据等纸质文件数字化、交易全过程创建所有权记录——跨境支付业务的智能化创新推动了对传统支付流程的改造。

1. 支付发起阶段

面向该阶段的汇款人和付款银行两大主体，区块链以电子档案存储的个人数字信息，实现 KYC 和身份验证，可建立汇款人与银行或汇款公司之间的信任；通过可编程的智能合约，建立网关，可明确、规定并记录交易各当事人之间的权利义务关系；通过网络连接器和做市商实现资金流动，完成货币的兑换转移。

2. 资金转移阶段

该阶段原本涉及付款银行、SWIFT 或代理银行和收款银行等多个机构，而区块链技术通过分布式账本实现点对点交易，大量减少了交易环节和人工处理流程，有利于防范操作风险、降低中间费用、改善成本结构；同时，最快可至秒级的 7×24h 实时到账，减少了资金的占用；此外，在智能合约中写入预设条件，可及时接收 AML 预警和提示，进行实时监控。

3. 资金交付阶段

在该阶段的收款银行和收款人之间，智能合约和电子钱包可实现高效、可靠的身份验证，减少在执行 KYC/AML 中的额外核验成本，简化收款手续。

4. 交付之后阶段

应各国金融监管法规的要求，区块链支付网络中的交易信息、资金转移记录和客户身份信息等公开、可靠、可追溯，便于向监管机构整理上报，银行工作量大幅减少。

三、应 用 案 例

面对区块链赋能的巨大优势，Ripple、Circle、Chain、以太坊、IBM、Microsoft

等科技公司已率先利用区块链技术发展跨境支付和结算，并初步实现应用；同时，传统金融机构也开始探索运用区块链技术解决跨境支付中的痛点问题，如 Visa(维萨，美国的一个国际信用卡组织)的欧洲创新实验室、SWIFT 基于 Hyperledger(一个由 Linux 基金会主导发起的旨在推动区块链跨行业应用的开源项目)技术的概念验证等。

❖案例一　全球分布式跨境支付体系 Ripple

Ripple 发源于旧金山，前身是一家名为 Ripple Labs 的新型金融公司。2012 年杰德・麦克莱伯(Jed McCaleb)和克里斯・拉森(Chris Larsen)接手该公司后[138]，其主导的 Ripple 项目正是我们今天所熟知的案例。作为世界首个开放的支付网络[139]，Ripple 对区块链技术在跨境支付和全球清算结算体系中的应用探索，影响最为深远，实践也最为成功，极大挑战了传统的 SWIFT 模式，被全球多家投资公司和战略投资者看好。

Ripple 的理念是打造 SWIFT2.0，针对低效、昂贵的 SWIFT 电报网络系统，建立在比特币区块链基础上的 Ripple 支付协议构建了一个没有中央节点的分布式支付网络，致力于提供一个能取代前者的跨境转账平台。Ripple 的跨账本协议，可以实现客户间的点对点传输，取消了跨国转账的电讯费和中间银行的手续费。截至 2016 年 2 月，Ripple 已经与 25 家金融机构达成合作关系，包括全球 Top50 银行中的 10 家。目前，Ripple 正与 80 余家银行展开深入会谈，并已与 R3CEV 建立合作伙伴关系。

1. Ripple 协议模式

Ripple 协议是一个基于区块链技术的开源分布式支付协议，主要基于其开发的 Interledger 协议项目，在保持银行等传统金融机构各自独立的记账系统的基础上，构造出全球统一的网络金融传输协议[140]。在这一协议下，各国法币和数字货币等各种形态的价值可以像信息一样在全球范围内实现无障碍流通和转换。如图 10.6 所示，目前，已经较为成熟的 Ripple 可为不同银行提供 Connect 软件，接入 Ripple 网络，进行货币传输。在这一过程中，无须统一的记账系统，银行依然保有各自的账户体系，只需要略微改变就可以使用该协议，技术门槛低。

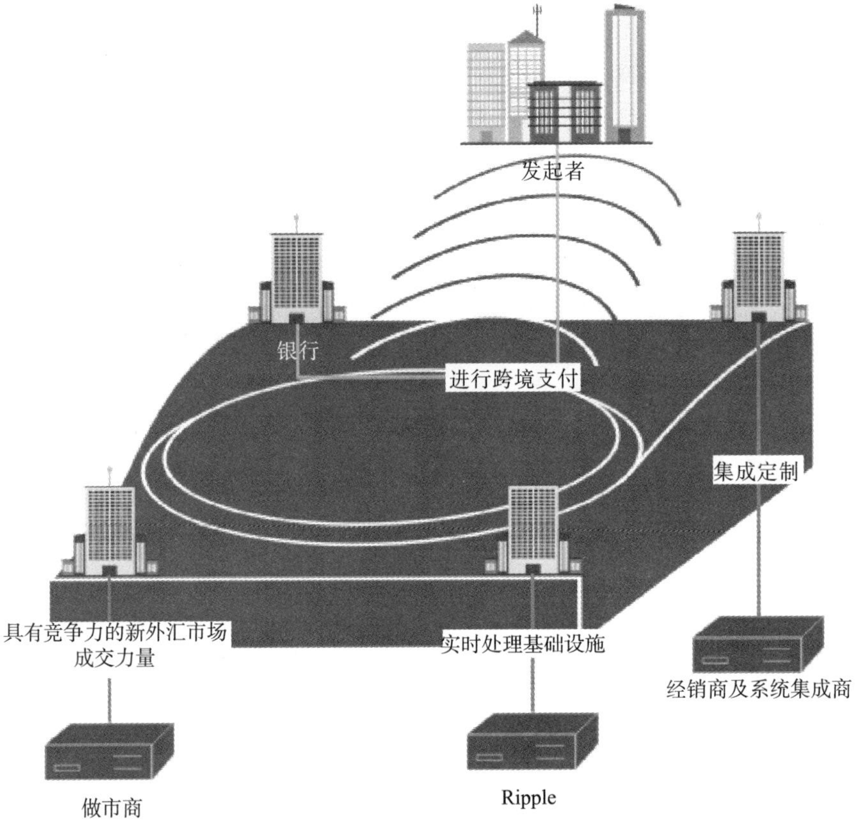

图 10.6　Ripple 网络支付结构

资料来源：作者根据公开资料绘制

2. 核心运作机制

根据 Ripple 协议，详见图 10.7，在支付网络中接入网关，继而实现银行和其他相关金融机构的点对点支付；同时，银行、货币兑换商等金融机构扮演外汇做市商角色，为支付网络提供资金流动性，其机制设计可在各做市商间选取最优报价，最大程度降低汇兑损失。除了网关和做市商两大核心机制，在底层共识上，Ripple 公司将其自己发行的数字货币 XRP（瑞波币）作为桥梁货币，以强化整个跨境支付系统的安全性。

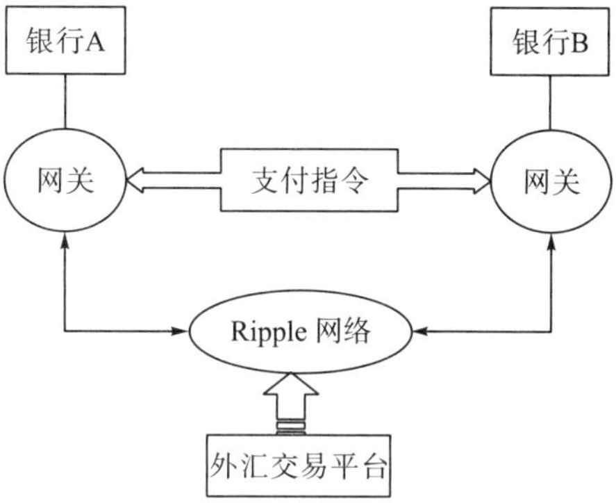

图 10.7　Ripple 协议运作机制

资料来源：作者整理

3. 对 SWIFT 的颠覆

从以上核心运作机制来看，相较 SWIFT 等传统跨境支付系统，Ripple 协议的主要优势体现在三个方面：一是接入 Ripple 支付网络中的网关，通过直接连接支付交易各当事人发生关系，绕开中间银行，大幅减少了交易环节，可实现 7×24h 全天候实时到账，成本低、效率高；二是外汇做市商和 XRP 相互补充，可实现数字货币与不同币种间的自由兑换，保证了资金的流动性；三是 XRP 作为系统的“安全卫士”，数量固定为 1000 亿个，每个 Ripple 账户需持有 20 个以上的 XRP，每进行一笔交易就会销毁 0.00001XRP，可有效防止 DOS（Disk Operating System，微软公司开发的磁盘操作系统）攻击。由此，基于 Ripple 协议的跨境支付系统实现了实时、安全和低成本的支付，对比表 10.3，这无疑对传统 SWIFT 跨境汇款方式产生了革命性的颠覆。

表 10.3　Ripple 与传统 SWIFT 支付体系对比

	Ripple	SWIFT
记账机制	Ripple 协议	集中批处理
账户架构	去中心化	中心化
处理速度	3～6s	3～5 个工作日
支付性能	8600 万笔/天	1900 万笔/天
交易成本	网关手续费、汇率差	银行手续费、电报费、中介费、汇率差
交易币种	法定货币和 XPR	法定货币

资料来源：作者整理

❖案例二　小额跨境支付 OKLink

OKLink 是中国 OKCoin 公司于 2016 年推出的基于区块链技术构建的新型全球金融网络。类似于 Ripple 运行机理，OKLink 同样以区块链信任机制为基石，以数字货币为传输介质，在极大地提高国际汇款传输效率的同时，降低了交易成本。其主营业务模式在于面向银行、汇款公司、互联网金融平台和跨国公司等客户，提供安全、透明的全球汇款服务。

当前，OKLink 业务覆盖 30 个国家，合作伙伴包括两家银行和多家外汇公司，在支付牌照方面，OKLink 平台已获取加拿大和中国香港的货币服务牌照，同时也在筹备申请英国电子支付牌照。主要业务集中在菲律宾、韩国等东南亚国家之间的 OKLink，在“一带一路”倡议背景下，发展前景广阔。

1. OKLink 运行机制

OKLink 的核心运行机理见图 10.8，其设计基于实名制“联盟链”，链上入驻的所有合作公司都可实时查询、验证并追溯交易。在其区块链上，OKLink 将与美元 1∶1 挂钩的数字货币 OKD(OK Dollar) 作为桥梁货币，以保证跨境支付的实时、可验证和安全性。OKLink 运用区块链的三分之二签名交易方式进行身份验证，且在支付完成之后便进行即时结算，风险低、成本小。

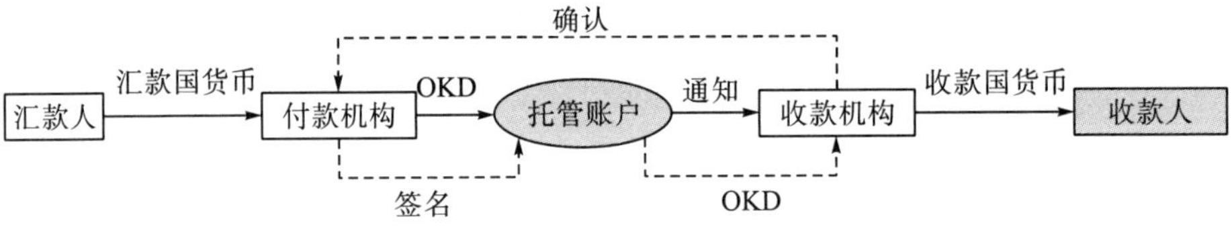

图 10.8　OKLink 运行机制

资料来源：许嘉扬. 基于区块链技术的跨境支付系统创新研究[J]. 金融教育研究, 2017, 30(6): 9-14, 25

2. 小额跨境支付新模式

OKLink 的成立理念就是为了降低跨国小额转账的成本，让转账变得更加方便。聚焦为全球中小型金融参与者提供服务，OKLink 致力于通过区块链技术解决中小金融参与者跨境汇款手续费成本高、效率低、操作不方便等痛点问题。

基于分布式账本技术，通过 OKD 在区块链网络上的低成本快速流通，OKLink 节省了所有中间环节费用，小额跨境支付成为可能。当前 OKLink 支付网络在汇款业务中不收取手续费，只在中间汇率基础上收取不超过 0.5%的费用。

❖案例三　Visa 和 SWIFT 的区块链应用探索

除了以上两大支付网络，Uphold、Snapcard、Zipzap 和 Align Commerce 等数字货币跨境支付平台纷纷涌现，新金融科技公司的相关创业项目层出不穷。而在新需求的驱动和新技术的刺激下，以 Visa 和 SWIFT 两家典型中心化机构为代表的传统金融机构也展开了应用探索。

1. Visa 的跨境支付试验和试点

相对来说，Visa 作为重要的国际信用卡组织，其应用态度较为谨慎，在进行正式的落地研发投入之前，Visa 先于 2015 年 11 月通过其欧洲创新实验室进行了基于比特币的区块链跨境汇款试验。这一汇款应用试验，涉及多家公司，其中 Epiphyte、BitPesa、M-Pesa 等公司提供第三方服务，Visa 提供银行卡通道。试验中，Epiphyte 公司购入比特币，用户将 Visa 卡绑定在汇款应用上，届时将产生一个对应的比特币地址，资金由卡片关联账户转出并转换为比特币，发送至 BitPesa 公司的比特币地址；随后 BitPesa 再将收到的比特币转换为肯尼亚先令，同时转移至收款人——肯尼亚第三方支付公司 M-Pesa 的账户中。这种“第三方账户间汇款”模式，以比特币代替传统的第三方支付公司，“中间代币”将信息流和资金流合二为一，构建成本低、效率较高。

在这一试验后，Visa 继续对区块链跨境支付进行研究，并开始了自建区块链用于跨境支付结算的试点。Visa 欧洲创新实验室随后又与加拿大区块链技术初创公司 BTL Group 展开了合作，计划使用 Interbit 平台改善银行间支付和结算服务。与此同时，Visa 总部在 2016 年 10 月宣布推出 Visa B2B Connect 平台，该平台采用了“接口优先”战略，旨在通过提供明确的成本、改进的交付时间和对交易流程的可见性来提高国际企业对企业的支付方式。2017 年 11 月，美国的商业银行、韩国的新韩银行、菲律宾联合银行和新加坡的联合海外银行参与了基于该平台的交易测试；2018年后半年，Visa B2B Connect 平台的商业化进程已经启动。

2. SWIFT 利用区块链重构底层架构的尝试

SWIFT 已在前文中反复提及，作为当前跨境汇款的主流渠道，因成本高、效率低等痛点，正面临区块链技术的颠覆性挑战。对此，SWIFT 的反应颇为敏锐。2016年4月，SWIFT 与埃森哲联合发布了关于区块链的研究报告，重点研究区块链中的分布式账本技术在金融领域中的应用。次年1月，SWIFT 便宣布与巴黎银行、纽约梅隆银行和富国银行等6家国际银行共同启动概念验证，尝试在 SWIFT GPI（Global Payment Innovation，SWIFT 的一个全球支付创新计划）中引入区块链技术，实现实时对账。在具体研究方向上，SWIFT 基于 Hyperledger 平台，根据自身支付网络的特性，采用私有链设计隐私保护和授权机制。在这一过程中，SWIFTGPI 又进一步吸引了包括中国银行在内的 22 家银行。2018 年 9 月，SWIFT 的一组开发人员在 Hyperledger Fabric 区块链上的概念验证宣布完成，在进入下一阶段之前，澳新银行、法国巴黎银行、纽约梅隆银行、星展银行、加拿大皇家银行（Royal Bank of Canada）和富国银行将基于该平台进一步验证测试结果。

在本章分析的三大案例中，Ripple 从系统内的流动性工具——瑞波币（XRP）出发，以 XRP 作为桥梁货币，改变了传统跨境支付方式；OKLink 以区块链和数字美元为基础，有效降低了外汇转账的成本；以 SWIFT 为代表的组织则是基于 Hyperledger 平台，用区块链技术赋能现行体制。基于区块链技术的跨境支付系统虽然从一定程度上提高了跨境支付效率，降低了支付成本，并且增强了支付安全性，但仍面临一些挑战。

首先，区块链技术本身的不完善影响其在跨境支付系统的使用。一方面，基于区块链技术的跨境支付较传统跨境支付方式的安全性在于其采用数字签名方式进行加密和解密，但一旦信任证书丢失，整个交易就无法完成，资金流通容易发生堵塞。目前，区块链跨境支付体系在信息保护方面仍存在安全隐患。另一方面，由于区块链去中心化的分布式记账的特点，随着链上交易规模和频率的增加，区块链会对每一个参与其中的节点提出较高的存储空间要求，而以区块链所能承载的交易量和效率，难以满足当前社会的交易容量需求。

其次，低成本背后存在高成本隐患。在跨境支付中，区块链技术的应用减少了交易环节，但是增加了交易节点。交易节点的增加带来了大量冗余，造成存储和计算资源的浪费。同时，区块链是通过广播消息进行全网同步的，消息的广播容易带来广播风暴，对底层网络的带宽资源造成大量消耗，可能导致网络性能下降甚至瘫痪。

最后，各国对区块链的态度有差异，难以形成统一的行业标准。区块链技术凭借对中介机构的剔除提高了交易效率，但同时也使得交易者的进入没有统一标准，整个交易体系完全开放，参与者多种多样，交易需求也不尽相同。尤其在跨境交易中，各国对于区块链的态度不尽相同，因而很难形成一致的行业标准。

尽管区块链技术在跨境支付中的应用还存在一定挑战和局限，但其积极意义和未来发展潜力仍然值得我们进行相关的探索和试验。

场景十

征信行业

信用是金融体系正常运转的支柱，所以征信体系的建设对于金融安全尤为重要。目前，中国人民银行的公共征信网络已经覆盖全国，第三方征信机构也在进行市场化的充分竞争，整个征信行业处于快速发展时期。但是征信行业仍然存在数据覆盖率不足、数据分析能力亟待提升等问题，基于分布式技术、智能合约等技术的区块链如何有效解决这些问题，本章将深入探讨。

一、征信行业的发展现状和难点

征信一词源自《左传·昭公八年》的“君子之言，信而有征，故怨远于其身”，即君子言出必行之义。征信最重要的作用是防范在非即付经济交往中受到损失。同时，个人或机构在非即付经济交往中的履约历史记录可以较好地反映市场主体的信用水平。如图 11.1 所示，传统征信机构对收集的数据进行筛选、转化、清洗及整合，构建信用风险管理模型分析数据，形成信用报告，供相关机构使用。随着大数据时代的到来、互联网金融的兴起，中国传统征信业中信息不对称、征信覆盖率低、数据分析能力不足等问题愈发严峻。

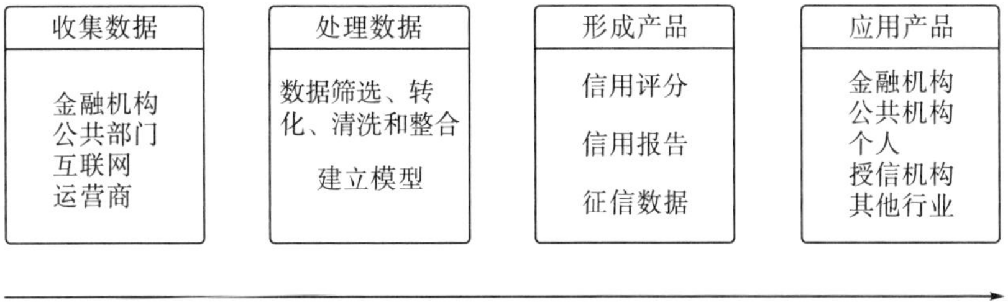

图 11.1　征信行业产业链

资料来源：作者根据网上公开资料整理

(一)征信行业的发展现状

目前，由于国情和立法等方面的差异，各国征信体系有所不同，从全球化征信体系建立历程来看，世界上的征信体系主要有三种：一是政府主导型，以中国为代表，中国人民银行征信中心是国内最大的信用基础数据库，而民间的 78 家企业征信机构和 8 家个人征信机构是完善、补充中国人民银行征信中心的重要组成部分。二是市场主导型，以美国为代表，征信数据主要依靠数据提供机构自愿提供，政府仅负责提供立法支持和监管信用管理体系的运转。三是会员制，以日本为代表，主要由银行、协会牵头建立征信机构，负责对消费者个人或企业进行征信[141]。

中国征信体系建设从信贷征信起步，历经 30 多年，已经形成以中国人民银行征信中心为主导，市场化征信机构为辅的多元化格局。目前，中国征信行业以企业征信为主，个人征信则有待发展，整体市场前景广阔[142]。中国企业征信以 20 世纪 90 年代中国人民银行在深圳进行贷款证试点，为商业银行提供纸质贷款信息共享平台为起点，发展较早，市场较为成熟，截至 2018 年 5 月底，中国人民银行征信中心收录 2531 万户企业及其他组织，累计补充完善中小微企业信息 261.14 万户，获得银行余额达到 11 万亿元。如图 11.2 所示，截至 2017 年 11 月，中国人民银行征信中心收录自然人信息 9.5 亿人，仅有近 4.8 亿人有贷款记录，央行个人征信的覆盖率仅约 50%。根据原国家工商总局(现国家市场监督管理总局)提供的信息，截至 2017 年 4 月，在全国工商登记中带有征信字样的企业有 50 多万家，其中以个人征信为企业目标的超过 1/3。与市场如火如荼形成鲜明对比的是监管层对个人征信牌照发放尤为谨慎。2017 年 4 月，八家进行个人征信工作准备的机构(芝麻信用管理有限公司、腾讯征信有限公司、深圳前海征信中心股份有限公司等)均未达到央行要求，牌照下发一度陷入瓶颈。直到 2018 年 2 月，首张个人征信业务牌照花落百行征信，意义重大，体现了中国建立和完善征信系统的决心。

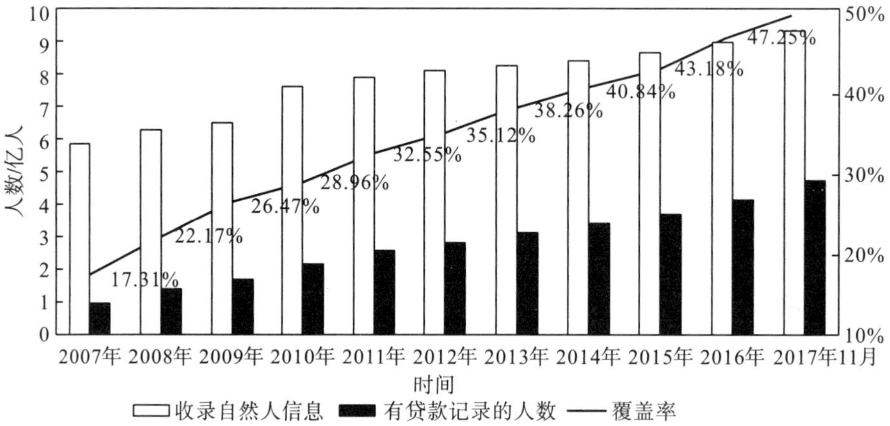

图 11.2　中国征信市场规模

资料来源：https://m.wdzj.com/zhuanlan/shendu/8-6861-1.html[2019-02-12]

此外，公共征信机构处于主导地位，民营征信机构则处于起步阶段。仍有超过 1000 万户企业和 5 亿自然人的信息尚未被中国人民银行征信中心覆盖，亟须征信机构迅速发展，以弥补这一缺口。与之形成强烈对比的是，中国消费金融市场规模已由 2010 年 1 月的 6798 亿元攀升至 2018 年 10 月的 84537 亿元，占境内贷款比重由 1.7%上升至 6.3%。显而易见，如此庞大且高速成长的中国消费信贷市场，却没有一个与之匹配的征信系统，这使大数据融入传统征信成为趋势所在。如何在大数据背景下实现征信信息的有效利用，成为行业发展的重点和难点。

(二)征信行业存在的主要难点

在大数据背景下，如何对征信信息统筹有效利用是一个难题，主要体现在以下五个方面。

一是中国征信覆盖率相对较低。征信行业可以分为传统征信与大数据征信。就个人征信而言，如图 11.3 所示，美国三大征信局 Experian(益百利)、Equifax(爱克菲)、TransUnion(全联)和中国人民银行征信中心可以划分为传统征信机构。在中美两国，传统征信的覆盖率差距很大，美国的 FICO 是传统的征信评分模型，目前超过 95%的美国个人使用了 FICO 评分，即美国个人征信的覆盖率已经超过 95%。而中国央行个人征信的覆盖率仅约 50%，与美国相比仍存在不小的差距。

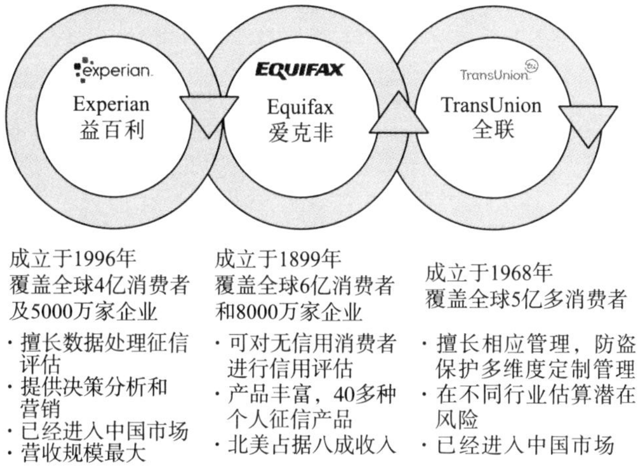

图 11.3　美国三大个人征信巨头比较

资料来源：作者根据网上公开资料整理

二是数据孤岛的“囚徒困境”难破。在信用覆盖率不高的情况下，中国征信行业还存在数据孤岛现象(数据间缺乏关联性、数据库彼此无法兼容的现象)严重的问题。究其原因，一方面，我国 80%的数据由政府掌握，但政府的数据少有公开。另一方面，获得批筹的个人征信机构试点虽然可以获得大量的数据资源，但都希望自成一方，在一定程度上分割了市场的信息链[143]。而且每家的信息覆盖范围受到限制，信息不全面削弱了数据的有效性，也不利于高质量的信息流通共享，从而造成征信机构与用户信息不对称的现象。除体制机制外，传统征信业缺乏基层技术架构的支持，各行业之间数据共享的安全性得不到保障，数据孤岛的“囚徒困境”更难被打破。

三是数据分析能力有待提升。数据分析能力直接决定着客户信用评估的准确性，是金融机构挖掘征信数据的商业价值的关键。1956 年，工程师 Bill Fair 和数学家

EarlI saac 开始研究信用评分方法，继而著名的 FICO 信用评分系统横空出世，并被广泛应用在美国的征信领域。2010 年美国的 ZestFinance 公司对 FICO 方法进行改良，推出针对信用分数过低或者缺乏征信记录消费人群的评分系统。如表 11.1 所示，FICO 模型只有不足 50 个参考变量，ZestFinance 的参考变量多达上万条，并采用非线性的机器学习评估技术，使其在数据处理效率和风险控制能力方面比传统信用评估模型分别提高了 90%和 40%。

表 11.1　信用评分系统

组成部分	权重	内容
偿还记录	35%	信用账户还款记录；公开记录及支票存款记录；逾期偿还具体情况
信用账户数	30%	仍需偿还的信用、分类账户数；账户余额；信用额度使用率；账户偿还率
信用历史时间	15%	最早开立、新开立的账户年龄；平均信用账户年龄
新账户	10%	新开立的账户数、账户年龄；目前信用申请数量；借款者查询用户信用的时间长短；最近信用状况
已用信用产品	10%	持有的信用账户类型；每种类型的信用账户数

资料来源：作者根据网上公开资料整理

相比之下，我国目前还基本依靠传统征信数据进行客户征信，多数商业银行的大数据分析水平尚且不足。其原因之一是数据时效性不足：一方面由于企业可以从明面上获取到的用户数据往往时效性不足，另一方面大量虚假信息及不相关的数据混迹于市场，对相关分析的可信度造成严重干扰，不相关数据较多。另一原因是隐私保护问题较为严重。价值越高的数据通常具备较高的隐私性[144]。从用户的角度看，现代用户注重隐私保护，少有用户愿意透露过多数据给第三方，因此企业获取到的数据中有效成分往往很少；从数据保护的角度看，市场中所暗藏的个人信息交易灰色产业链以其多样性、隐蔽性与复杂性困扰着相关监管部门，如果可以从技术底层保证用户的数据隐私，此问题应可以得到有效解决。

四是征信主体结构不合理。由于征信行业有效数据有高隐私、高价值的特点，一般的行业没有直接获取这些数据的渠道，因此形成了很高的行业门槛。一般的互联网行业如 P2P 平台很难获取这些数据，虽然这些平台尝试从各种渠道获取海量的用户信息，但这些数据的有效性、真实性及独立性有待商榷[145]。世界近百年的发展历史经验表明，只有独立第三方开展的个人征信才更有公信力。而国内的商业征信机构并不是完全独立的第三方。例如，根据芝麻分，消费者可以获得蚂蚁金服的信用贷款等金融服务，其债权人的身份与独立性要求相左。

五是征信活动的有效监管任重道远。据不完全统计，国内个人信息泄露数达55.3亿条左右，由于市场有明显的数据购买和交换需求，这些信息会在黑市中反复倒手，直到价值被榨干。在数据黑市中，供应商提供其非法获取的征信数据来营利，提供的数据不限于身份信息、车辆房产信息及税务信息等方面。数据黑市中的数据往往触犯个人隐私，也无法保障数据所有权。此外，大量假数据混迹于我国征信数据市场，致使数据真假难辨。我国征信行业的发展历程如图 11.4 所示。尽管我国2013年1月21日发布的《征信业管理条例》对征信机构的数据采集处理等方面提出了监管要求，在一定程度上规范了我国征信行业，但是随着大数据时代的到来，每家征信机构背后均有大量的数据提供者，这些数据提供者遍布全国，其监管难度依然相当大。

图 11.4　中国征信行业发展历程

资料来源：作者根据网上公开资料整理

二、区块链赋能征信行业

目前整个征信行业被划分成一个个孤岛，信息不能共享，无法挖掘数据蕴藏的价值。基于区块链技术，依靠程序算法实时记录海量征信数据，并存储在区块链网络的每一台计算机上，和传统中心模式的征信系统相比具有信息公开、难以篡改、成本低等优势。区块链在征信领域有着广阔的发展前景。

(一)基于区块链技术的征信平台

基于区块链技术的征信平台主要有两种模式：一是“从线下到线上”的数据交换平台模式，即从当前线下已有数据库出发，利用区块链技术将数据库进行连接，实现数据资源共享，解决“数据孤岛”问题。二是“从线上到线下”的共建共享平台模式，即建立一个以区块链技术为底层架构的新型开放式数据库，并以此创建一种新的信用生态，实现信息共建共享[146]。平台的节点成员包括征信机构、用户、使用机构(互联网金融企业、银行、保险、政府部门等)。

数据交换平台是在传统征信模式上的改良模式，在这种模式下，征信机构各方参与者是主要参与节点，既作为数据查询使用方，也作为数据提供方，征信机构原始数据均保存在各自的中心数据库中。具体流程(图 11.5)如下。

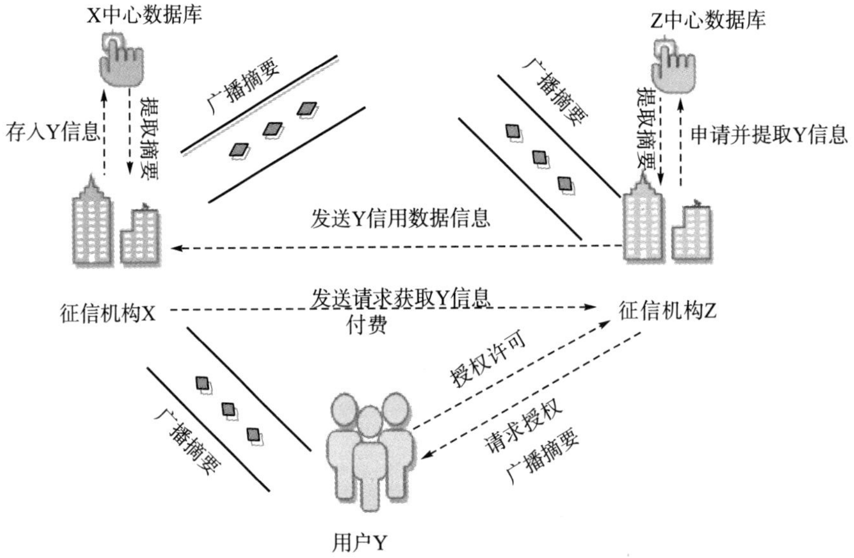

图 11.5　数据交换平台流程示意图

资料来源：作者根据网上公开资料整理

第一步：征信机构 X 和 Z 分别从各自中心数据库提取少量摘要，通过区块链进行广播，保存在链中。

第二步：征信机构 X 需要查询用户 Y 的信用数据时，先查询自己所在节点中的摘要，再匹配到征信机构 Z，通过区块链转发请求获得用户 Y 数据。

第三步：征信机构 Z 向用户 Y 请求授权，待授权许可后，Z 向 Z 中心数据库申请并提取用户 Y 的信用数据。

第四步：征信机构 Z 向征信机构 X 发送用户 Y 的信用数据。

第五步：征信机构 X 向征信机构 Z 付费后，将用户 Y 的信用数据存储到 X 中心数据库。

注：上述行为都会被记录保存到区块链中，由监管部门检验这些行为的合法性。

值得注意的是，各参与方自主维护原始数据库，仅提取少量摘要信息利用区块链技术保存到链中，既可查询外部海量数据，又不泄露自身核心商业数据，进而打破现有技术框架下无法解决信息孤岛问题的僵局。

数据交换平台模式的优点在于紧密结合了现有技术与传统征信业的数据，成本较低且平台构建起来较为方便，但是一些传统征信业的痛点并不能得到有效解决：一方面，征信数据采集难的问题没有得到有效解决，这是因为数据交换平台并不能直接获取新的信用数据，各参与方依然需要采取传统方法来获取数据，采集数据依然很困难；另一方面，信息的真实性仍然得不到保证。数据交换平台模式仅仅在信息索引中采用区块链技术，数据库仍沿用传统技术及内容，原始数据的真实性无法得到有效保障。

共建共享数据平台模式不同于数据交换平台模式，共建共享式数据平台上所有的信息主体、信息需求方、信息提供方、征信机构及相关监管部门都可注册成为区块链上的节点，下面从四个方面介绍这个平台模式。

1）在信息加密方面，针对不同的信息主体（企业、个人）有不同的业务规则。相比于企业信息，对个人信息的保护更严格，除法律法规要求必须公开的信息外，所有生成的信息都会被加密，只有得到相应的主体授权密钥后才能解密获取。

2）在信用记录方面，智能合约技术可以自动地把信用记录发布到区块链上永久保存。例如，网贷平台与借款者签署了智能合约，如果借款者按时还清贷款，则在区块链中会自动产生一个包含履约信息的区块；但是如果借款者违约，则会自动产生一条违约信息记录到区块链上公开传播[147]。

3）在信息处理方面，可能需求方所需要的信息记录来自不同的征信机构，信息需求方可能会因为时间差拥有不完整的信息从而造成一定不便。征信机构在得到信息主体授权的情况下，可以结合自身从其他相关渠道所采集的信息，对分散的记录进行整合加工处理，并最终形成信用产品提供给需求方。

4）在信息监督管理方面，由于监管部门也会注册成节点，加入区块链参与制定、审核平台规则，对整个流程进行监督，受理信息主体的投诉并且处罚违规者，因此可确保区块链征信系统在得到有效监管的前提下实现稳健运行。

虽然共享共建式数据平台益处颇多，能够有效解决目前征信领域中的许多难题，但是建造维护这个平台的成本是非常大的[148]。共享共建式数据平台是基于区块链技术的全新的征信系统，建造维护这个平台不仅需要征信行业的努力，还需要银行、计算机等行业的协力合作。

（二）区块链应用于征信业的优势

区块链具有去中心化、增强信任和智能合约等特征，可以在有效保护数据隐私的基础上实现可管控的信用数据共享和验证。区块链可以帮助用户确立自身的数据主权，生成自己的信用资产。在信用确权的基础上，把用户的数据信息聚合起来，该平台可连接各个企业、机构及公共部门，进而开展用户数据授权，就可以解决数据孤岛的问题，同时非对称加密机制又能够在参与主体共享数据的同时确保各参与主体的数据安全[149]。同时，区块链平台中的数据在一定程度上时效性、相关性较高，这些数据可以追溯源头，严格关联到相应的用户，具体如下。

一是拓展信用评估覆盖范围，扩大客户群体。从社会认可度方面看，目前社会征信机构数据获取不多的原因之一在于社会认可度相对较低，社会对征信机构的数据采集抱有防范意识。而区块链技术的去信任、不可篡改等特性则使得公众的数据安全有技术上的保障，征信机构加入区块链平台后其社会认可度也会逐步提升。

从参与机构的角度看，目前中国人民银行征信中心所采集的信息以银行业金融机构为主，以部分保险、证券业机构和其他非银行信贷机构为辅，可是却没有包含体系庞大的影子银行系统，因此目前的信息采集是不全面的。基于区块链技术的征信可以通过其本身的优势引入更多机构的参与，为其提供更直接、准确、及时的信息获取渠道。在区块链与征信的潮流下，越来越多的机构参与到征信系统建设中来。

二是基于底层技术的信任机制。基于各种共识算法的设定，信息经过所有节点认证并被添加到区块链上，将会永久储存并且不可篡改，如果想要篡改某个包含信息的区块，把这个区块之前的区块全部篡改，这个成本是不可估量的。因此，区块链技术实际上是去信任的有效方法，将显著降低信用成本，任何一方出现恶意违约的可能性也将显著下降。

三是数据具有溯源性。区块链正如其名，是按照时间把一个个盖有时间戳的区块连接而成的链条，每个区块中都包含某一时刻内完成的交易信息，并且包含上一区块的地址[150]。基于时间戳及每个区块均包含上一区块的地址，任何一笔交易或记录都可以进行追溯，从而可以核实每一笔数据的来源，确保数据的真实性和有效性，对改善数据质量有很大的帮助。

四是提升数据隐私的保障。大数据征信业务之所以备受质疑，主要是源于信息主体对信息安全的担忧，而区块链技术对于涉及数据信息的隐私，基于非对称加密算法和公私钥的机制在理论上被破解的可能性为零[151]。如果有机构或个人想对相关信息进行查询或者使用，必须得到数据信息所有者提供的相应的密钥后才能访问，大大保障了用户对自己信息的主权。

五是改善征信成本。在前期客户信用评估方面，区块链技术可无限地使用与分享新入数据，这些数据会被各个部门审查监督，从而可排除海量虚假数据，提高数据使用效率，智能合约的应用可以大幅降低客户征信数据处理成本。在后期信用产品管理方面，智能合约可以使整个流程(信用评估、定价、交易、合约执行)自动化运行，从而降低相应的人力成本，继而可以大幅提升银行的征信业务规模。

三、应 用 案 例

征信行业是一个规模巨大的潜在市场，但同时存在着征信覆盖率不高等问题，而区块链的出现给这些问题的解决带来了曙光。信链、LinkEye 纷纷抓住区块链技术无法篡改、不可抵赖的特性，引领区块链征信的大航海时代。但是，区块链也存在密钥丢失或泄露等问题，区块链应用于征信业任重而道远。

❖案例一　企业征信信息共享平台信链

企业征信数据往往相互割据导致无法共享信息，同时很多企业征信数据来源无法追溯。种种问题间接推高了成本，阻碍了征信服务实体经济、防范金融风险的功能发挥[154]。但区块链技术的诞生，为此提供了很好的解决方案，信链平台的建立弥补了传统企业征信系统的空白并力求打造企业信息互享互信的征信系统。

1. 信链简介

信链平台于 2017 年 9 月进入实质性开发阶段。团队由早期区块链技术开发者组成，专注于区块链技术研发和项目孵化，旨在打造数字经济时代的信任基石。信链涵盖数据采集、清洗、整合、应用这一业务价值链，专注区块链可信数据连接、第三方数据融合与治理、数据应用公开市场开发，通过建立标准、提供通道、确保安全，建立以价值为纽带的数据利益良性交互网络、以区块链为基石的“数据信任体系”，构建大数据合作伙伴关系。

目前，该平台通过整合法院、工商部门、行政部门、监管机构、行业协会等拥有的企业信用信息，帮助企业征信机构构建企业征信联盟链。同时，信链帮助政府部门、金融机构、行业协会等实现失信信息安全共享机制，覆盖金融信贷逾期行为、支付欺诈行为、法院老赖名单、行政处罚名单、互联网团伙欺诈等。实现一处失信，处处受限，为加快社会信用体系建设、大数据融合发展提供技术解决方案。

2. 信链技术架构

信链的技术架构如图 11.6 所示，信链使用区块链技术支撑数据应用生命周期管理。其中，合约层封装脚本、算法、智能合约和区块链底层技术。该层前期以以太坊作为支持智能合约的平台，后期不排除增加 HPB (high performance blockchain，一种动态共识算法) 等其他开发技术。服务层负责区块链数据存储和处理。应用层则封装了区块链的各种应用场景和案例。在应用层可以实现任何数据的引入、治理、加工、使用，以及与之相关产生的奖励、支付等存证的流通。

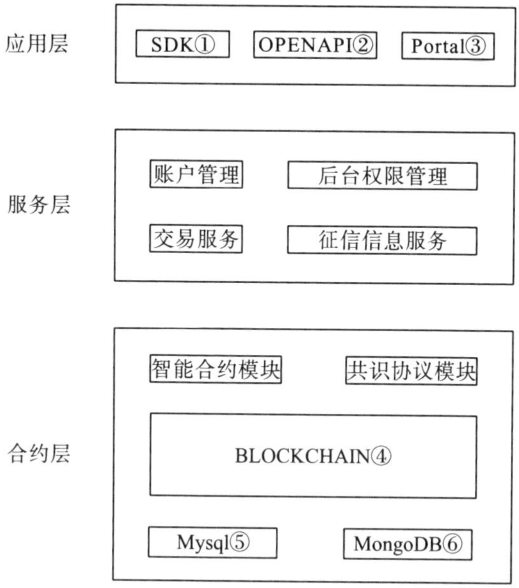

图 11.6　信链的技术架构

资料来源：信链白皮书[R]. 2018

①SDK: simple-develop-key，一种简单的开发钥匙

②OPENAPI: open application programming interface，开放的应用编程接口

③Portal：IT 词汇，作为网关服务于因特网的一种 Web 站点

④BLOCKCHAIN：区块链

⑤Mysql：专有名词，一种开放源代码的关系型数据库管理系统

⑥MongoDB：专有名词，一个基于分布式文件存储的数据库，由 C++语言编写，旨在为 Web 应用提供可扩展的高性能数据存储解决方案

在具体应用场景上，信链针对小微企业征信贷款难的问题提出解决方案，通过建立弥补征信市场空白的互建互享的征信系统，对数据进行整合，有效促进数据的共享，助力企业完成小微借贷快速审批工作。如图 11.7 所示，征信企业、小微企业、金融机构这些信链参与者在提供征信数据、申请金融服务、提供金融服务环节中都使用存证来支付费用或赢得回报，最后利用智能合约来自动执行交易，直到合约完成。为缩短借贷流程和减少成本，2018 年 6 月，基于信链而生的一个分布式借贷生

态系统——借币宝落地，用户可以通过申请、身份识别和信用评估、通知和确认随时随地获得贷款服务。

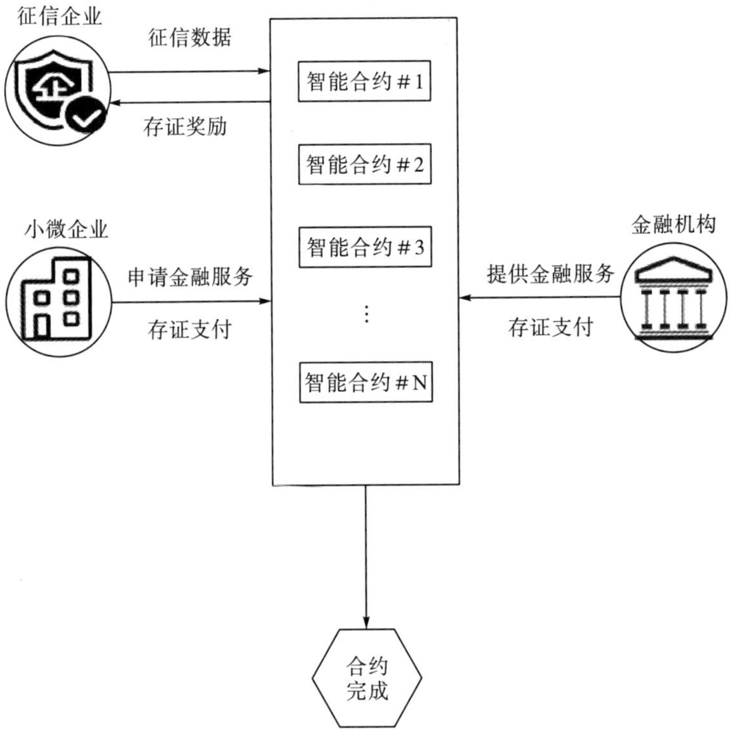

图 11.7　小微企业征信应用

资料来源：信链白皮书[R]. 2018

❖案例二　区块链征信联盟 LinkEye

中国个人征信市场空间巨大，但目前征信行业面临核心难题：不能共享自己的数据却需要获得第三方数据。区块链技术可有效解决这个传统技术解决不了的问题[155]。

1. LinkEye 创立背景及简介

LinkEye 是基于信用的数字资产金融服务平台。其创始人 2016 年进入区块链领域，创立 LinkEye，他认为征信联盟能够将区块链技术和消费金融相结合。早期该创始人团队在从事消费信贷，而整个信贷的基础就是信用数据。但是当时中国的信用体系有待完善，很多数据并不能共享，尤其是黑名单、坏账的数据是没有共享的，如此便使得失信人的成本由信用优良的人来承担，形成了典型的恶性循环。基于此创始人团队建立了中国首家区块链征信联盟——LinkEye。

LinkEye 是一套基于区块链技术的自主研发的征信共享联盟链解决方案。LinkEye 立足中国市场，通过区块链技术和信贷经济模型的深度整合，在联盟成员间共享失信人名单，将各个征信数据孤岛串联起来，形成真实可靠、覆盖面广的全社会征信数据库，有效促进和完善社会信用体系建设。LinkEye 团队找到征信联盟的核心切入点，设计并开发了区块链征信数据共享平台。同时，LinkEye 已经有众多合作方，如表 11.2 所示，合作方有专注于大数据技术的互联网金融科技公司快慧金服和量化派，也有虚拟货币交易所 BITNOAH 等，同时也有为客户提供专业、安全、快捷的智能出借及支付的平台掌众金服和果仁宝。除此之外，LinkEye 还与多个媒体合作，开放及共享核心失信人名单。

表 11.2　LinkEye 合作方及类型

合作方	类型
快慧金服	互联网金融科技公司
量化派	
币为 Btcdo 交易所	数字货币交易所
BikiCoin	
Keepbtc	
LETHB	
BITNOAH	
掌众金服	智能出借平台
果仁宝	消费支付平台

资料来源：作者根据网上公开资料整理

LinkEye 项目四个阶段如表 11.3 所示：第一阶段，棱镜产品于 2018 年 3 月正式上线运行，到目前为止约有 20 多家机构在使用该产品，主要是通过区块链技术去建立和完善信贷黑名单，提供失信人名单共享平台，使失信人无法得到信用服务、金融服务。第二阶段，星界产品于 2018 年 5 月上线运行，目前已经开通了十几个币种的借贷服务，理财、期权等金融服务也会陆续上线。主要是通过搭建整体的信用平台，使信用好的人得到更合适的信用服务，从而完善社会征信体系。第三、四阶段旨在进一步打造出一个完善的征信世界，但还没有启动，LinkEye 目前重心仍在第一阶段的棱镜产品。

表 11.3　LinkEye 项目四个阶段

阶段	产品名称	项目内容
第一阶段	棱镜	区块链第一征信联盟，完善黑名单系统，共享失信人名单
第二阶段	星界	数字资产借贷平台，增加白名单，信用好的人得到更好的金融服务
第三阶段	暂无	把征信数据范围由个人扩大至企业，覆盖信贷领域的每一个参与方
第四阶段	暂无	未来将由信贷领域扩展至社会生活的方方面面，真正实现信用社会

资料来源：www.linkeye.com[2019-02-04]

2. LinkEye 运行机制

LinkEye 构建了基于区块链技术的征信联盟，平台通过八大核心机制(黑名单、联盟成员入驻、成员信用、仲裁、信息共享、智能定价、数据安全防火墙、开放全网查询接口)确保平台有效高速运作。

黑名单机制是 LinkEye 在第一阶段设立的，为保护个人隐私，采用脱敏数据，使用带掩码的形式在全链公开失信人信息，具体格式是：标识符+带掩码的用户 ID(如 340881201922****)+信用评价+发布人(可以匿名/实名)+签名。签名实现了数据不可篡改，当失信数据的详细报告被查询时，数据查询方可获得与该数据上传时完全一致的详细报告。

联盟成员入驻机制是为保障平台的有序运行和数据的真实性，LinkEye 会对联盟成员的入驻进行审核。

成员信用机制是为规范联盟成员行为，避免人为数据造假行为，公开每一个联盟成员的信用情况的机制。每一个成员在初次入驻后有初始信用值 100 分，信用值只减不加。如果有不诚信行为则扣 5 分，并向全链通知，该信用值底线为 0，降为 0 后该联盟成员会被 LinkEye 清退。

仲裁机制是指数据查询方对联盟成员上传的任意一条数据有异议，可以向LinkEye 发起仲裁，由数据上传方举证，联盟成员共同投票，最终的仲裁结果会及时在链上公布。

信息共享机制是指联盟成员有权支付一定的 LET(LinkEye 代币命名为 LET，LinkEye 平台通过 LET，可以实现高速、零成本、实时的数据库记账)再通过用户 ID 查得数据，并完成交易。

智能定价机制实时使联盟成员发布的个人征信报告数据价值等于或低于市场价值，从而避免由 LET 交易价格波动导致的数据交换失败。

数据安全防火墙机制的设立是为确保平台数据安全，防止数据被窃取。结合实际场景设立查询触发条件，针对不正常查询设立预警机制，情节严重的会被清退。

开放全网查询接口，设立微信、App、网站等对全社会开放，任何用户可以通过输入用户 ID 查询 LinkEye 失信人数据。该机制增加对失信人的惩罚的同时加大了平台的宣传及 LET 的流动性。

LinkEye 非常精准地找到征信联盟的核心切入点，设计并开发了高效的区块链征信数据共享平台，通过八大核心运行机制确保联盟平台高效有序发展。同时，LinkEye 与众多中国信贷平台达成战略合作，开放及共享核心失信人名单，也将陆续与东南亚、欧洲等地区其他的金融机构展开深度合作，形成真实可靠、覆盖面广的征信数据库，有效促进和完善社会信用体系。

以上两个案例中信链主要服务于企业，并通过点对点交易降低经营和协作成本，助力传统金融机构的转型；LinkEye 则是基于区块链的征信联盟链解决方案，通过区块链技术和代币经济体系，实现在联盟成员之间的数据共享和服务。区块链与征信行业的结合远不止这些。例如，2018 年在央行主导下成立的百行征信，利用区块链技术打造去中心化的信用履约和违约记录查询平台[156]，等等。

不难看出，基于区块链技术的征信平台已经从底层技术层面大大保障了信息主体的隐私安全，解决了征信行业的痛点，是征信业革命性的创新，但仍然有一些问题需要注意，如登记错误的信息无法修改、信息主体的投诉依然依靠相关监管部门、信息主体的密钥遗失后无法恢复等。因此，区块链技术仍需要改良发展，在不与国家法律法规相冲突的前提下保障信息主体权益。

区块链的去信任化、透明化、不可篡改等特点使得链上的信息能够得到公众的认可，但仅仅依靠区块链平台获取信息依然是无法满足需求的，并且这些信息需要信息主体的授权才能获取。此外，由于区块链技术发展处于初级阶段，大部分征信机构的积极性不高，如建设信息主体黑、白名单系统的区块链征信平台中征信机构积极参与度并不高，区块链技术的应用对传统征信机构的发展是一种机遇，也是一种挑战。

场景十一

数 字 货 币

区块链技术将数字货币推上了历史舞台，尽管比特币作为最主要的数字货币，在世界范围内经历了追捧后日趋冷静，但它所依赖的区块链技术已经被人们广泛认识并被认为是科技创新的下一个重要风口。作为区块链技术迄今为止最广泛的应用，本章将通过介绍比特币背后的运行机制，梳理数字货币的起源、产生和交易知识，针对传统货币体系的痛点和区块链技术的革命性突破，探讨数字货币的发展前景。

一、传统货币的沿革与困境

在人类文明的历史长河中，货币的地位举足轻重。作为价值传输的载体，货币承载的信用维系了物质层面的流动。在推动了人类社会知识与财富的迭代和积累的同时，货币作为价值交换的手段也一直没有停止迭代和进化。

(一)传统货币体系的演变轨迹

货币进化前行的发展轨迹主要沿着两条源流：一条是货币形式的演变；另一条

是货币职能的发展。随着分工的深化、市场的扩大和商品生产流通的加速，货币形式在历史沿革中总体呈现从低级向高级演变的趋势，迄今为止，主要经历了“实物货币—金属货币—信用货币—电子货币”四大阶段。

第一阶段：实物货币阶段。货币的历史最早可溯源至原始社会以物易物的时代，但物物交换存在很大的弊端，即无法规范每个货物的具体价值。于是，货币的概念产生，一般价值形式转化为货币价值形式，贝壳、布帛、牛羊等实物货币占据了长期的主导地位，但以上形式的实物货币或大小不一，难以比较；或者体积笨重、不便携带；或者质地不匀、难以分割；或者容易腐烂、不易储存……这些难以解决的缺陷使得实物货币随着商品经济的发展逐渐退出货币的历史舞台[157]。

第二阶段：金属货币阶段。这一阶段又可细分为金属货币和贵金属货币两个时期。以金属冶炼技术的进步和生产的发展为前提，更为稳定的金属货币应运而生，青铜货币的出现标志着人类开始尝试以自主制造代替自然供给；同时，内在价值稳定的黄金、白银等贵金属货币又逐步取代了储量大、价值低的铜金属。在这一阶段，商品经济的发展和资本的萌芽催生出纸币的雏形，用以解决金属货币在大额交易和长途贸易中不易携带的问题，如宋代的交子。

第三阶段：信用货币阶段。金属货币流通期间的商业票据、银行券和纸币等都是早期信用货币，最初都可以赎回或兑现为金属货币；而为解决货币增长和黄金供给之间的矛盾，国际货币体系在经历了金本位阶段到美元本位阶段的演化后，进入了信用本位阶段，信用货币对金属货币也逐渐过渡到部分兑现和不能兑现。20 世纪 30 年代以来，特别是 1971 年布雷顿森林体系解体后，在破坏兑现性的同时，货币从贵金属货币进化到没有商品作为发行保证的信用货币，呈现出多元主权货币的特征。各国信用货币的信用来自中央银行和国家法律的背书，只有国家发行的货币才有法定清偿能力，具备以国家经济实力和偿付能力为基础的名义价值。

第四阶段：电子货币阶段。分散性主权信用货币的汇率风险和币值波动引致的货币格局的失衡，自然又引发了货币的自我进化[158]。随着现代经济的飞速增长和金融科技创新的突破，电子货币作为货币支付手段职能不断扩大的表现，正成为货币演化的最新方向。特别是全球化金融体系的需求，驱动了移动互联网、云计算、区块链等技术支撑下的数字货币更加多元化和智能化。

现代市场经济的本质是信用经济，而在其中扮演着核心角色的货币与信用关系尤其紧密。“金钱就是一种互相信任的系统，而且还不是随随便便的某种系统——金钱正是有史以来最普遍也最有效的互信系统。”[159]正是信用的存在，使得货币形式得以从“有价值的商品”向基于纯粹的信用而不需要有内在价值的方向演化。

（二）传统货币体系的发展困境

梳理了传统货币变迁史后，可以看到，货币的演化一方面是客观经济发展对提高交易效率、降低交易成本、规避波动风险的内在要求，另一方面也是科技每一次重大变革的社会映射。近代以来，对比表 12.1，不难发现，金本位和信用本位都是人类主动适应全球化趋势、拥抱信息科技革命、积极寻找解决全球流动性问题的制度探索。但是随着全球金融深化和跨境资本流动加快，金融危机频发，现行国际货币体系已经难以为继，理想的全球流动性供给模式尚未实现。

表 12.1　金本位制度和信用本位制度对比

货币形式	贵金属货币	信用货币
优点	本身作为商品存在价值，短期波动性小；黄金价值体积比高	交易方便；以国家为保障，信用度高；便于经济市场的宏观调控
缺点	来源于自然资源，不确定性因素多，长期价值不稳定；易磨损，不便于携带和大量发行使用	国家强制性推行，操控发行量；本身不具备价值，易受到金融危机的影响，产生通货膨胀

资料来源：作者根据网上公开资料整理

一是国际货币发行者的激励不兼容[160]，产生了特里芬困境。在后布雷顿森林体系，特别是《牙买加协定》实施以来，以美元为代表的发达国家货币在国际上依然占据主导地位，拥有“嚣张的特权”[161]，其基于本国宏观经济和利益制定的货币政策会传导并作用于其他国家，反之后者的利益诉求却无法充分传递给前者，即货币政策制定主体的激励仅在于调节本国经济运行，而不考虑其他国家。这种货币政策制定者与效果接受者之间的不对称问题，此前就总结在“特里芬悖论”中。特里芬悖论针对的是寓于布雷顿森林体系中的矛盾，但其实质揭示的是依靠主权国家货币实现国际清偿能力的货币体系必然会走向崩溃，因而对现代国际货币体系下充当国际储备的主权信用货币体系提出了质疑[162]。广义来说，特里芬悖论所揭示的两难困境是指经常性账户赤字与汇率稳定之间的矛盾；当前而言，2008年金融危机十多年来，美国陷入经常项目账户和资本账户双赤字，“赤字经济”[163]和“债务经济”[164]模式延续，美联储四次推出量化宽松政策①，这种信用扩张的激进货币政策引致全球流动性过剩，加剧了现行货币体系的不稳定性和不确定性。

二是统一的国际协调机制缺位，国际金融监管不力。多元主权货币体系下，各国货币发行权相对独立，缺乏统一有效的国际协调机制。一方面，以汇率和利率（即货币政策和财政政策）、国际金融市场为代表的国际收支调节手段弱化甚至失效[165]。当前牙买加体系下的汇率波动和汇率失调问题已成为共识，各国在后危机时期竞相推出量化宽松等救市政策，在大国博弈中陷入“囚徒困境”，对本国汇率和利率进行的市场化和非市场化干预中出现了“以邻为壑”的汇率政策，而对金融的自发反应又进一步引致全球市场动荡。另一方面，国际货币基金组织（International Monetary Fund，IMF）等国际金融机构架构松散、执行低效。从G7（Group of Seven，七国集团）到G20（Group of Twenty，二十国集团），其主导的国际金融机构改革初见成效，如SDR（special drawing right，特别提款权）一篮子货币政策，但其“小规模多边主义”或“大国俱乐部”的本质属性并未改变，其合法性和执行力一直遭受质疑；国际货币基金组织和世界银行（World Bank，WB）则在布雷顿森林体系崩溃后，对全球经济调控能力大幅减弱，其决策机制、监管机制和预警能力已无法应对当前的复杂环境而进入信任危机。

三是美元信用基础动摇，货币可信“锚”长期缺失。无论是实物货币还是金属货币阶段，货币的发行量都有实物或金属存量作为依据。受制于存量和技术水平等，两者的货币发行相对稳定，都有较为可靠的锚定物。进入现今的信用货币阶段，鉴于货币发行的边际成本近乎为零，且国际货币体系对货币供给实行软约束，没有商品价值的纸币很容易超发，货币发行过程一直存在锚定和脱锚的争议[166]。纵观货币史，货币锚定物分别从商品实物逐渐过渡到贵金属，再转化为美元等强势货币。信用货币体系克服了金本位制下货币供应缺乏弹性这一致命弱点，政府对经济发展掌

① 根据美联储数据，截至2019年1月，美国广义货币(M2)存量已突破14万亿美元规模，高达144659亿美元。https://www.federalreserve.gov/releases/h6/current/default.htm[2019-02-14]。

握了更强的调控能力，但又出现了更大的危机：政府的货币发行在失去了黄金储备这一规模束缚后，极易失控，远超 GDP 1%的界限；货币发行量的调整主要受货币当局或国家政策影响，而无法真实反映经济运行状况；纸币的信誉基于国家背书，而财政危机等“黑天鹅”事件的爆发，很容易导致一国货币崩盘，进而波及多国。在当前信用货币主导的国际金融体系中，除了应对恶性通货膨胀这一长期议题，金融全球化和金融衍生品的爆炸式扩张引发的货币异化现象也是一个新的重要课题。

在多元主权货币体系下，比特币热潮和“回归金本位”的声音无一不在表达对国际货币稳定性的渴望和对国际货币供给实行硬约束的诉求。从货币属性、锚定原理到信用创造机制都产生了革命性变革的数字货币，便成为破解传统货币体系发展困境的首选。

二、区块链在货币场景的应用

随着比特币的诞生和发展，电子货币发展的高级阶段——“数字货币”时代宣布到来。不同于其他电子货币，数字货币没有发行方，不以法定货币作为计价单位，由算法和各节点共识决定数额发行。相对于其他电子货币，处于开放互联环境中的数字货币具有高安全性、可控匿名性、去中心化、交易便捷等显著特征。

(一)数字货币的概念

基于区块链技术的数字货币是区别于实物货币的一个概念，是电子货币形式的替代货币，即不存在于现实世界、不以物理介质为载体的货币形式，主要通过数据交易发挥交易媒介、记账单位和价值储藏等功能。实践中，由于尚无权威统一的标准定义，数字货币的概念非常宽泛，不同语境中的内涵和外延尚存争议。

从内在价值、发行主体、流通数量这三大基本问题来总结数字货币的本质、属性、锚定、创造机制这四大机理，那么可以定义：数字货币是一种货币符号，基于发行主体对其进行划分的实质在于存在国家信用和个人信用的双重委托代理问题，信息技术容量是其创新性的技术锚定，其信用创造机制是实践设计的关键[166]。具体来说，数字货币主要包含三层含义：首先，数字货币是价值的数字化表达，即数字货币具有一定价值并以数字形式存在，对应货币理论中的“记账单位”；其次，数字货币不一定是法定货币，私人发行的数字货币没有政府或国家法律的信用背书，需要借助在拥有者或使用群体中的先定协议来实现货币功能；最后，数字货币可以发挥“交换中介”的职能，为自然人或法人提供支付手段以获取商品或服务。

综上，本书定义目前的数字货币为基于现代密码学和网络信息技术，根据算法产生、存储于电子设备，通过分布式记账进行交易的非实物货币，是能在一定程度上发挥价值尺度和交换媒介等基本职能的价值载体，其关键底层技术为区块链。要更好地理解数字货币的内涵，则需要明确其与电子货币和虚拟货币的不同，见表 12.2。

表 12.2　数字货币与电子货币、虚拟货币对比

分类	数字货币	电子货币	虚拟货币
发行方	无	中央银行	网络运营商
使用范围	不限	一般不限	网络企业内部
发行数量	数量一定	法币决定	发行主体决定
货币价值	与法币不对等	与法币对等	与法币不对等
储存形式	数字	磁卡或账号	账号
具体形态	特定加密数字+数字钱包	代表金额的数字+数字钱包	一串特定加密数字+数字钱包
载体	PC 终端、移动终端和卡基	PC 终端、移动终端和卡基	PC 终端、移动终端
运行环境	开源软件及 P2P 网络	内联网、外联网	企业服务器与互联网
信用保证	网民信念	政府信用	企业信用
典型代表	比特币、莱特币	银行卡、支付宝	腾讯 Q 币、游戏币

资料来源：作者根据网上公开资料整理

就数字货币的发行主体来看，数字货币可分为法定数字货币和私人数字货币两类[167]。法定数字货币是指由中央银行依法发行，具备普遍接受性和无限法偿性，可发挥价值尺度、流通手段、支付手段和贮藏手段四大职能的数字化形式的货币。私人数字货币理论上并不是真正的“货币”，其本质是市场机构或个人自行设计发行，并约定交易规则的数字化符号，性质上等同于可在一定范围内流通的商品。比特币作为区块链第一个也是迄今最成功的实践应用，便是一种典型的私人数字货币。考虑到后面的分析需要，这里对法定数字货币和比特币进行对比，见表 12.3。

表 12.3　法定数字货币与比特币对比

分类		法定数字货币	比特币
发行机制	是否由中央机构发行	是	否
	是否有中央调节机制	有	无
	发行量	灵活	固定(2100 万枚)
	发行量决定因素	货币政策目标	程序算法
	发行成本	低	高(算力成本)
经济价值	内在价值	无	无
	交易媒介	是	小范围是
	价值尺度	是	否
	储值手段	是(通胀风险)	是(价格波动和信用风险)
	是否本位币	是	否

(二)数字货币的现状

委内瑞拉的石油币是目前世界上首个也是唯一国家层面正式发行的数字货币，在其引发巨大的质疑和争议之际，以比特币为首的私人数字货币发展迅猛，正加速落地；各国央行出于战略部署的考虑，也在积极探索法定数字货币。见图 12.1 和图 12.2，根据 CoinMarketCap 网站的统计，截至 2018 年 7 月 31 日，全球共存在 1736 种数字货币，总市值达 2536 亿美元。排名前五位的数字货币分别是 Bitcoin、Ethereum、XRP、Bitcoin Cash 和 EOS。目前的数字货币市场仍以比特币为主，其市值达 1202 亿美元，占 47.4%。按货币交易所数量和数值排名，比特币和以太坊无疑稳坐前两把交椅。

面对数字货币的风起云涌、泥沙俱下，支持者四处宣扬声称货币革命，批评者痛心疾首视为金融骗局[168]。支持者普遍认为，对比传统货币，数字货币的发行和交易表现出成本低、效率高的优势，随着金融科技的优化和监管方式的完善，数字货币势必获得进一步的发展，同时也将丰富传统的货币和支付理论。批评者则认为，数字货币的去中心化和不易追踪等特点，极易引发道德风险和监管风险。同时，数字货币的性质和属性也引发了讨论，包括其是否具备法定货币基础等，甚至有学者提出数字货币实际已逐渐脱离作为货币的本质，正在演变为投机工具，应予限制。但不论支持还是反对，数字货币都已经成为不可忽视的存在。针对这一潮流，国际组织、各国央行和监管当局纷纷加强了研究和监管[169]，同时各国的态度存在**两元分化的态势：对私人数字货币监管趋严，不断加强风险提示；对法定数字货币则予以高度重视、密切跟踪。**

#	名称	市值	价格	交易量（24小时）	流通供给量
1	Bitcoin	$119,766,525,629	$6,965.59	$3,821,471,239	17,194,025 BTC
2	Ethereum	$41,076,888,525	$406.05	$1,381,877,189	101,161,956 ETH
3	XRP	$16,504,580,683	$0.419965	$206,485,819	39,299,874,590 XRP *
4	Bitcoin Cash	$11,920,393,500	$689.89	$311,906,942	17,278,600 BCH
5	EOS	$6,349,795,141	$7.01	$465,377,836	906,245,118 EOS *
6	Stellar	$4,431,384,032	$0.236085	$51,105,934	18,770,261,648 XLM *
7	Litecoin	$4,250,619,439	$73.63	$261,626,065	57,732,857 LTC
8	Cardano	$3,373,566,329	$0.130118	$57,154,713	25,927,070,538 ADA *
9	Tether	$2,440,804,760	$1.00	$2,257,332,352	2,437,140,346 USDT *
10	IOTA	$2,415,188,923	$0.868920	$42,142,015	2,779,530,283 MIOTA *

图 12.1　加密数字货币市值前十排名

资料来源：www.coinmarketcap.com[2018-07-31]

#	名称	交易量（24小时）	交易量（7天）	交易量（30天）	市场数目
1	Binance	$927,700,027	$6,115,940,480	$34,205,563,392	380
2	OKEx	$855,995,712	$5,811,481,088	$31,973,578,304	522
3	Huobi	$677,351,522	$4,766,359,168	$21,620,588,576	266
4	ZB.COM	$458,253,390	$2,376,155,200	$11,270,537,536	77
5	Bitfinex	$256,285,590	$2,216,489,424	$12,691,521,824	87
6	HitBTC	$249,015,124	$1,594,139,584	$7,954,460,704	744
7	LBank	$163,930,248	$1,211,984,256	$5,235,264,168	89
8	Bit-Z	$160,613,130	$922,315,088	$3,893,418,528	132
9	Bibox	$159,619,770	$1,063,551,136	$5,036,097,056	177
10	BCEX	$146,249,332	$914,868,288	$4,257,380,752	50

图 12.2　数字货币交易所前十排名

资料来源：www.coinmarketcap.com[2018-07-31]

1. 对私人数字货币：监管从紧

首先在性质认定上，各国普遍认为比特币等私人数字货币不是法定货币，甚至从本质来说不是货币，不具有普遍的可接受性和法偿性。鉴于其币值波动剧烈，与美元等主权货币的兑换比率变动幅度过大，中国、美国、英国、韩国、加拿大、俄罗斯、新加坡等国家监管机构多次向投资者发布风险预警，以防范跨境洗钱、逃税、黑色交易、恐怖活动和黑客攻击等法律和技术方面的潜在风险。事实上在实践中，2018 年 1 月，日本最大的数字货币交易所之一 Coincheck 就遭到黑客攻击，被盗时值约 5.23 亿美元的 NEM 新经币，创下数字货币失窃案历史最大金额；根据美国网络安全公司 CipherTrace 报告，仅 2018 年由黑客攻击导致的数字货币失窃金额就达到17亿美元。对于私人数字货币是否可作为金融工具，各国态度不一，但无一不在对数字货币相关的金融活动加强监管，其方式主要分为以下两类[167]。

第一类：对与私人数字货币相关的金融业务实施严格限制或禁止。

中国早在2013年就发布《关于防范比特币风险的通知》，明确禁止金融机构和第三方支付机构参与比特币交易活动。2017年中国又对数字货币交易活动进行了集中整治，6月15日，央行在发布的风险提示中明确表示，中国尚未发行法定数字货币，目前市场上所谓“数字货币”均非法定数字货币；中国人民银行、中国银监会等七部委在9月4日联合发布《关于防范代币发行融资风险的公告》，将首次代币发行（initial coin offering，ICO）定性为非法公开融资，明令禁止网络平台开展法定货币与代币、“虚拟货币”相互之间的兑换、定价、信息中介等业务，并要求各地政府通过综合措施引导辖内从事比特币生产（俗称“挖矿”）的企业有序退出。2018年初，又进一步对地方政府提出了要求，持续加强清理整顿；互联网金融协会也随之发布了风险提示。

韩国因炒币热潮疯涨，2017年9月叫停ICO后，12月又组建专门的跨部门数字货币对策小组以遏制数字货币过度投机行为；2018年初，韩国政府和四大交易所提出自律要求，实施交易实名制，禁止未成年人和非居民开设数字货币账户，禁止金融机构为数字货币买卖、投资或相关抵押担保活动提供服务。俄罗斯政府出于金融风险和担心比特币的匿名支付被用于恐怖主义融资等犯罪支付的考虑，一直实行禁止性监管，并计划禁止私人购买数字货币的首次代币发行。泰国央行则禁止银行和其他金融机构直接参与加密数字货币的投资和交易活动，包括参与设立交易所、为客户提供信用卡等支付和融资工具、提供咨询服务等。2018年5月，意大利佛罗伦萨法院勒令数字货币交易所BitGrail保持关闭状态；同年12月，意大利金融市场监管局（the Commissione Nazionale per le Società e la Borsa，CONSOB）下令禁止加密货币相关项目提供未经授权的投资服务。

第二类：将相关的金融活动按照业务属性纳入现行监管框架。

美国商品期货交易委员会（Commodity Futures Trading Commission，CFTC）2015年宣布，根据《商品交易法案》对“商品”的定义，符合相关特征的数字货币应作为大宗商品进行监管；美国证监会（Securities and Exchange Commission，SEC）亦于2017年表示，因无法证明所有的数字货币均不符合“证券”的定义，具备“证券”特征的数字货币应被纳入证券发行框架进行监管。除了以数字货币为基础资产的衍生品交易，在为之提供的支付服务上，法国审慎监督管理局(Autorité de Contrôle Prudertiel et de Résolution，ACPR)表示，现行比特币交易中使用法币提供资金转移服务的过程均需申请支付服务机构牌照；瑞典将比特币交易划属于货币兑换业务并涉及资金支付业务，因此提供交易服务的机构应依照相关法律法规接受监管；日本的《支付服务法案》(2017 年 4 月修订版)建立了数字货币监管的基础架构，其中明确规定将数字货币涉及的支付业务纳入监管范畴。此外，对于私人数字货币交易平台，大多数国家将之视同为交易场所，要求其按相关法定程序申领牌照并接受持续监管。

2. 对法定数字货币：密切关注

虽然多数国家尚未提出实质性的具体发行计划，但各国近年来已普遍加强了对法定数字货币的研究(表 12.4)，部分国家开始探索数字法币发行、流通的技术研发和制度安排。中国的法定数字货币虽仍未付诸实践，对比特币等的交易也明令禁止，但中国人民银行对数字货币的研究却高度重视；英国亦希望通过抢占区块链技术发展高地重新夺回其国际金融中心的地位，对此英国央行已受命组建区块链技术团队，并考虑发行电子货币的可能性。

表 12.4 各国(地区)政府对法定数字货币的探索

国家(地区)	探索措施
中国	2014 年，央行成立发行法定数字货币的专门研究小组，并于次年 1 月召开数字货币研讨会，论证央行发行法定数字货币的可行性
	2016 年 1 月 20 日，中国人民银行数字货币研讨会表示，要进一步明确央行发行数字货币的战略目标，做好关键技术攻关；周小川行长也在相关采访中详细阐述了央行发行数字货币的思路和原则
美国	2013 年 11 月，参议院对比特币进行听证，总体传达了积极态度
	2015 年 1 月，纽约证券交易所(New York Stock Exchange，NYSE)入股的 Coinbase 成立比特币交易所，美国以纽约州为代表的比特币监管立法进程初步完成，并发布了最终版本的监管框架 BitLicense
	2018 年 2 月 6 日众院召开首场针对虚拟货币和证券交易的听证会，传递的基本精神是“不伤害”，即谨慎监管
日本	2016 年 5 月，日本批准通过比特币监管法案，并将之定义为财产
	2017 年 4 月 1 日，日本内阁签署的《支付服务修正法案》正式生效，承认了比特币等数字货币的合法性，允许比特币作为支付工具。同年，有新闻报道计划于 2020 年推出央行数字货币 JCoin

续表

国家(地区)	探索措施
加拿大	2013 年 10 月 29 日，在温哥华激活了全球第一部比特币自动提款机 2018 年 7 月，加拿大央行明确表示已启动 CBDC(central bank digital currencies，央行数字货币)研究，并对设计的中央银行数字货币 CAD-Coin 进行了实验
欧盟	2012 年 12 月 6 日，首家在欧盟法律框架下运行的比特币交易所——法国比特币中央交易所诞生，这也是世界首家官方认可的比特币交易所
英国	2015 年 3 月 5 日，英格兰银行宣布正规划发行一种数字货币 2015 年 7 月 10 日，花旗银行公开宣布正在研发自己的数字货币——花旗币(CitiCoin) 2016 年，数字货币初创公司 Cirecle 获得英国政府颁发的首张电子货币牌照
瑞士	2015 年 9 月 8 日，瑞士银行宣布将基于比特币技术研究开发数字货币
瑞典	2018 年 4 月，瑞典央行宣布将与 IOTA(Internet of Things Application，一个区块链网络公司)合作推出国家数字货币 E-Krona，计划于 2019 年完成
德国	2013 年 6 月底，德国议会决定，持有比特币一年以上将予以免税，同时比特币被德国财政部认定为“记账单位”，这标志着比特币在德国已被视为合法货币，可以被用来交税和从事贸易活动 2013 年 8 月 19 日，德国政府认可了比特币的法律和税收地位，成为全球第一个正式认可比特币合法身份的国家
委内瑞拉	2018 年 2 月 20 日，推出官方的石油币，是全球首个发行法定数字货币的国家

(三)数字货币的优势

关于数字货币的优点，不少学者肯定了数字货币对于创新货币形式的重要作用。姜立文和胡玥[170]认为比特币在当前互联网时代全球一体化趋势中可有效降低“信息成本”和“交易费用”等。蔡钊[171]表示，区块链技术赋予数字货币去中心化信用和频繁交易的特点，使之具有较高的交易流通价值，并能够通过开发对冲性金融衍生品作为准超主权货币，从而保持相对稳定的价格。焦瑾璞等[172]指出，数字货币不仅降低了金融服务的交易成本和时间成本，还增加了金融服务的覆盖面和便利性、提升了金融服务的质量和满意度，从而可促进普惠金融的发展。同时，姚前[173]也指出货币形态的数字化和智能化可降低货币共识成本，优化货币政策。综上，我们认为数字货币具有一些天然的优势，可以弥补传统纸币的一些弊端，相较于其他电子货币，也有其独到之处。

1. 相较于传统纸币的优势

首先，数字货币是天然的世界货币，能有效消除汇率波动对经济的影响[174]。在经济全球化的背景下，世界现有的170余种主权货币间的兑换比率即汇率，在金本位时代尚有黄金输送点的界限，波动有限；但在当前的信用纸币阶段，受国际收支、通货膨胀、利率政策、经济政治等诸多因素的影响，汇率通过各种传导机制成为各国实现政治目的的重要金融手段。而作为国际储备货币的发行国，因占据优势地位和主导权，出于自身利益考虑，往往存在激励不兼容问题，加剧了全球经济失衡。而数字货币的底层技术基础——区块链通过构筑一个全球化的超级数据库，使得分布在世界各地的所有节点和参与者共同参与验证，以算法进行信用背书，不受任意一个中心机构控制，因而也不需要在国际结算中进行币种换算，避免了汇率波动，天然具备世界货币的属性，进而走出了传统货币体系中的特里芬困境。

其次，数字货币的技术锚定可有效防止货币超发，遏制恶性通货膨胀。如前文所述，纸币作为信用货币，在没有可信锚的情况下极易出现超发过度，导致严重的通货膨胀，侵蚀社会财富，破坏经济秩序。在国际货币体系的软约束下，纸币的发行规模主要由国家货币当局控制，除了经济发行，财政发行引发的政府财政收支赤字、信用发行导致的货币透支，都使得恶性通货膨胀成为信用货币时代的重要隐患。而数字货币开源、去中心化的发行机制，绕开了中央政府和商业银行等中介机构，真正基于现实的交易诉求或国家发展的特定需要，即是社会商品服务价值的直接表现和交易映射，具备经济簿记符号[①]这一货币本质属性。理论上数字货币不存在超发问题，如比特币在设计之初就限定了2100万枚这一发行总量，从而可治愈恶性通货膨胀这一经济顽疾。

再次，数字货币具有显著的成本优势，可大幅提高流通效率。纸币的发行和流通须经国家中心机构和第三方清算机构等多个中介，中间印刷成本、运输成本、清算费用繁多；纸币载体的物理性质又需要极高的防伪成本和损耗、回收费用。而数字货币以二进制数据形式存在，通过云存储和电子系统流转，不再需要支付实物货币的发行成本和运输成本，也避免了回收、清点和销毁费用，大大提高了交易的便捷性；区块链技术重构的信用范式，又支撑数字货币在无须中心机构和中介平台的情况下进行价值交换，摩擦成本和第三方手续费用低，交易环节减少；基于算法的开源、去中心的发行机制，又避免了纸币发行中必然出现的铸币税问题；同时，以

① 数字货币本质上是一套“代符+簿记系统”的相关研究。“簿记”是货币问题的一个重要子领域，也是连接区块链特征与货币概念的一个重要结合点。

现代非对称密码学和共识机制为保证，数字货币具有可靠的安全性，防伪成本低。在全球经济一体化的趋势中，国际贸易的规模和频率都有了质的飞跃，数字货币突破了传统货币制度的窠臼，具有极高的经济价值。

最后，数字货币有利于加强金融监管，减少经济犯罪。由于纸币的不记名性，相关监管机构无法全面准确地掌握纸币的流通情况，利用纸币进行洗钱、逃税等经济犯罪的事件层出不穷，成为现实社会无法避免的黑洞；大量现金的抢劫风险也是高频案件；同时假币伴随着纸币的产生而出现，一直是影响纸币体系的毒瘤。而区块链技术支持下的数字货币可实现货币的“留痕”，其不可篡改的特征和可验证的时间戳，完整记录了交易明细和当事人信息，形成的全网统一账本为监管机构实时跟踪和仲裁机构寻找证据提供了可信的数据源。数字货币发行阶段的特征、流通阶段确定的来源和指明的去向，一方面可优化信用评估机制，另一方面可有效打击洗钱和偷税等行为，同时也提高了盗窃、抢劫和制造假币的门槛。

2. 相较于其他电子货币的优势

一是成本更低。不同于仍依赖央行和商业银行、第三方支付平台等的其他电子货币，应用区块链技术进行点对点直接交易的数字货币，有助于省去银行间清算等中间环节，支付便捷度提高的同时，也极大节约了成本。这一优势在小额支付和跨境结算中尤为明显。

二是范围更广。一方面，电子化支付属于在线支付系统，离不开网络信号，而数字货币的交易借助区块链技术可实现离线交易，从而有助于拓宽交易范围；另一方面，数字货币真正超越了主权货币的限制，其世界货币的特征突破了时间和地域局限，可更为自由地进行跨境交易活动。

三是安全性更高。区块链去中心化和非对称加密技术使得数字货币系统可以在一定程度上实现匿名支付，资金接收方不必知晓或核验资金转出方的个人信息，从而在一定程度上保护用户隐私。

四是包容性更强。首先，同时开源的技术架构，相对来说对接入端的硬件要求较低；其次，数字货币网络不需要与银行账户绑定，从而有助于让边远地区的居民享受到现代金融服务，实现普惠金融。

三、应 用 案 例

“万物源自比特。”在构筑于数学和逻辑主线之上的信息时代，从香农将之定义为信息熵的测量单位，到见证了哥本哈根辩论的物理学大师惠勒总结“It from Bit”，比特成为“宇宙运行的最基本粒子”[175]。而冠之以名的“比特币”作为首个初步成功并引起广泛关注的区块链应用，其代表的数字货币甚至一度成为区块链的代名词。在比特币价格的剧烈波动中，因其 PoW 机制对算力的巨大消耗，基于改进的共识算法而研发的竞争币大量出现，对比特币的主导地位形成挑战。与此同时，除了竞争激烈的 Fintech 公司，国际金融机构如花旗银行研发的花旗币、中央权威机构如委内瑞拉政府推出的石油币等，则代表着传统金融机构的纷纷“入局”。

❖案例一　比特币

2008 年，由美国次贷危机引发的全球金融危机，以及之后各央行“开闸放水”的货币政策，又进一步引发了对基于国家信用的现行货币制度的信任危机。在此之前，从 1990 年大卫・乔姆的 Ecash 试验，到 2004 年哈尔・芬尼推出采用 RPOW（可重复使用的工作量证明机制，repeatable proof of work）的电子货币，坚持自由主义、拥护匿名隐私、追求去中心化的极客组织密码朋克①对新型数字货币的探索和实践，积累了大量的可借鉴经验。

在这一背景下，2008 年末，一个化名为“中本聪”（Satoshi Nakamoto）的匿名黑客发表的一篇论文《比特币：一种点对点的电子现金系统》（*Bitcoin: a peer-to-peer electronic cash*）宣告了比特币的诞生，次年 1 月比特币系统软件的开源代码被公布，50 枚比特币作为“创世区块”的奖励面世。此后，伴随着其过山车般的价格涨跌，关于比特币究竟是一个巨大的投机泡沫还是一场货币革命的争议也不断升级。根据 CoinMarketCap 统计，截至 2018 年圣诞前夕，比特币在全球加密货币市场中的市值占

① 密码朋克是数字货币的早期传播者，其术语诞生于 1993 年 Eric Hughes 的 *A Cypherpunk's Manifesto*（《密码朋克宣言》）。密码朋克针对数字货币或支付系统的重要尝试多达数十个。

比为52.03%，仍占主导地位。探究数字货币的未来，便绕不开比特币的发展和应用。

1. 比特币的概念、基本原理和特征

比特币是一种基于开源算法产生、依托P2P网络交易、结合点对点技术和密码学技术的匿名数字货币，其特点是去中心化，不依靠特定机构发行，拥有数量不限的分布式节点，且总量严格限定在2100万枚，可以兑换成大多数国家的货币[176]。理论上，比特币的概念对应两个方向：一方面，作为一种数字货币，其账户单位与法定货币没有直接的物理对应关系；另一方面，作为哈耶克“私人货币”的愿景在一定程度上的实现，比特币属于私人机构提供的货币，是对国家货币供应垄断的一种挑战[177]。

同时，作为世界上第一个数字化、分布式、匿名的货币[178]，自诞生之日起，“比特币”(Bitcoin)这一术语就被同时赋予了三重不同的含义，分别对应图12.3的技术堆栈层级[179]：底层是区块链技术；中间层是在区块链技术平台上运行的协议，用以描述区块链上的资产转移过程；顶层便是指货币本身。这里的比特币就是指狭义的加密数字货币，而底层技术和协议则分别定义了其发行机制和交易机制。

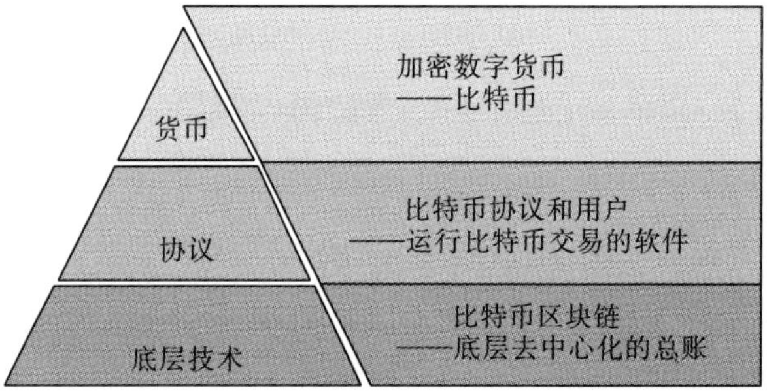

图12.3　比特币区块链的技术堆栈层级

资料来源：根据梅兰妮·斯万的《区块链：新经济蓝图及导读》描述绘制

(1)比特币的运行原理

在早期数字货币长达数十次的失败试验后，比特币出乎意料的成功得益于其天才的发明——区块链。通过链式数据结构来验证和存储数据、应用分布式节点共识算法来生成和更新数据、利用写入自动化脚本代码的智能合约来编程和操作数据、采用密码学技术维护数据传输和信息访问的安全性，区块链这一全新的分布式基础

架构和计算范式，通过构造一个以“竞争—记账—奖励”为核心的正向循环的经济系统[180]，创造性地解决了“双花问题”和“拜占庭将军问题”。

A. 发行机制

究其内涵，比特币的本质就是一堆复杂算法的特解，相应地，其产出也就是基于网络开源程序、解决特定数学问题的过程。在其内建机制中，比特币系统每隔固定时间点（10min）生成一个随机代码，各节点（计算机）基于 PoW 机制下的算力①竞争寻找该代码，同一时间点掌握最大算力即竞争胜出的节点将获得该次记账权，在生成区块的同时获得一定数量的比特币奖励。这种激励机制将竞争记账与货币发行相结合，通过信息技术和电子手段解决了去中心化货币系统中的发行难题，图 12.4 展示了其发行特点和收敛性曲线，因高度模拟贵金属黄金的开采过程，比特币的产生也被形象地称为矿工“挖矿”。同时为防止通胀，中本聪将其总量严格限定在 2100 万枚，即上述特解只有 2100 万枚。系统中每 4 年为一个半衰期，其区块币值

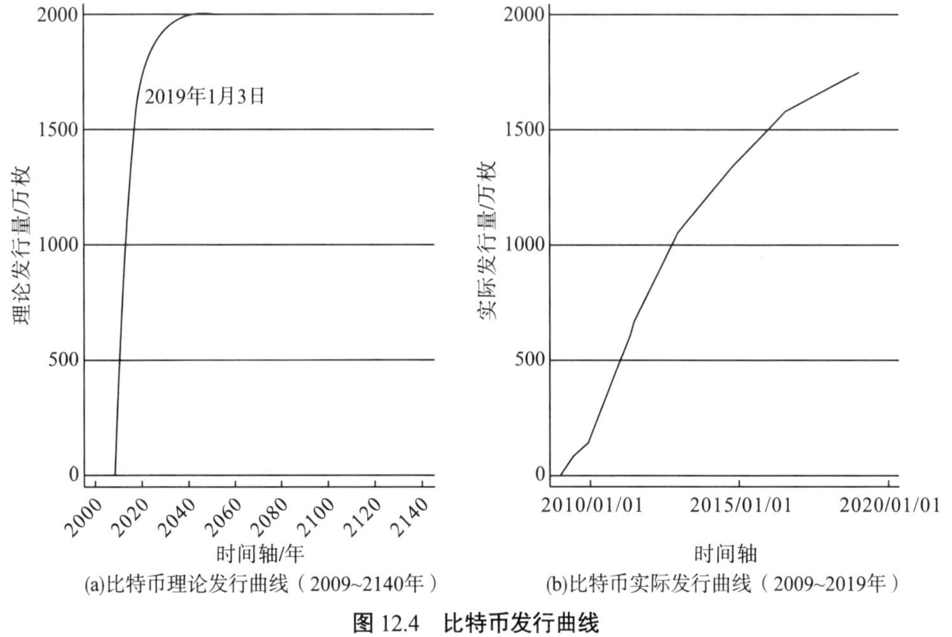

图 12.4　比特币发行曲线

资料来源：(a)作者根据发行机制测算；(b)Blockchain.com

① 算力指矿机每秒钟能做哈希碰撞的次数，单位写作 HASH/s。其中，随着比特币“挖矿”竞争的激烈化和难度的加大，普通的笔记本电脑等不能再满足其对性能的高要求，去掉所有无关的元器件、追求极致性能、具备高运算能力的专业台式机便被称为“矿机”，合并联合运作部分算力的网站即是“矿池”(mining pool)。

也即奖励数量分别从 50 枚到 25 枚、12.5 枚、6.25 枚……预计 2140 年发行结束，届时比特币的总数恒定在 20999999.9769 枚，图 12.4(a)描绘了该理论发行过程；当前比特币已经历两次半衰期，发行量超过 1746 万枚，见图 12.4(b)。

B. 交易机制

作为一种总量恒定型的数字货币，除了挖矿，比特币的另一种获得方式就是交易。以现代密码技术为安全保证，比特币交易通过设立账户(一对公钥和私钥)、公开密钥算法、电子签名技术验证，以点对点(P2P)的方式实现了账户间的转移和记录。见图 12.5，中本聪在白皮书中定义："每个所有者通过对前一次交易和下一个所有者的公钥进行一个随机散列的数字签名，并将这一签名添加到该枚电子货币的末尾，从而将电子货币传输给下一个所有者。收款人通过检验签名以验证所有权链。"[181]这一交易机制的突出特点就在于"比特币地址"①和"公钥私钥一次一密"，两者成对出现，类似于银行卡和密码。这一过程中的交易信息将被打包为"区块"广播至比特币网络

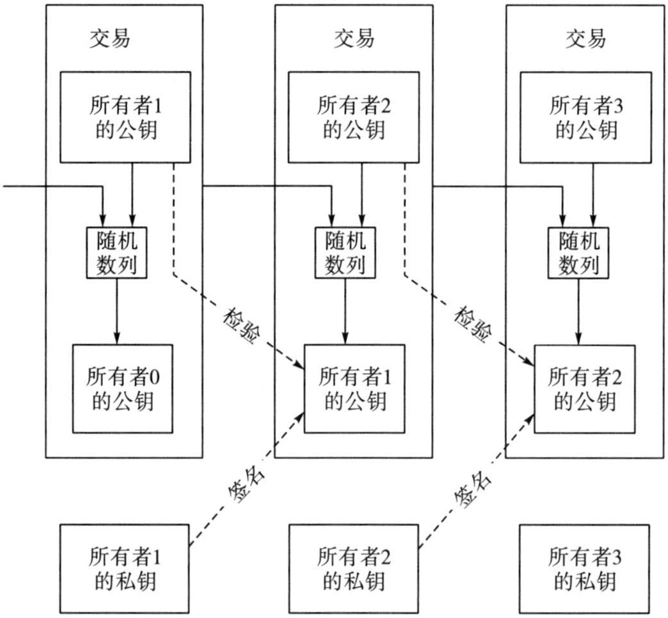

图 12.5　比特币交易机制

资料来源：Nakamoto S. Bitcoin: apeer-to-peerelectroniccashsystem[EB/OL]. https://bitcoin.org/bitcoin.pdf[2018-09-01]

① 比特币地址是一个由数字和字母组成的字符串，由哈希算法生成，多以 1 或 3 开头，一般 33 位长，如"1M8DPUBQXsVUNnNiXw5oFdRciguXctWpUD"。

上，当得到足够多的(6 个)区块确认后，交易不可逆转并被永久记录，从而有效解决了双重支付问题。当前具有代表性的交易所包括币安网、Bithumb、火币网等，图 12.6 展示了截至 2019 年 1 月 3 日的 10 年间比特币交易总量的变化趋势。

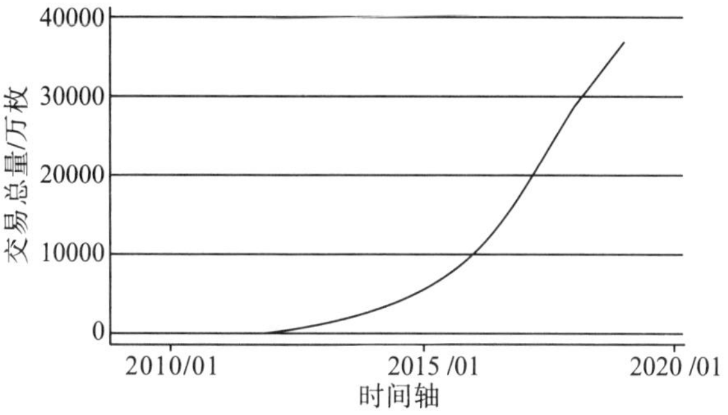

图 12.6　比特币交易总量

资料来源：Blockchain.com

(2) 比特币的特征

比特币被誉为“对私人数字货币时代的一次回望”[182]，其发售和交易基于严格的既定规则而不受央行管制，去中心化的特质打破了当前政府垄断供应的货币体系而吸引了大批拥趸。安全性和匿名性则是建立在这一特质基础上的典型特点，综合其介质属性，比特币可全球流通、交易便捷。但辩证来看，科技的双刃性又给比特币带来了反洗钱等监管难题。

1) **去中心化**。与法定货币和其他虚拟货币不同，比特币最重要的特征就是没有中央发行中心，不以政府或法律主体的信用为背书，而是基于区块链技术，通过数学算法创造、利用网络中各节点共同管理、采用非对称密码技术担保发行，从而缔结了超越人为因素的信任纽带。同时，作为总量恒定型数字货币，其发行和交易机制严格遵循程序的既定规则，在减少人为干预的同时，降低了通货膨胀预期。

2) **高安全性**。作为典型的技术引领型数字货币，比特币背后的技术保证了其高安全性：首先，私钥和公钥构建的“密码证明系统”通过公共加密有效保证了交易的防伪；其次，点对点式的时间戳服务器可确保交易信息完整可追踪；最后，整体系统运行中只有某一节点掌握超过 51%的算力时才可能被控制，篡改信息的成本非常高昂，很大程度上抵御了黑客入侵风险。

3）**高匿名性**。比特币的一个重要设计理念就是强调保护隐私，因此其运行方式高度匿名、单向流通。一方面，比特币通过 P2P 网络实现点对点的直接交易和信息传播，没有第三方参与控制；另一方面，比特币交易机制中“公钥私钥一次一密”的加密方案确保了交易的具体信息，如金额、客户身份等不会泄露。

4）**交易便捷**。比特币突破了主权货币的地域限制和汇率束缚，自其诞生之日起就天然具备“世界货币”的功能，无论何人何时何地都可在互联网终端上进行挖掘、出售或购买。比特币的这一“全球流通性”，最大限度地降低了市场地域分割和地理空间限制的影响，大大节省了烦琐的手续造成的中间费用。同时，比特币对每笔交易仅收取 1 比特分的手续费，交易费用相对较低。因此，结合其介质特征，比特币的全球流通、低交易费用、无隐藏成本等性质使其交易具有便捷性。

5）**监管复杂**。理论上，比特币市场的公开透明和完整的可追溯性有利于加强监管。但实际上，由于比特币的去中心化、高度匿名、跨国流通等性质，各国尚未建立完整的监管体系，跨境洗钱、逃税问题日渐凸显[183]，现阶段比特币往往更多地被使用在黑市交易、资本转移、绑架敲诈、毒品交易、恐怖活动等犯罪支付中[184]。

2. 比特币的发展路径

从 2008 年末至今，比特币已走过 10 个年头。10 年间，无数标志性事件的发生成为比特币发展历程中的一座座里程碑，其社会认可度和市场接受度不断提高，时至今日已成为世界瞩目的数字资产。在其时间轴上，2010 年 5 月 22 日是一个有趣且重要的日子，一位名叫拉兹洛·豪涅茨（Laszlo Hanyecz）的美国程序员通过比特币论坛以 10000 比特币的价格购买了两块披萨；随着帖子的沉寂，没有人预料到 3 个月后比特币在交易所上线，其价格开始一路飙升。从当月底一封“600 美元的披萨好吃吗”的回帖，到年底“2600 美元的披萨”……这两块披萨的最高价值一度超过 2.7 亿美元。

以比特币的价格变化为线索，对比同时期的黄金期货，见图 12.7（收盘价），可将比特币的发展路径划分为四个阶段。

第一阶段：诞生初期，价格机制逐渐形成。2008 年末比特币白皮书发布，2009 年

1 月 3 日 50 枚比特币随后问世，此时比特币还没有“价格”。2009 年 10 月，第一个比特币的价格计算方法被提出，即计算平均一枚比特币挖掘所耗电量的成本，得出“1 美元=1309.03 比特币”。次年 5 月，也即著名的“比特币披萨日”诞生了比特币在现实世界的第一个公允价格——5000 比特币/披萨。

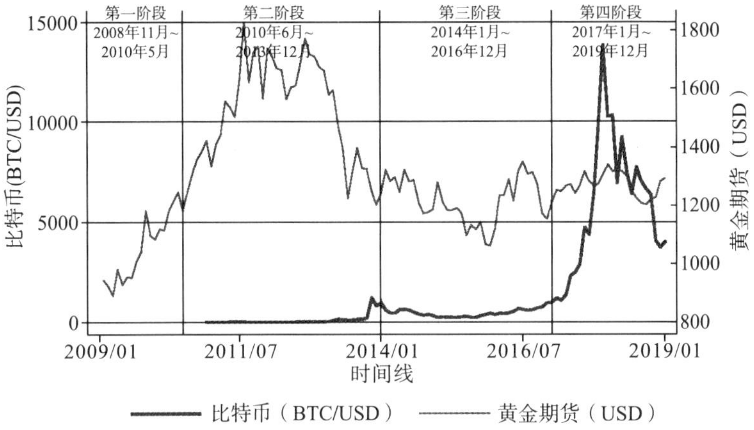

图 12.7　比特币十年价格变化图（2009 ~ 2019 年）

资料来源：lnvesting.com

BTC/USD: 比特币/美元

第二阶段：声名渐起，经历多次价格波动。2010 年 7 月，比特币客户端的发布吸引了 Slashdot 和《时代周刊》《福布斯》等著名新闻媒体的关注，比特币汇率出现第一次价格剧烈波动，5 天内从 0.008 美元快速上升至 0.08 美元。同年 11 月，比特币交易平台 Mt. Gox 创立，并快速发展为全球最大的比特币交易平台。2011 年 6 月，Mt. Gox 出现漏洞，导致比特币价格从 17.51 美元跌至 1 美分。至 2013 年 4 月，塞浦路斯的经济危机使得大量比特币被买入以实现经济避险，短时间内比特币因此暴涨 8.8 倍达 265 美元，全球科技圈和经济圈一时哗然。同年 11 月，比特币在中国火币网最高价达 8000 元人民币/比特币，一度超过黄金期货，但随着中国人民银行等五部委发布《关于防范比特币风险的通知》，其价格应声跌落。

第三阶段：初步发展，价格呈现“U”形上涨。2014 年初，Mt. Gox 的破产严重打击了人们对比特币安全的信任，比特币价格迎来较长的低位调整阶段。但同时，从当年7月波兰财政部确认比特币可作为一种金融工具开始，至12月微软接受比特币支付，各国政策的变化和比特币的应用推动比特币开始缓慢上涨，至2016年比特币价格已超过950美元。

第四阶段：引发热议，爆发式增长后急剧回落。2017年2月，比特币价格再次超过黄金期货，此后伴随着大量投机者和机构投资者的涌入，其价格一路猛涨，至12月最高价一度接近20000美元。但牛市并未持续，2018年第一季度后比特币价格迅速下跌，进入2019年，比特币价格已跌破4000美元，关于比特币的争议也不断升温。

3. 围绕比特币的争论

随着第四阶段比特币价格的暴涨暴跌，比特币布道者与批评者的观点呈现两极分化的趋势，“价值归零论”与“货币革命论”并存。当代投资巨擘如巴菲特多次公开抨击比特币，认为它是“真正的泡沫”[①]，甚至将其形容为“老鼠药”[②]；比尔·盖茨也发表了对比特币的看空评价，将其归于“博傻理论”类的投资；值得关注的是，两届美联储主席耶伦和鲍威尔都表达出对比特币的谨慎态度。然而，与此同时，纽约交易所推出Bakkt数字资产平台和实物比特币期货合约、纳斯达克继Linq平台后又宣布上线比特币交易、高盛率先尝试比特币交易业务……以华尔街为代表的金融业界主流反应表现为“行动”探索。

(1) 比特币是不是又一个“郁金香狂热”式的投机泡沫

2017年12月16日比特币价格飙升至历史最高点的19373.14美元/枚，较2009年首次公布的兑换汇率1美元∶1309.03比特币，价格翻了2600多万倍；而此后，比特币价格一路突破15000美元、10000美元、5000美元……截至2019年1月1日，比特币价格降至3657美元/枚，一年来累计回撤高达81.62%。

见图12.7，在这场比特币的狂欢和神话破灭的背后，比特币泡沫论不绝于耳。谨慎的投资者认为比特币是17世纪荷兰郁金香泡沫的“现代科技版”，一旦其预期和

① 2017年10月，沃伦·巴菲特(Warren Buffett)在出席奥马哈举行的年度问答会议时表示：“你无法给比特币估值，因为它不是一种创造价值的资产。”事实上，早于2014年巴菲特就开始呼吁投资者“远离比特币”。

② 2018年5月，巴菲特在伯克希尔巴菲特股东大会召开前接受CNBC主持人采访时再次警告比特币是“老鼠药的平方”。

“位信用”被投机者击穿，比特币价格将会直线下跌，最后完全可能全部归零。在2017 年底，前桥水联合基金(Bridgewater Associates)分析师联合 ConvoyInvestments 通过与历史著名的泡沫事件进行对比，发布资产泡沫对比图(图 12.8)，指出比特币泡沫已“超过了荷兰‘郁金香狂热’时期郁金香价格的同期涨幅”，从数据上看已成为历史上最大的资产泡沫。

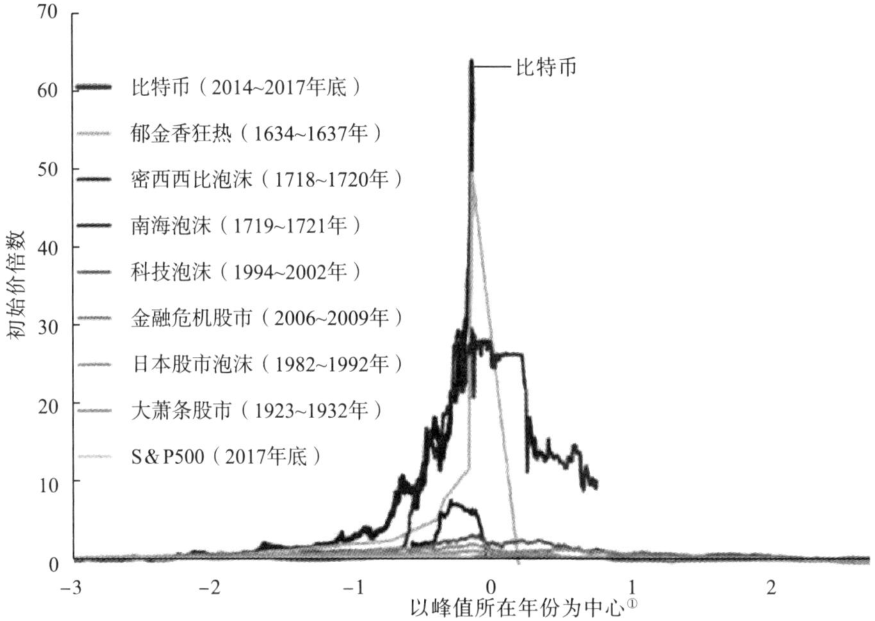

图 12.8　资产泡沫对比图

资料来源：http://www.convoyinvestments.com[2018-11-16]

从形式上说，泡沫指经济资产的价值持续偏离基本价值[185]，因而要探究比特币这一戏剧性的涨跌变化是否构成了泡沫，就要探究比特币的价格形成机制和基本价值。Cheah 和 Fry[186]利用内在收益率和内在风险水平两个假设检验证明比特币价格表现出了投机泡沫，并根据经验估计其基本价值为零；Baek 和 Elbeck[187]发现比特币的收益是由投机性因素而不是由基本的经济因素驱动的；但 Blau[188]的研究则认为比特币的高波动性与当时的高投机性活动无关。对此，Corbet 等[189]通过研究总结指出比特币当时(价格超过 1000 美元时)确实处于泡沫阶段，但随着比特币的发展

① 各资产泡沫达到峰值的所在年份为 0，以该年份向前推 3 年、向后推 2 年为研究区间。

和技术的进步，经济基本面因素对比特币价格的影响越来越大，尚无明确的证据表明市场存在持续的泡沫。

从成本角度看，有研究[190]分析比特币价格的上涨是由于矿工收益以挖矿难度系数的上升，但成本因素只是商品价格的下限，目前比特币的价格仍主要决定于人们的信任程度和“预期”。因此，现阶段的一个尴尬处境是，追求去中心化、没有中央发行机构的比特币的价格对政府态度极其敏感，一旦各国加强监管，比特币的价格就应声跌落。

⑵比特币的货币属性与其能否颠覆现有的货币体系

随着比特币的发展，围绕备受比特币投机者关注的价格泡沫争议逐渐转向经济学家所关注的货币属性上来。在当前信用货币体系下，比特币没有国家信用和主权权威的支持，其信用的构建取决于人们对比特币系统算法而非对政府的信任。但目前在价格的巨大波动中，比特币尚无取代信用货币的信用基础。

也有学者从货币职能的承担上对比特币能否成为货币进行判断，有观点认为比特币已经拥有了货币的交易媒介、价值存储、延期支付标准和记账单位四大功能，但对此质疑的声音颇多。例如，在比特币的交易中，衡量商品价值的因素实质是全网算力和法定货币，而非比特币本身，加上比特币价格的不稳定性，出现了比特币流通手段与价值尺度的分离。

中国早在2013年发布的《关于防范比特币风险的通知》中就将比特币定义为一种特定的虚拟商品，法律上不具备与货币等同的地位；2014年，央行行长周小川再次强调比特币是“一种能交易的资产”，而非“支付货币”；2018年，央行行长易纲表示比特币具有启发性，但暂无可能承认其合法性。尽管当前并不具备法定货币的地位，但比特币在一定范围内承担着部分货币职能，属于一种“**准货币**”；事实上，2013年德国金融部曾将比特币定义为“货币单位”和“**私人货币**”。[191]

4. 小结：比特币的未来

自诞生之日起，围绕比特币的争议就从未中断反而愈演愈烈。在大量的“价值归零论”和“泡沫论”中，应该注意到，比特币与郁金香等泡沫存在的最大的不同就在于其背后的区块链技术。比特币价格的暴跌，使得更多的目光开始聚焦到区块链上。

比特币不管到底是昙花一现的泡沫，还是一场颠覆千年货币形态的革命，其底层技术已经开始定义未来经济金融的新格局。正如身份至今保密的中本聪在一份身份证明的邮件中写下“我们每个人都是中本聪”——无论是主动拥抱，还是被动接受，我们都不可避免地参与到比特币背后的区块链技术发展潮流中。

❖案例二　竞争币

随着比特币挖矿竞争的激烈化和难度的提升，算力竞争的成本，如电力消耗越来越高，收益却不断降低，越来越多的目光开始集中在对 PoW 机制的改进上。同时，根据瑞士信贷(Credit-Suisse)2018 年的一份报告，4%的比特币地址中掌握着全球 97%的比特币，财富高度集中。技术升级的压力和新玩家入场的迫切需求，使得除了比特币硬分叉的诞生，基于改进的共识算法设计的其他数字货币也大量出现。据统计当前市场中加密货币总量已高达 2104 种，这些种类繁多的新型数字货币被统称为“竞争币”(Competitive Coin)。竞争币与比特币之间最大的不同就在于共识算法的差别，其中代表性的有以下三种。

1. 采用 PoW 机制的竞争币

PoW 算法是公有链中应用最广泛的共识算法。在 PoW 算法的要求下，矿工需要把新生成的交易记录到一个区块，以交易信息为输入计算出一个 Merkle 根值，将 Merkle 根值与前一个区块的地址、时间戳等信息装入区块头，以区块头为输入不断遍历来寻找一个随机数，使得随机数与区块头中的其他信息进行哈希运算后小于一定难度的目标值，如果可以找到一个满足难度条件的随机数，就相当于获得了开发一个新区块的权利。

PoW 算法的目的是需要消耗一定的算力，从而在一定程度上增加入侵者攻击的成本。从数学的角度看，假设攻击者想要攻击主链 M，根据以最长的那条链为主链的规则，需要开发出比 M 链更长的链，称之为 C 链，其概率为

$$q_m = 1 - \sum_{k=0}^{m} \frac{\lambda^k e^{-\lambda}}{k!} \left(1 - \left(\frac{q}{p} \right)^{z-k} \right)$$

其中，p 为非拜占庭节点开发新区块的概率；q 为拜占庭节点开发新区块的概率；q_m 为C消除了 m 个区块的差距，超过M的概率；λ 为入侵者的泊松分布指数，为 $m\frac{q}{p}$；z 和 k 的差值表示当前消除区块的差距的个数。

通过数学计算可以得出，若入侵者不能控制全网51%以上的算力且落后了 m 个区块的情况下，入侵者将不可能入侵成功，比特币系统中 m 取为6。但是这样一来，PoW共识算法的缺陷就显现出来：一方面，以比特币系统为例，为了确保一个交易的安全，需要在6个新的区块产生后才可以得到全网的确认，即一个交易的确认时间延长了近1h，这是很低效的；另一方面，根据PoW机制，发起者需要消耗一定量的算力，这样会耗费大量的资源。

综合分析PoW的算法原理可以看出，尽管存在上述缺陷，但其较高的安全性和公平性为数字货币提供了广阔的开发和应用空间。在基于PoW算法的诸多数字货币中，除了比特币外，**莱特币**是具有较大影响力的一种。

莱特币诞生于2011年11月，作为比特币的竞争币，相较之下具有以下几点优势：首先，它在技术上与比特币具有相同的实现原理，但采用了不同的挖矿算法，比特币基于SHA-256算法，而莱特币则基于scrypt算法，scrypt加密算法使之在普通计算机上进行挖掘更为容易；其次，莱特币网络每2.5min可以处理一个区块，因此可以提供更快的交易确认；最后，莱特币最终总量8400万个，是比特币的四倍。这些相对优势使得莱特币在早期取得了较大的成功，曾长期占据数字货币市值榜的第二名，最高价格达到279.02美元/枚，2018年8月莱特币的价格约为73.18美元/枚。

2. 采用PoS机制的竞争币

尽管PoW具有较高的安全性，但其相对“低效”和耗费算力的缺陷又推动了基于PoS的数字货币的开发。相比PoW机制，PoS不要求节点进行一定量的计算工作，而要求节点拥有一定数量加密货币的所有权，才能参与记账的竞争。

在PoS机制的要求下，节点需要提供自己的代币数量的证明来争取开发新区块链的权利。节点把一定的代币投入到PoS算法中(类似押金)，PoS算法根据节点所投入的代币数计算出对应的权重，随机选择一个挖矿人。例如，一个投入 10000 代币的节点可以开发新区块的概率是一个投入 1000 代币的节点的 10 倍，即拥有的代币数量越多，可以挖矿的概率越大。那如果这个挖矿无法成功进行怎么办？事实上，系统会重新按照这个机制再次选择一个新的挖矿者。

显然，PoS 不需要所有节点都参与挖矿，比 PoW 更加节能高效，但是 PoS 是不公平的，如果单纯依靠代币余额来决定挖矿者必然使得富有者胜出，从而会导致一定程度的中心化。此外，因为其攻击成本较低，也更容易被恶意攻击。

在基于区块链共识机制中 PoS 发行的数字货币中，BM 开发的比特股（BitShares，BTS）是市场占有量较高的一个。BTS 发布于 2014 年 7 月，采用的是 PoS 机制的一个变种：DPoS。即赋予每个持股人一定的股权，每个股东将其投票权投给一个代表节点。最后选出 100 个代表节点，他们轮流平等地开发新区块。和 PoS 一样，假如某个代表节点无法在给定的时间内开发出新区块，由下一个代表节点来开发这个新区块，持股人可以随时通过投票更换这些未开发出新区块的代表节点。所有的代表节点将获取等同于一个平均水平的区块所含交易费的 10%作为报酬。

BTS 采用的 DPoS 共识算法能够在一定程度上避免 PoW 算法的高耗能和 PoS 算法的高度中心化。凭借宏伟的构思和新颖的概念，BTS 也曾一度获得较快发展。2014 年 7 月 21 日，BTS 的市值就达到了 2600 万美元，但随着交易量加大，系统资源被大量占用，漏洞不断，而 BM 没有足够的资金解决这个问题，2015 年 BM 选择增发 BTS，引发了社区的大量争议，随之而来的是大幅下跌，从 2014 年 8 月 25 日到 2015 年 6 月 1 日，BTS 跌幅达 90%以上。不过 2017 年 4 月中旬到 6 月中旬，短短两个月之间 BTS 暴涨 130 多倍，BTS 的大涨大跌也表明其中蕴含的投资泡沫。BTS 目前最主要的缺陷是无法大规模地应用，若可以不断完善改进底层技术，实现大规模应用，吸引更多的客户，BTS 的价值会有较大的提升。

3. 区块链 2.0 时代的代币——以太币

以太坊于 2014 年众筹了 30000 多个比特币进行开发，目标是打造一个图灵完备的智能合约平台，其专用代币就是以太币。作为以太坊上充当支付交易手续费和运算服务费的媒介，以太币区别于大多数加密数字货币的特点是以“智能合约”为核心，其开发社区稳固、不断成长、勇于使用硬分叉，并创造性地提出收留“叔块”以提高网络安全性。

在2015年8月正式发布后，以太币受到了社区和市场的一致热捧，市值迅速超过了莱特币，目前稳坐前三位。与上述两类基于固定共识机制的数字货币不同，以太坊前期采用PoW机制，后期则计划采用PoS机制。

竞争币的出现是针对比特币的补充完善，尽管从市值到影响力都还远不及比特币，但竞相出现的两千余种数字货币对创造新的货币格局无疑有着巨大的推动作用。通过不断地尝试，数字货币的落地有了更多的实践经验。

❖案例三　花旗币和石油币

上述提到的两千余种数字货币大多来源于私人投资的新金融科技公司，但随着比特币背后的区块链技术越来越受到认可，部分国际金融机构和中央政府也开始纷纷投入研究。

1. 花旗币：大型国际金融机构的尝试

在私人投资和央行发行之间，部分国际大型金融机构业已开始尝试利用区块链技术研发自己的数字货币，其中，以花旗银行研发的花旗币最具代表性。2015年7月，花旗银行表示正在运用比特币的“区块链分布账户技术”研发自己的数字货币——花旗币。试验阶段，花旗银行开发了三套相互独立的系统，即三条区块链，分别搭载着试验用的花旗币进行运转。2015年12月，花旗币在圣诞节前结束测试，首日在华尔街上市便融资7.32亿美元。

尽管此后花旗银行对数字货币的态度逐渐趋于谨慎，花旗币的研究也在之后陷入停滞，但其诞生传达出多个积极信号。花旗银行等主体的主要研发目的是为机构金融平台的交易和结算提供支持，并非挑战央行发行法定货币的地位[192]。但在研发前后，花旗银行不断与相关国家政府就数字货币相关议题进行沟通，包括在全球范围内建立区块链分布账户网络的可能性和创造一种由多个国家予以支持的数字货币的可能性。事实上，花旗银行曾公开建议英格兰银行利用数字货币的技术优势，发行法定数字货币。

2. 石油币：央行数字货币的探索

在比特币等私人数字货币价格逐渐回落之际，剔除“泡沫”等非理性因素的影响，关于数字货币应用真正意义的思考开始进入主流金融视线。在这一过程中，法定数字货币成为各国央行的研究重点。例如，瑞典在2017年提出数字朗克体系，英国央行委托伦敦大学学院对数字货币 RSCoin 展开设计并进行试验，加拿大公布 CADCoin 代币项目实验，日本则已在技术层面展开探索，中国更是早在2014年就成立专门的央行研究小组探讨法定数字货币的可行性。

2018 年 2 月 20 日，委内瑞拉总统马杜罗宣布发行“石油数字货币”（Petro Crypto Currency），总量约1亿枚，每一枚石油币都以委内瑞拉的一桶原油作为实物背书。这是首个由主权国家发行并有自然资源作支撑的加密数字货币，可以进行国际支付，也是委内瑞拉进行国际融资的一种新渠道。截至2018年末，石油币仍是全球第一个也是唯一一个法定数字货币。

在委内瑞拉经济低迷、爆发“超级通货膨胀”、法币玻利瓦尔大幅贬值、货币体系几近崩溃和美国经济制裁背景下匆匆发行的石油币，与比特币一样，引起了国际的广泛关注和巨大争议。有观点认为石油币或将成为数字货币的中坚力量，但也有分析指出石油币或许是一场“国家级”的庞氏骗局。详究其发行特征和本质，首先由官方机构管理的石油币并不具备区块链最实质的特征——去中心化，且流通范围的有限性阻碍了其货币职能的履行，在某种程度上石油币更类似于一种国债。[193]不论石油币是数字货币还是数字产品，其都是一项重要的金融创新，虽不能从根本上解决委内瑞拉的法币信用危机和经济危机，但为石油去美元化的探索做出了贡献，是研究法定数字货币应用的一个重要案例。

中本聪设计和编码的比特币电子现金系统至今已经运转了10年，作为区块链的第一个也是迄今为止最成功的应用，比特币本身的价值尽管存在巨大的争议，但其背后的区块链在数字货币价格暴涨热潮退去后，逐渐体现出巨大的应用价值。作为“区块链+”时代的开篇之物，比特币的早期设计经由实践检验，存在着诸多缺陷，因而大量分叉和包括以太坊在内的竞争币出现，对底层共识算法进行了改进，但都没有挑战到比特币在市场份额中的主导地位。市场中多达数千种的数字货币多以私人数字货币为主，委内瑞拉石油币是世界上首个也是迄今为止唯一一个官方数字货币，但其诞生的背景和设计机制也引发了巨大的质疑和争论。数字货币是对哈耶克自由主义的拥抱，其产生和发展对现有的货币体系产生了巨大的冲击，但至今尚未实现规模化的实质性应用。在未来的发展过程中，如何在去泡沫化的同时突破高度匿名化带来的监管难题，仍是一个重要的课题。

参 考 文 献

[1]阿尔文德·纳拉亚南, 约什·贝努, 爱德华·费尔顿, 等. 区块链技术驱动金融[M]. 林华, 王勇, 帅初, 等译. 北京: 中信出版社, 2016.

[2]中国信通院, 腾讯研究院. 金融区块链研究报告[R]. 2018.

[3]宫晓林, 杨望, 曲双石. 区块链的技术原理及其在金融领域的应用[J]. 国际金融, 2017, (2): 46-54.

[4]孙建钢. 区块链技术发展前瞻[J]. 中国金融, 2016, (8): 23-24.

[5]朱岩, 甘国华, 邓迪, 等. 区块链关键技术中的安全性研究[J]. 信息安全研究, 2016, 2(12): 1090-1097.

[6]刘传领, 范建华. RSA 非对称加密算法在数字签名中的应用研究[J]. 通信技术, 2009, 42(3): 192-196.

[7]张军. 区块链超入门[M]. 北京: 机械工业出版社, 2018.

[8]巴曙松, 乔若羽, 郑嘉伟. 区块链技术如何渗透到不同金融场景: 现状与趋势[J]. 新金融评论, 2018, (2): 119-136.

[9]邹均, 张海宁, 唐屹, 等. 区块链技术指南[M]. 北京: 机械工业出版社, 2016.

[10]刘童桐. 区块链共识机制研究与分析[J]. 信息通信技术与政策, 2018, (7): 26-33.

[11]欧阳丽炜, 王帅, 袁勇, 等. 区块链智能合约的发展现状: 架构、应用与发展趋势[J]. 自动化学报, 2019, (1): 1-13.

[12]耿绮灵. P2P 网络数据存储与恢复可靠性研究[D]. 成都: 西南交通大学, 2018.

[13]张小莉. 信息加密技术在计算机网络安全中的作用[J/OL]. 电子技术与软件工程, 2019, (2): 178. http://kns.cnki.net/kcms/detail/10.1108.TP.20190201.1451.562.html[2019-03-14].

[14]Shiller R J. Irrational Exuberance[M]. City of New Haven: Crown Business, 2006.

[15]陈志武. 金融的逻辑[M]. 上海: 上海三联书店, 2009.

[16]Mougayar W. The Business Blockchain: Promise, Praction, and Application of the Next Internet Technology[M]. Audible Studios, 2016.

[17]徐明星, 田颖, 李霁月. 图说区块链[M]. 北京: 中信出版社, 2017.

[18]Mill J S. Principles of Political Economy with Some of Their Applications to Social Philosophy[M]. 7th ed. London: Longmans, Green and Co, 1909.

[19]Law J. With a ProPoSal for Supplying the Nation with Money[M]. Toronto: The Heirs and Successors of Andrew Anderson, 1705.

[20]Mises L V. Theory of Money and Credit[M]. 5th ed. Charleston: Createspace Indepen Publishing Platform, 2009.

[21]Schumpeter J A. Capitalism, Socialism and Democracy[M]. Cambridge: Harvard University Press, 1934.

[22]Akerlof G A. The market for lemons: quality uncertainty and the market mechanism [J]. Quarterly Journal of Economics, 1970, 84(3): 488-500.

[23]Hayek F A. Denationalization of Money[M]. London: Institute of Economic Affairs, 1976.

[24]宋湘燕, 黄珊. 区块链技术在商业银行的应用前景[J]. 金融时报, 2015, (12): 1-3.

[25]惠长江. 区块链技术对传统银行的影响及银行的应用探讨[J]. 金融科技时代, 2017, (6): 30-34.

[26]巴曙松, 乔若羽, 郑嘉伟. 区块链技术如何渗透到不同金融场景: 现状与趋势[J]. 新金融评论, 2018, (2): 119-136.

[27]宫晓林, 杨望, 曲双石. 区块链的技术原理及其在金融领域的应用[J]. 国际金融, 2017, (2): 46-54.

[28]安永平, 张凯. 区块链: 颠覆式创新与实践路径[J]. 金融市场研究, 2016, (10): 34-42.

[29]王硕. 区块链技术在金融领域的研究现状及创新趋势分析[J]. 上海金融, 2016, (2): 26-29.

[30]唐•塔普斯科特, 亚历克斯•塔普斯科特. 区块链革命: 比特币底层技术如何改变货币、 商业和世界[M]. 凯尔, 等译. 北京: 中信出版社, 2016.

[31]吴建刚. 区块链应用于P2P贷款的适用性与难点分析[J]. 上海金融, 2017, (2): 52-58.

[32]何广锋, 黄未晞. 区块链技术本质以及对金融业的影响[J]. 清华金融评论, 2016, (4): 102-106.

[33]程华, 杨云志. 区块链发展趋势与商业银行应对策略研究[J]. 金融监管研究, 2016, (6): 73-91.

[34]张波. 国外区块链技术的运用情况及相关启示[J]. 金融科技时代, 2016, (5): 35-38.

[35]常宇. 论重复抵押[J]. 清华大学学报(哲学社会科学版), 1999, (2): 35-40.

[36]中国信通院, 腾讯研究院. 金融区块链研究报告[R]. 2018.

[37]朱岩, 甘国华, 邓迪, 等. 区块链关键技术中的安全性研究[J]. 信息安全研究, 2016, 2(12): 1090-1097.

[38]阿尔文德•纳拉亚南, 约什•贝努, 爱德华•费尔顿, 等. 区块链: 技术驱动金融[M]. 林华, 王勇, 帅初, 等译. 北京: 中信出版社, 2016.

[39]李中, 周思宇, 李杨. 审慎变革: 区块链与证券市场的未来之路[M]. 北京: 清华大学出版社, 2018.

[40]龚鸣. 从证券的角度开始讲, 区块链为什么能成为一种颠覆性的技术[J]. 新经济, 2016, (19): 84-86.

[41]刘瑜恒, 周沙骑. 证券区块链的应用探索、问题挑战与监管对策[J]. 金融监管研究, 2017, (4): 89-109.

[42]魏桦. 我国证券结算风险控制与管理[D]. 武汉: 武汉大学, 2005.

[43]曹锋, 宋天玮. 区块链技术在证券市场中的应用探索[J]. 清华金融评论, 2017, (4): 42-45.

[44]乔海曙, 谢姗珊. 区块链驱动金融创新的理论与实践分析[J]. 新金融, 2017, (1): 45-50.

[45]李振国. 关于我国资产证券化业务的若干思考[J]. 现代商业, 2019, (5): 1-2.

[46]杨望, 周钰筠. 区块链在资产证券化中的应用[J]. 中国金融, 2018, (21): 67-69.

[47]翟晨曦, 徐伟, 徐坤, 等. 区块链在我国证券市场的应用与监管研究[J]. 金融监管研究, 2018, (7): 33-54.

[48]王劲松, 韩彩珍, 韩克勇. 区块链技术在我国股权交易中的应用[J]. 中国流通经济, 2018, 32(2): 83-90.

[49]中国信通院, 腾讯研究院. 金融区块链研究报告[R]. 2018.

[50]巴曙松, 杨倞, 等. 2018年中国资产管理行业发展报告[M]. 成都: 四川人民出版社, 2018.

[51]巴曙松, 江雅妤, 朱虹. 银行设立资管子公司的趋势与挑战分析[J]. 当代金融研究, 2018, (6): 95-104.

[52]巴曙松, 黄泽娟. 券商资管应主动转型[N]. 经济日报, 2018-10-19(009).

[53]巴曙松，周冠南．资管新规将重塑行业规则[N]．经济日报，2018-10-16（009）．

[54]巴曙松，高扬．资管新规推动银行理财转型升级[N]．经济日报，2018-10-17（009）．

[55]巴曙松，杨倞．平衡多方因素 实现资产管理新旧体系平稳转换[J]．中国银行业，2018，（10）：93-95，99，10．

[56]林晓轩．区块链技术在金融业的应用[J]．中国金融，2016，（8）：17-18．

[57]唐·塔普斯科特，亚历克斯·塔普斯科特．区块链革命：比特币底层技术如何改变货币、商业和世界[M]．凯尔，等译．北京：中信出版集团，2016．

[58]张军．区块链超入门[M]．北京：机械工业出版社，2018．

[59]摩根大通．区块链在资产管理行业中的应用[R]．2018．

[60]张荣．区块链金融：结构分析与前景展望[J]．南方金融，2017，（2）：57-63．

[61]周洁．一种基于时间信誉和风险的 P2P 网络信任模型的研究[J]．软件，2014，35（1）：53-54．

[62]王晓峰．基于区块链技术的智能合约网络证券交易模型研究[J]．对外经贸，2017，（4）：101-105．

[63]王煜莹．供应链金融研究进展[J]．合作经济与科技，2019，（4）：62-64．

[64]邓如实．从核心企业角度看供应链金融[J]．现代营销，2019，（2）：39-40．

[65]许获迪．区块链技术在供应链金融中的应用研究[J]．西南金融，2019，（2）：1-8．

[66]伍青桐．区块链技术在供应链金融中的应用[J]．现代营销（信息版），2019，（2）：140．

[67]中国信通院，腾讯研究院．金融区块链研究报告[R]．2018．

[68]中国信通院，京东金融研究院．区块链金融应用白皮书[R]．2018．

[69]狄刚．区块链技术在数字票据场景的创新应用[J]．中国金融家，2018，（5）：69-71．

[70]江西财经大学九银票据研究院课题组．票据市场 2017 年回顾及 2018 年展望[EB/OL]．http://finance.ce.cn/rolling/201801/02/t20180102_27516240.shtml[2018-11-14]．

[71]上海票据交易所．2017 年票据市场运行分析报告[R]．2018．

[72]杜庆春．Internet 环境下电子支付的法律问题[M]．北京：法律出版社，1999．

[73]赵亚蕊．商业银行票据业务风险分析及对策研究[J]．西南金融，2016，（9）：32-38．

[74]肖小和．新时代中国票据业务发展创新的探索与展望[J]．金融与经济，2017，（12）：4-13．

[75]万雅桢．基于区块链技术应用的中国票据市场风险管理研究[D]．南昌：江西财经大学，2018．

[76]王丽丽，骆乐．运用数字票据发展我国票据市场的思考[J]．新西部，2018，（20）：56-57．

[77]张巍．利用区块链技术防范票据业务风险的研究[J]．管理观察，2017，（35）：164-165．

[78]黄文菁，王砾苑．区块链技术对城市商业银行票据业务的影响研究[J]．中国市场，2018，（36）：162-163．

[79]张荣康．基于区块链构建的数字票据法律问题研究[D]．北京：中央民族大学，2017．

[80]宋汉光．区块链在数字票据中的应用[J]．中国金融，2018，（10）：42-43．

[81]易观．中国区块链市场应用专题分析 2018[R]．2018．

[82]中国信通院．区块链在金融领域的应用[R]．2018．

[83]美的携手复杂美涉足区块链票据项目[EB/OL]．https://www.csdn.net/article/a/2017-04-14/15927144 [2018-11-20]．

[84]常鹏翱．论可登记财产权的多元化[J]．现代法学，2016，38（6）：45-62．

[85]常宇．论重复抵押[J]．清华大学学报（哲学社会科学版），1999，（2）：35-40．

[86]马俊驹，梅夏英．财产权制度的历史评析和现实思考[J]．中国社会学，1999，（1）：90-105．

[87]尹飞. 不动产登记行为的性质及其展开——兼论民法典编纂中不动产登记制度的完善[J]. 清华法学, 2018, (2): 43-58.
[88]高圣平. 统一动产融资登记公示制度的建构[J]. 环球法律评论, 2017, 39(6): 66-83.
[89]徐珉川. 知识产权的“去中心化”——比特币与登记制度[J]. 科技与法律, 2014, (3): 474-497.
[90]唐·塔普斯科特, 亚历克斯·塔普斯科特. 区块链革命: 比特币底层技术如何改变货币、商业和世界[M]. 凯尔, 等译. 北京: 中信出版社, 2016.
[91]阿尔文德·纳拉亚南, 约什·贝努, 爱德华·费尔顿, 等. 区块链: 技术驱动金融[M]. 林华, 王勇, 帅初, 等译. 北京: 中信出版社, 2016.
[92]戴剑, 张宇萌. 区块链开启信息产权新时代[J]. 国际融资, 2018, (11): 45-46.
[93]唐文剑, 吕雯. 区块链将如何重新定义世界[M]. 北京: 机械工业出版社, 2016.
[94]周洁. 区块链知识产权布局研究[J]. 信息通信技术与政策, 2018, (10): 31-34.
[95]赵冬. 大宗商品流通进入大数据合作共赢时代[J]. 中国物流与采购, 2018, (24): 86.
[96]贺涛. 大宗商品与国际经济竞争[J]. 上海商业, 2018, (10): 10-17.
[97]谭志勇, 赵微. 区块链技术在中国商品交易市场的应用与发展[J]. 清华金融评论, 2017, (4): 48-51.
[98]朱险峰, 巫成方. 2018 年国际大宗商品价格分析与 2019 年展望[J]. 中国物价, 2019, (2): 3-5.
[99]赵河山, 蒋晓全. 我国大宗商品交易市场现状及发展建议[J]. 中国证券期货, 2018, (6): 49-52.
[100]曹剑涛, 贺瑛, 焦刚. 我国大宗商品市场发展瓶颈与对策[J]. 现代管理科学, 2017, (12): 118-120.
[101]王焯, 汪川. 区块链技术: 内涵、应用及其对金融业的重塑[J]. 新金融, 2016, (10): 57-62.
[102]李青, 张鑫. 区块链: 以技术推动教育的开放和公信[J]. 远程教育杂志, 2017, 35(1): 36-44.
[103]唐·塔普斯科特, 亚历克斯·塔普斯科特. 区块链革命: 比特币底层技术如何改变货币、商业和世界[M]. 凯尔, 等译. 北京: 中信出版集团, 2016.
[104]Ren Y J, Kong L H, Liu Y P, et al. Consistency Guarantee Method of Electronic Record Based on Blockchain in Cloud Storage[M]. New York: Springer International Publishing, 2018.
[105]中国信通院, 京东金融. 区块链金融应用白皮书[R]. 2018.
[106]张锐. 区块链技术在国内外金融领域应用动态[J]. 债券, 2016, (12): 43-45.
[107]龚鸣. 区块链社会: 解码区块链全球应用与投资案例[M]. 北京: 中信出版社, 2016.
[108]杜均. 区块链+: 从全球 50 个案例看区块链的应用与未来[M]. 北京: 机械工业出版社, 2018.
[109]王硕. 区块链技术在金融领域的研究现状及创新趋势分析[J]. 上海金融, 2016, (2): 26-29.
[110]赛迪智库区块链产业形势分析课题组. 区块链: 应用将在更多行业场景落地[N]. 中国电子报, 2019-03-06(006).
[111]李琼, 刘庆, 吴兴刚. 互联网对我国保险营销渠道影响分析[J]. 保险研究, 2015, (3): 24-35.
[112]史建民, 孟昭智. 我国农业保险现状、问题及对策研究[J]. 农业经济问题, 2003, (9): 45-49.
[113]何德旭, 董捷. 中国的互联网保险: 模式、影响、风险与监管[J]. 上海金融, 2015, (11): 64-67.
[114]赵大伟. 区块链技术在互联网保险行业的应用探讨[J]. 金融发展研究, 2016, (12): 35-38
[115]王海巍, 周霖. 区块链技术视角下的保险运营模式研究[J]. 保险研究, 2017, (11): 92-102.
[116]马向东. 对区块链技术应用于保险行业的思考[J]. 保险职业学院学报, 2018, 32(6): 49-53.
[117]王和, 周运涛. 区块链技术与互联网保险[J]. 中国金融, 2016, (10): 74-76.

[118]朱建明, 付永贵. 区块链应用研究进展[J]. 科技导报, 2017, 35(13): 70-76.

[119]中国信通院, 腾讯研究院. 金融区块链研究报告[R]. 2018.

[120]乔安妮·凯勒曼, 等. 21 世纪金融监管[M]. 张晓朴译. 北京: 中信出版集团, 2016.

[121]徐明星, 刘勇, 等. 区块链: 重塑经济与世界[M]. 北京: 中信出版社, 2016.

[122]杜均. 区块链+: 从全球 50 个案例看区块链的应用与未来[M]. 北京: 机械工业出版社, 2018.

[123]王舒畅. 区块链在保险行业的应用现状与展望[J]. 时代金融, 2018, (27): 256-257.

[124]周雷, 薛雨寒, 刘露. 区块链技术助力互联网保险高质量发展[J]. 金融理论探索, 2018, (6): 61-69.

[125]唐金成, 杜先培. 论区块链技术在保险行业的应用[J]. 西南金融, 2018, (9): 58-64.

[126]张城城. 区块链技术在再保险中的应用研究——以 B3i 再保险平台为例[J]. 企业科技与发展, 2018, (12): 144-145.

[127]维京研究院，节点研究院. 区块链+支付行业专题报告[R]. 2018.

[128]向迪雅, 母筱彤. 分布式账簿在支付行业的应用[J]. 金融会计, 2016(9): 30-36.

[129]智研咨询. 2018-2024 年中国跨境支付行业市场深度调研研究报告[R]. 2018.

[130]Analysys. 中国第三方跨境支付市场专题分析[R]. 2017.

[131]电子商务研究中心. 2017 年度中国出口跨境电商发展报告[R]. 2018.

[132]姚翔, 朱涛. 区块链打造跨境支付新生态[J]. 金融博览(财富), 2017, (5): 46-48.

[133]中国人民银行上海总部课题组, 季家友, 等. 区块链技术对支付清算系统发展的影响及应用前景研究[J]. 上海金融, 2018, (4): 37-41, 78.

[134]许嘉扬. 基于区块链技术的跨境支付系统创新研究[J]. 金融教育研究, 2017, 30(6): 9-14, 25.

[135]刘泽晶, 徐文杰, 黄斐玉. “区块链+金融”: 互联网金融的双子座[R]. 招商证券, 2016.

[136]卢志强, 葛新锋. 区块链在跨境支付中的应用研究[J]. 西南金融, 2018, (2): 23-28.

[137]麦肯锡. 区块链: 银行业游戏规则的颠覆者[R]. 2016.

[138]冉叶兰. “Ripple”区块链移动支付先驱[J]. 大数据时代, 2017, (1): 62-64.

[139]刘晓明. 基于 Ripple 的区块链技术在支付领域的应用[J]. 金融科技时代, 2016, (9): 38-40.

[140]张爱军. 从 Ripple 看区块链技术对跨境支付模式的变革与创新[J]. 海南金融, 2017, (6): 28-35.

[141]杨晖, 卢昊. 中国特色征信体系模式研究[J]. 新金融, 2011, (8): 59-63.

[142]张敏, 崔鹏. 我国个人征信体系的发展与应用研究[J]. 现代经济信息, 2018, (17): 70.

[143]赫明刚. 当前征信信息安全管理中存在的问题及对策探析[J]. 征信, 2018, 36(12): 58-61.

[144]宫晓林, 杨望, 曲双石. 区块链的技术原理及其在金融领域的应用[J]. 国际金融, 2017, (2): 46-54.

[145]王焯, 汪川. 区块链技术: 内涵、应用及其对金融业的重塑[J]. 新金融, 2016, (10): 57-62.

[146]时明生. 区块链技术在征信业的应用探析[J]. 征信, 2018, 36(1): 20-24.

[147]王强, 卿苏德, 巴洁如. 区块链在征信业应用的探讨[J]. 电信网技术, 2017, (6): 37-41.

[148]李政道, 任晓聪. 区块链对互联网金融的影响探析及未来展望[J]. 技术经济与管理研究, 2016, (10): 75-78.

[149]解黎, 姚世坤. 区块链技术在征信领域应用探究[J]. 征信, 2018, 36(8): 26-30.

[150]夏雪, 马田. “区块链+”重塑行业生态[J]. 通信企业管理, 2018, (3): 38-41.

[151]李存刚, 张迎新, 李焰. 探析数字化征信[J]. 中国国情国力, 2019, (1): 61-64.

[152]骆盼盼. 大数据背景下的互联网金融征信问题分析[J]. 现代营销(下旬刊), 2018, (9): 247-248.

[153]冯炳纯. 基于数据挖掘技术的财务舞弊识别模型构建[J]. 财会通讯, 2019, (5): 93-97.

[154]Brynjolfsson E, Hitt L M. Strength in numbers: how does data-driven decisionmaking affect firm performance?[R]. Working Paper, 2011.

[155]孙国茂, 李猛. 区块链技术在个人征信领域应用研究——基于数字普惠金融视角[J]. 公司金融研究, 2017, (1): 118-129.

[156]袁勇, 王飞跃. 区块链技术发展现状与展望[J]. 自动化学报, 2016, 42(4): 481-494.

[157]胡绍元. 政治制度比较分析[M]. 成都: 四川大学出版社, 2006.

[158]程实. 货币大动荡预示金融生态加速质变[N]. 上海证券报, 2013-04-12.

[159]尤瓦尔•赫拉利. 人类简史: 从动物到上帝[M]. 2 版. 林俊宏译. 北京: 中信出版社, 2017.

[160]李稻葵, 尹兴中. 国际货币体系新架构: 后金融危机时代的研究[J]. 金融研究, 2010, (2): 31-43.

[161]巴里 • 埃森格林. 嚣张的特权: 美元的兴衰和货币的未来[M]. 陈召强译. 北京: 中信出版社, 2011.

[162]周小川. 关于改革国际货币体系的思考[EB/OL]. http://theory.people.com.cn/GB/49154/49155/9039034.html [2018-08-17].

[163]菲利普 • 凯甘. 赤字经济[M]. 谭本源, 等编译. 北京: 中国经济出版社, 1988.

[164]丁振辉, 陈苗. 美国债务经济与国际货币体系[J]. 当代经济研究, 2013, (9): 78-82.

[165]张发林, 张巍. 均衡困境与金融安全: 国际货币制度变迁及问题[J]. 国际安全研究, 2018, 36(6): 40-61, 153.

[166]庄雷, 赵成国. 区块链技术创新下数字货币的演化研究: 理论与框架[J]. 经济学家, 2017, (5): 76-83.

[167]李文红, 蒋则沈. 分布式账户、区块链和数字货币的发展与监管研究[J]. 金融监管研究, 2018, (6): 1-12.

[168]巴曙松. 在数字货币时代追溯货币非国家化的理论源头[EB/OL]. http://wemedia.ifeng.com/72543016/wemedia.shtml [2018-08-07].

[169]DAS. 2018 年上半年最新数字货币行业数据报告[R]. 2018.

[170]姜立文, 胡玥. 比特币对传统货币理念的挑战[J]. 南方金融, 2013, 10: 31-35, 92.

[171]蔡钊. 区块链技术及其在金融行业的应用初探[J]. 中国金融电脑, 2016, (2): 30-34.

[172]焦瑾璞, 孙天琦, 黄亭亭, 等. 数字货币与普惠金融发展——理论框架、国际实践与监管体系[J]. 金融监管研究, 2015, (7): 19-35.

[173]姚前. 共识规则下的货币演化逻辑与法定数字货币的人工智能发行[J]. 金融研究, 2018, (9): 37-55.

[174]中国人民银行宜宾市中心支行课题组, 黎明, 梁尤伟. 数字货币发展应用及货币体系变革探讨——基于区块链技术[J]. 西南金融, 2016, (5): 69-72.

[175]Gleick J. The Information: A History, A Theory, A Flood [M]. London: Vintage, 2012.

[176]贾丽平. 比特币的理论、实践与影响[J]. 国际金融研究, 2013, (12): 14-25.

[177]王寰. 比特币引发的国际逃税避税问题及其法律应对[J]. 税务研究, 2018, (1): 81-87.

[178]Grinberg R. Bitcoin: an innovative alternative digital currency[J]. Hastings Science & Technology Law Journal, 2012, (4); 160-163.

[179]梅兰妮 • 斯万. 区块链: 新经济蓝图及导读[M]. 北京: 新星出版社, 2016.

[180]张健. 区块链: 定义未来金融与经济新格局[M]. 北京: 机械工业出版社, 2016.

[181]Nakamoto S. Bitcoin: a peer-to-peerelectroniccash system[EB/OL]. https://bitcon.org/bitcoin.pdf.[2018-09-01].

[182]陈创，万婷. 基于比特币案例的货币特质研究[J]. 现代商贸工业, 2018, 39(19): 98-99.
[183]王寰. 比特币引发的国际逃税避税问题及其法律应对[J]. 税务研究, 2018, (1): 81-87.
[184]钟加海. 反洗钱视角下的比特币监管对策研究[J]. 时代金融, 2018, (27): 233-234.
[185]Diba B T, Grossman H I. Explosive rational bubbles in stock prices?[J]. The American Economic Review, 1988, 78(3): 520-530.
[186]Cheah E T, Fry J. Speculative bubbles in Bitcoin markets? An empirical investigation into the fundamental value of Bitcoin[J]. Economics Letters, 2015, 130: 32-36.
[187]Baek C, Elbeck M. Bitcoins as an investment or speculative vehicle? A first look[J]. Applied Economics Letters, 2015, 22(1): 30-34.
[188]Blau B M. Price dynamics and speculative trading in bitcoin[J]. Research in International Business and Finance, 2017, 41: 493-499.
[189]Corbet S, Lucey B, Yarovaya L. Datestamping the Bitcoin and Ethereum bubbles[J]. Finance Research Letters, 2017, 26: 81-88.
[190]钟秦. 比特币的价格形成机制研究[J]. 时代金融, 2017, (36): 194, 197.
[191]张泽宇. 比特币运行原理和金融属性研究[J]. 全国流通经济, 2018, (16): 69-71.
[192]张正鑫，赵岳. 央行探索法定数字货币的国际经验[J]. 中国金融, 2016, (17): 28-30.
[193]孙月，孙竹，王立峰. 委内瑞拉“石油数字货币”的本质及其对国际金融秩序的影响[J]. 国际经济合作, 2018, (11): 67-72.

附　录

附录 1　2015 年至 2018 年银行业区块链实践大事记

2015 年 9 月，英国巴克莱银行（Barclays Bank）、西班牙毕尔巴鄂比斯开银行（Banco Bilbao Vizcaya Argentaria，BBVA）、澳大利亚联邦银行（Commonwealth Bank of Australia）、瑞士信贷银行、高盛、摩根大通、苏格兰皇家银行（The Royal Bank of Scotland Group Public Limited Company）、道富银行、瑞银集团等 9 家公司加入 R3 区块链联盟①，成为联盟创始成员。该联盟以制定区块链标准和协议、抢占市场份额为目标。

2016 年，招商银行总行的交易银行部、信息技术部成立了区块链研究小组，研究将区块链技术应用于交易银行业务办理与服务。

2016 年 5 月，中国平安集团成为中国首家加入 R3 区块链联盟的机构。

2016 年 5 月，安信证券、京东金融、博时基金、重庆股转中心、第一创业证券、富德保险控股、国信证券、恒生电子、南方基金、平安银行、齐鲁股交中心、平安金科、微众银行、金证股份、深金信会、赢时胜、致远速联、四方精创、银链科技、深证通、武交中心、招商证券、招银网络、中股集团、中证信用等 25 家发起成员在深圳成立金融区块链联盟，旨在整合区块链技术研究资源，提高成员研发能力，探索适用于金融机构的区块链联盟和区块链应用场景。

2016 年 6 月，招商银行将区块链技术应用于全球现金管理领域的跨境直联清算、全球账户统一视图及跨境资金归集业务，整合了其与离岸、自贸区、香港分行、永隆银行、纽约分行账户和网银的数据，并进行直联清算业务 POC（proof of concept，

① R3 区块链联盟由区块链创业公司 R3 CEV 发起，已吸引多家巨头银行加入。Corda 是由 R3 CEV 推出的分布式平台，主要面向银行间或银行与商业用户间的互操作场景。

概念验证)实验，将区块链技术运用于银行核心系统。

2016年8月，美国银行(Bank of America)、汇丰银行和新加坡信息通信发展管理局建立了基于Hyperledger协议的区块链应用，以实现银行与进出口商之间的信用证交易。

2016年8月，交通银行成为新成立的银行间市场技术标准工作组区块链技术研究组的首批成员。

2016年11月，高盛、摩根大通、摩根士丹利(Morgan Stanley)等7家银行从R3区块链联盟退出。

2016年12月，包括法国兴业银行在内的多家全球性银行和其他金融机构，在Euroclear和区块链企业Paxos联合开发的区块链平台上进行了黄金交易结算的试点工作。

2017年，花旗银行与纳斯达克利用Chain的区块链平台Chain Core提出了区块链支付的解决方案“CitiConnect for Blockchain”，将自身的支付能力与区块链网络结合，用户可通过纳斯达克Linq平台使用CitiConnect for Blockchain进行全球范围内的支付，为私募证券提供端到端服务。

2017年初，中国工商银行参与研究关于央行数字货币发行和基于区块链的数字票据交易平台建设的工作。

2017年1月，中国邮政储蓄银行与IBM合作正式推出基于区块链的资产托管系统，采用Hyperledger Fabric将区块链技术应用于生产环境。

2017年1月，加拿大皇家银行对其基于区块链的支付处理系统申请了专利，该系统与公链建立连接，可在数字钱包和POS环境下管理、处理和存储交易信息。

2017年2月，荷兰国际集团与法国兴业银行共同开发了基于区块链的项目“Easy Trading Connect”，与大宗商品交易所摩科瑞合作，将区块链技术应用于与商品贸易公司摩科瑞能源集团的石油贸易，使银行所需的交易时间由3h缩短至25min，大大提高了石油交易的效率，减少了商品贸易的成本。

2017年2月，招商银行利用区块链技术改造的跨境直联清算业务平台“招行直联支付区块链平台”正式实现商用，全球账户统一视图和跨境资金归集场景也正进行POC验证。此外，招商银行正与境外同业进行合作，进行跨境支付的概念验证并制定同业间跨境报文的技术标准。

2017 年 3 月，渣打银行开始试行与中国银行、东亚银行、恒生银行、汇丰银行及德勤合作开发的区块链贸易融资解决方案。

2017 年 3 月，招商银行宣布加入 Hyperledger。

2017 年 3 月，中国工商银行建设完成基于区块链技术的金融产品交易平台，为客户提供点对点的金融资产转移和交易服务。

2017 年 3 月，中国工商银行组建了包括互联网金融、大数据与人工智能、云计算、区块链与生物识别等在内的创新实验室。

2017 年 4 月，中国光大银行与中国银联合作，利用趣链科技的区块链平台构建了多中心可信 POS 电子签购单系统，并完成系统初步测试，首次由两家不同的金融机构共同运营一个异地多活的分布式账本，是中国首个完全基于互联网的联盟链应用场景。可有效鉴定电子凭证真伪、防止电子凭证滥用、解决凭证存储行业的信任瓶颈。

2017 年 5 月，中国工商银行的区块链与生物识别实验室正式启动，其与贵州省共同建立了脱贫攻坚基金区块链管理平台，利用区块链技术优势进行扶贫探索，下放了约 157 万元扶贫基金。

2017 年 6 月，渣打银行与美国国际集团（American International Group，AIG）、IBM 合作推出了首个基于智能合约的跨国保单，以借助区块链提高承保流程的可信度和透明度，提高其跨国保险领域的服务水平。

2017 年 7 月，中信银行上线了基于区块链的国内信用证信息传输系统（blockchain based letter of credit system，BCLC），是中国首次将区块链技术应用于信用证结算领域。并且之后，中信银行与中国民生银行共同推出中国首个基于区块链的信用证应用，双方银行在合作前已对相关技术名词和标准进行了界定，并明确了区块链合作的工作机制、中国信用证业务流程和相关的保密、法律条款。

2017 年 8 月，中国农业银行基于趣链科技的区块链平台，推出了涉农互联网电商融资系统“e 链贷”。利用区块链技术，中国农业银行可向电商供应链的客户提供订单采购、批量授信、自动审批、受托支付、自助还款等电商融资服务，有效解决涉农信贷业务的信息不对称、成本高等难题。该系统于 2017 年 8 月完成了首笔线上支付贷款业务，也是中国银行业将区块链技术应用于电商供应链金融的第一步。

2017 年 8 月，中国光大银行与 IT 金融服务商赢时胜、泰达宏利基金及英大基金公司合作上线了中国首个基于区块链技术的“泛资管阳光链”，将区块链技术直接应用于业务生产系统，完成资产管理托管业务。泛资管阳光链基于区块链技术解决了托管业务基础设施建设问题，在初期直接沟通了管理人和托管人，在后期则逐渐扩展到更多的资产管理托管相关人，覆盖整个业务流程。

2017 年 9 月，加拿大皇家银行将 Hyperledger 的开源技术，应用于其现有的支付系统，对美国和加拿大银行间的支付情况进行实时监控，跨境支付体系更加高效。

2017 年 9 月，中国建设银行为其在香港的零售和商业银行业务，与 IBM 共同开发了基于 Hyperledger Fabric 1.0 的区块链银行保险业务平台。在此前，银行和保险公司建立合作出售保险产品时，往往有客户信息不完整、数据传输效率低下等问题。而基于区块链技术，所有的数据将被记录于 IBM 的 Blockchain Platform 创建的去中心化账本上，不再需要进行状态检查，保险产品处理时间减少。

2017 年 11 月，荷兰国际集团对“零知识证明机制”进行了修正，证明了某数字所处的大致范围而非确切数字，因此所需的算力较低，区块链的交易速度得到提高。

2017 年 11 月，渣打银行与印度第三大私人银行 Axis 合作开发了基于区块链技术的跨境支付平台，允许其用户预先得知费用和验证交易。

2017 年 12 月，招商银行、永隆银行、永隆深圳分行合作实现了基于区块链技术的三方间的跨境人民币汇款业务，是全球首笔基于区块链的同业间跨境人民币清算业务。通过区块链实现机构之间的连接，任意机构间都可发起清算请求并进行清算，且去中心后文件的传递时间减少至秒级。

2018 年 1 月，中国建设银行浙江省分行与杭州联合银行合作，办理了首笔跨行区块链福费廷交易，并入选了工业和信息化部发布的《2018 中国区块链产业白皮书》典型案例。

2018 年 1 月，中国建设银行成功完成基于区块链的国际保理交易，成为中国首家将区块链技术应用于国际保理业务的银行。

2018 年 2 月，法国兴业银行参与了世界上第一笔在区块链平台进行的农产品贸易，该平台即 ETC，平台整合了国际农产品贸易所需的合同与检疫证明，简化了交易程序，交易效率也有所提升。

2018 年 2 月，中国光大银行的科技创新实验室成功建成公益慈善项目“母亲水窖”的区块链公益捐款系统，将金融科技创新应用于慈善公益事业中。

2018 年 3 月，加拿大皇家银行建立基于区块链的信用评级平台，根据银行掌握的历史数据对未来进行预测并自动生成信用评级，为贷款业务提供依据。

2018 年 3 月，在 R3 的 Corda 区块链平台上，荷兰国际集团和瑞士信贷完成了第一次证券交易。

2018 年 5 月，中国光大集团和京东集团正式签署战略合作协议，加强在物联网金融、区块链、云计算等领域的合作，共同探索溯源防伪、智能合约、信息共享等功能。

2018 年 5 月，在为食品和农业集团嘉吉提供汇款交易服务时，汇丰银行成功地利用区块链技术完成了全球首笔贸易融资，交易中汇丰银行出具信用证，荷兰国际集团担任顾问银行，交易时间从原来的 5～10 天缩短至 24h。

2018 年 5 月，中信银行与鲜易控股利用鲜易控股体系内的区块链技术开发了“全透明、自动化的智慧金融供应链”新模式，利用区块链分散式、不可篡改的特性印证客户信用度，并通过鲜易的金融科技平台为客户增信。

2018 年 6 月，渣打银行与阿里巴巴合作，利用区块链技术为支付宝及合作方提供跨境汇款服务。

2018 年 6 月，交通银行成功办理中国首笔区块链信用证开立和通知业务。通过自主研发，交通银行基于区块链技术办理分行间开立国内电子信用证、实时通知、线上交单、影像审核等业务，涵盖整个业务流程，业务信息交互传输效率提升。

2018 年 6 月，交通银行正式上线投行区块链资产证券化平台“聚财链”。通过在平台内部为交通银行等集团内部机构和普华永道（price water house coopers，PWC）、中伦、中债资信等中介机构部署区块链节点，“聚财链”将资产证券化的项目信息与资产信息上链，同时利用智能合约实现了投行跨机构尽职调查流程的简化。

2018 年 6 月，中国邮政储蓄银行、腾讯公司、微众银行推行全面深化战略合作，在金融科技如人工智能、区块链、信息安全等领域开展交流。

2018 年 7 月，交通银行将其 2018 年第一期的个人住房抵押贷款资产支持证券的基础资产信息上链。通过区块链，各参与方开展了对个人住房抵押贷款资产支持证券的尽职调查工作，在链上实时跟踪相关信息，提升了基础资产的真实性和信息披露的有效性。

2018 年 8 月，渣打银行与西门子旗下金融服务机构、区块链贸易融资平台 TradeIX 合作，试点基于区块链技术的贸易融资智能担保业务，改变了银行担保业务以纸质文本为主的特点，从发起业务、银行担保到赔偿处理实现了完全数字化。

2018 年 8 月，由包括法国兴业银行在内的八家欧洲银行联合开发的 we.trade 完成了首笔国际交易，利用分布式账本技术，银行可实现对整个交易流程的监控；利用智能合约，银行可实现自动付款。

2018 年 8 月，花旗集团与 IBM、英国巴克莱银行合作开发了基于区块链的 App Store，通过"Ledger Connect"，用户可下载由不同金融供应商提供的应用程序，满足了用户在合规检查、身份认证和智能合约等多方面的需求。

2018 年 9 月，花旗集团开发了数字资产收据，使客户在不拥有数字货币的条件下仍可投资加密数字货币。花旗集团发行数字资产收据后，由托管人持有数字货币，而银行负责提醒中间商提供结算服务。

2018 年 9 月，中国邮政储蓄银行利用其区块链福费廷交易平台"U 链平台"完成了首笔二级市场福费廷的跨行交易，该平台利用 Hyperledger Fabric 1.0 的区块链技术，实现跨行国内信用证的链上交易、信息撮合、资产交易和业务的全流程管理。

2018 年 9 月，中信银行与中国银行、中国民生银行合作开发了区块链福费廷交易平台，为福费廷业务提供预询价、资产发布、询价确认、债权转让等一站式应用服务，依托区块链福费廷交易平台，中信银行完成整个业务流程的时间缩短至一个工作日。

2018 年 11 月，汇丰银行的印度子公司和印度控股巨头信实工业公司 RIL 完成了区块链贸易融资交易，通过将区块链技术应用于电子提单平台，RIL 公司向美国客户 Tricon 能源公司出口所需的电子提单可在平台上实现签发和管理，且商品所有权也可转移至买方。减少了处理文件的时间和成本，管理出口文件的时间从现在的 7～10 天缩短到不到一天。

2018 年 11 月，招商银行与深圳市税务局合作开展区块链电子发票试点工作，完成区块链电子发票系统开发后即接入深圳市税务局区块链平台。成为首批直接接入深圳市区块链电子发票平台的银行，也是中国首个进行区块链电子发票试点的银行。结账后，客户可通过手机申请开票和报销，同时发票信息将发送至企业和税务机关，在平台上实现报销款的实时领取和报销状态的实时查询。且该系统不仅可为客户提供开具区块链电子发票的服务，也可为其他企业代理接入服务。

2019 年 1 月，荷兰国际集团与 R3 签署了五年的使用许可协议，允许荷兰国际集团不限量地使用 R3 旗下的企业版开源区块链平台 Corda Enterprise，荷兰国际集团将能在全球业务如贸易融资、身份认证、发行和资本市场中使用 R3 的区块链技术和可随时投产的 Corda 分布式应用(CorDapp)，为客户配置分布式账本技术提供了便利。

2019 年 1 月，中信银行济南分行为客户办理了省内首笔区块链国内信用证福费廷业务。

附录2　2015年至2018年保险业区块链实践大事记

2015年12月，德国安联保险集团旗下的法国分公司（Allianz France）与区块链初创公司Everledger合作开发了一个区块链概念证明产品。

2016年3月，阳光保险基于区块链技术推出了“阳光贝”积分，用户除了享受普通积分功能之外，还可通过“发红包”的形式向朋友转赠积分、与其他公司的区块链积分互换，是中国保险业中首家研究并运用区块链技术的保险企业。

2016年3月，英国伦敦一家隶属于基石保险经纪有限公司的新型保险解决方案提供商SafeShare，为基于“共享型经济”的新型创业企业如Airbnb（Air Bed and Breakfast，爱彼迎）和Uber（优步）等，提供基于区块链的实时保险解决方案。该方案由英国保险巨头劳合社（Lloyd' s）承保，且开通24h索赔热线，其利用的区块链技术由Z/Yen集团基于MetroGnomo开源时间戳服务所创建，可为客户提供实时保险产品并保存交易记录。

2016年5月，中国平安集团成为中国首家加入R3区块链联盟的机构。

2016年6月，普华永道计划与Z/Yen智囊团的长期融资计划联合推出研究项目，于普华永道贝尔法斯特（Belfast）的新区块链研究实验室开发概念验证，把批发代理、保险商和再保险人等行业的利益相关者聚集起来，调查区块链技术在批发保险业的应用可能性，探究共同研究保险行业标准是否存在可能性。

2016年6月，东京保险公司三井住友保险株式会社（Mitsui Sumitomo Insurance）正在与日本顶尖交易所运营商bitFlyer共同研发新保险产品，旨在为日本比特币交易所及其客户提供保险服务。该保险补偿范围包括投保人因漏洞或攻击所遭受的伤害及损失、交易所本身经营不善或员工不正当行为产生的损失及某些意外事件的成本，增强交易者对数字货币交易的信心。

2016年7月，阳光保险与布比区块链进行合作，推出了“区块链+航空意外险卡单”飞常惠航空意外险卡单，是中国首次将主流金融资产置于区块链上流通的有益尝试。阳光保险可利用区块链做二次认证，用户登录时通过手机扫描即可进行区块链认证，与短信二次认证相比更安全高效。

2016年7月，易安保险联合慕尼黑再保险、宜信保险服务、水滴互助、火币网千方集团、新发展资本等机构发起成立“区块链保险实验室”，以探索区块链技术在保险领域的应用前景，借助区块链技术存储保单信息、客户信息、理赔信息等，避免意外事故影响数据安全。

2016年10月，德国安联保险集团、慕尼黑再保险集团、瑞士再保险集团、荷兰全球保险集团和苏黎世保险集团共同发起区块链保险联盟 B3i，研究区块链应用于保险业的可行性。

2016年11月，众安保险的科技子公司众安科技与复旦大学共同成立了“众安-复旦区块链联合实验室”。

2016年11月，有德国安联保险、美国国际集团和英国劳合社保险等众多成员的伦敦市场组织（London Market Group，LMG）表示，其正与研究机构 Z/Yen 共同探索智能合约给保险业带来的潜在优势。

2016年11月，众安保险宣布正式成立全资子公司众安科技，并与20余个商业伙伴共同发起成立了上海区块链企业发展促进联盟，旨在探索区块链技术在商业应用的前景，推动科技普惠与创新孵化。

2016年11月，安华农业保险与数贝荷包合作，研究利用区块链技术实现航空延误险在客户间的自由转换，去掉中介费用、解决虚假保单问题。

2017年，友邦保险集团（American International Assurance Co., Ltd.，AIA）和其银行伙伴合作基于 Hyperledger Fabric，开发了新的区块链方案，可实时分享保单数据和文件，节省客户经由银行进行投保所耗费的时间，提高透明度。

2017年1月，众安保险的科技子公司众安科技发布《安链云-链网络白皮书》，介绍了基于区块链技术的“安链云”平台，安链云网络是由链路由、安链和其他区块链系统组成的区块链云网络，能够实现区块链网络间的互联互通。该系统是全球第一个部署在云端的保险核心系统，可在区块链上记录并储存健康险电子保单、客户及理赔等信息。

2017年1月，中国人寿与蚂蚁金服公益保险平台合作利用区块链技术，试水信息全公开。

2017 年 3 月，泰康保险正式推出其采用 Hyperledger Fabric 的企业级区块链所创建出的积分管理平台，为其 50 万积分用户提供积分在线交易服务，是中国保险业第一次将企业级区块链应用于实际生产。

2017 年 3 月，宜信内部发布了私有区块链系统“BlockWorm”，该系统是基于以太坊搭建的私有区块链系统，可在可信存储、代币系统、智能合约或混合场景下提供多种形式的服务。系统上的第一个应用是 CreditStorage，为存储业务提供 HTTP 形式的 API。作为互联网企业级金融服务，宜信旗下的翼启云服与钢铁电商平台大大买钢网完成了区块链系统对接，是宜信区块链实验室的第一个落地项目。

2017 年 3 月，中国人民保险落地基于区块链技术的养殖保险服务平台和基于区块链技术的营销管理平台人保 V 盟，前者将养殖保险、农业金融、食品溯源联系起来，构建了基于区块链技术的养殖业溯源和产业链服务的平台；后者则依托区块链技术，从营销人员和客户两个角度考量，建成了以保险营销为中心的数字资产管理平台，以打造全新的营销管理模式和客户关系管理模式。

2017 年 3 月，上海保险交易所联手 9 家保险机构验证区块链数据交易技术，从功能、性能、安全、运维四个角度证明了区块链在保险征信方面的可用性，有助于解决保险征信方面的长期痛点。

2017 年 4 月，中国人民保险发布全球首份保险区块链白皮书，指出保险和区块链具有基因性的联系，而联系点在于其共同的社会性。

2017 年 5 月，众安科技推出了公益保障平台“相互邦”，为互联网企业、行业协会、公益平台、个人投资者等定制个性化互助社群，基于区块链技术帮助保险生态伙伴确认数据属主。

2017 年 5 月，信美相互保险社开业并签发首批保单，代表了中国首家相互制人寿保险机构正式成立。其引用蚂蚁金服区块链技术，增强了会员对信美的信任感，通过将核心系统架设在阿里金融云上，信美的技术运营成本大大降低。

2017 年 6 月，渣打银行与美国国际集团、IBM 合作推出了首个基于智能合约的跨国保单，以借助区块链提高承保流程的可信度和透明度，提高其跨国保险领域的服务水平。

2017 年 9 月，法国安盛保险利用以太坊公有区块链开发了区块链保险产品

“Fizzy”，为旅客提供自动的航班延迟赔偿，是第一家发行基于区块链技术的保险产品的大型保险集团。安盛将以太坊智能合约与全球空中交通数据库进行连接以实时监控航班数据，若航班延迟时间超过 2h，区块链上的智能合约将自动向乘客进行费用偿还，赔偿将直接发送至投保人的信用卡账户，完全独立于法国安盛保险公司。该产品已经在巴黎戴高乐机场与美国之间的航班上使用。

2017 年 11 月，德国安联保险集团利用区块链技术推出了“专属自保”保单，使公司不必购买传统保单就可以为其自身及其子公司进行投保。

2018 年 2 月，平安发布了面向金融行业区块链平台壹账链 BaaS 平台，以解决数据同步和数据安全问题，该平台具有高性能的底层框架、多种配置和实用化的架构设计，且拥有先进的密码协议、保护协议方案和全球首创的区块链授权式加解密共享的方案。

2018 年 4 月，为解决中小企业融资难题，平安旗下的金融科技子公司金融壹账通推出了“壹企银”中小企业贷款服务平台，该平台是中国首家将银行等金融机构和中小企业联系起来的金融科技服务平台。壹企银平台利用区块链技术进行风险识别和防控的技术搭建，服务范围涉及贷前、贷中、贷后全信贷业务流程，建立了定性定量评估模型，并可提供动态的风险监控预警，已推出了智能多人面审系统、智能风险预警系统、智能车辆评估系统等多个产品。

2018 年 4 月，德国安联保险集团在区块链初创公司 Adjoint 的协助下开发了内部代币“安联代币”(Allianz token)，并进行了测试，以便于其全球的子公司在专有区块链上进行资金转账，避免进行货币兑换，从而可降低成本、提高效率。

2018 年 5 月，安永(Ernst & Young，EY)和软件公司 Guardtime 合作开发的基于区块链的保险平台“保险浪潮”(Insurwave)正式投入商用，该平台的建设主要基于微软的 Azure 云技术，参与其中的公司有丹麦航运巨头马士基集团(MAERSK)、保险公司 MS Amlin 和信利保险集团(XL Catlin)。其允许航运保险生态系统中的任何主体都可以使用分布式账本记录运输信息，并在必要时自动进行保险交易。

2018 年 6 月，德国安联保险集团、德意志银行(Deutsche Bank)与柏林汽车交易所 Auto1 合作成立了合资公司，利用区块链技术为汽车经销商提供保险产品和贷款再融资，直接在区块链上记录贷款支付和再融资确认的信息。

2018 年 6 月，区块链保险业联盟 B3i 从 Hyperledger Fabric 转向了 R3 CEV 公司的 Corda 平台后，有安达、达信、利宝等成员在内的保险区块链联盟 RiskBlock 也表示将采用 Corda 平台。随着 RiskBlock 的加入，目前所有主要的保险区块链联盟都加入了 Corda 平台，其中包括了区块链保险业联盟 B3i、安永和马士基联手创建的 Insurwave 海洋保险平台，以及印度和意大利的区域计划等。Corda 平台有极强的隐私性和可扩展性，平台上的信息以双边或多边的方式共享，未参与交易的主体将无法得到相关信息，且确保客户、经纪人、保险公司和其他第三方间信息的透明度。

2018 年 8 月，美国大都会人寿保险公司（MetLife）亚洲分公司 LumenLab 在新加坡金融管理局的监管沙盒中开发并测试了区块链保险产品“Vitana”，为妊娠期有糖尿病风险的孕妇提供保险服务。Vitana 通过把客户的电子病历连接到移动设备，在短期就可通过区块链平台发布信息，且客户得到诊断结果后，无须提出索赔要求，该系统就可自动赔付。此外，Vitana 还为执行“参数承保”提供数据安全性保障，保险公司不需要访问基础医疗数据即可确认患者的可保性。

2018 年 9 月，安华农业保险推行的商业性区块链肉鸭养殖险在山东济宁正式落地签下第一单，以“区块链+保险”的模式破解了家禽养殖保险承保难、查勘难、理赔难等行业的长期痛点，尤其是其智能理赔合约大大提升了效率，在存储数据符合智能合约条件时，将自动触发数据计算和处理结果的发送。有效弥补了养殖业保险中政策性补贴险种的不足，推动禽类保险纳入国家政策性保险补贴。且由于模式复制成本低，其他类型的禽类保险可以借鉴，在试点成功后可催生出更多的区块链肉鸡、区块链肉鹅等保险种类。

2018 年 10 月，支付宝在合作方信美人寿的相互保类保险牌照支持下，基于蚂蚁金服的区块链技术上线了相互保，上线后仅 9 天，用户数便突破了 1000 万。

2018 年 10 月，众安保险一同发布了区块链保险产品和《基于区块链资产协议的保险通证白皮书》。白皮书介绍，开放资产协议（open asset protocol，OAP）作为应用层协议，可嵌入任何支持图灵完备的区块链基础协议，不局限于众安的 Annchain.Gennsis 和 Annchain.OG 区块链基础协议，且定义了资产通证的一系列实现接口，众多接口有部分或全部的通证购买、查询、设置、转移、授权等功能。为基于 OAP 实现保险资产从物理世界到区块链中的映射，众安保险设定了四种类型的保险通证，保险公司每承保一份保单，就会生成保险通证，用户通过保险 App 就可查到合约地址、专属 ID、保险条款哈希、保单哈希、投保时间等相关信息，而这些信息可通过区块链同步到再保公司、第三方服务商等相关主体。保险通证的设计首先在众安推出的航旅保险产品“飞享 e 生”上实现了落地。

2018 年 11 月，东京海上日动火灾保险株式会社(TOKIO MARINE)与日本 IT 公司 NTT 数据成功完成了基于区块链的海运货物保险理赔文件的试点项目，证实了区块链技术可有效改善海运保险理赔程序，有效解决了人工进行海运货物保险理赔的痛点，及时准确地与代理商、海损鉴定员等分享货物损坏照片等索赔的必要信息，以迅速完成保险赔付过程，将一个多月的保险赔付期压缩至不到一周。

2018 年 11 月，蚂蚁相互保的合作方信美人寿涉嫌违规，退出相互保。蚂蚁金服发布公告，相互保改名“相互宝”，由蚂蚁金服独立运营，并由“保险类产品”变为“互联网互助计划”。在原有相互保的基础上，蚂蚁金服还推出分摊金额封顶、管理费下调、参与人数低于约定人数时，不解散计划，继续为用户提供一年的大病保障。由于区块链技术在资金流动透明性和费用分摊可查性的优势，以区块链为底层技术架构的自组织保险有望成为发展方向。

2018 年 12 月，支付宝打通就医、开医疗发票和报销理赔等环节，基于蚂蚁金服自主研发的金融级联盟区块链技术，支付宝开发了一款“好医保”产品，在支付宝 App 上可一键操作完成保险秒级理赔，并在浙江台州发生了第一笔支付宝区块链理赔。用户平时用支付宝进行收支款时可得到一笔随机金额的免费医疗金，可用以报销住院费用。用户通过支付宝缴纳挂号、门诊、住院费等费用后，相关的电子票据将即时发送至支付宝“发票管家”，后根据“发票管家”保存的发票和相关的理赔材料，用户提交理赔申请。利用区块链，参与主体可对电子发票进行完整追溯和信息共享，有效规避虚假发票、完善监管流程。利用“好医保”，保险对象从申请到收到理赔款，全程只需 5s。

附录3　2015年至2018年证券交易所区块链实践大事记

2015年，东京证券交易所(Tokyo Stock Exchange，TSE)母公司日本交易所集团(Japan Exchange Group, Inc.，JPX)建立了内部研究小组，研究区块链技术在资本市场基础设施中的应用。

2015年5月，纽约证券交易所推出全球首个由证券交易所发布的比特币指数“纽约证券交易所比特币指数”(NYXBT)，其依据的价格数据来自数字货币交易所Coinbase。

2015年10月，纳斯达克推出基于区块链技术的私募股权交易平台Linq，为发行Pre-IPO股票服务，并于12月在此平台上发行了股票。

2015年11月，伦敦证券交易所、伦敦清算所、法国兴业银行、芝加哥商品交易所、瑞银集团及欧洲清算中心成立了一个跨行业组织，研究将区块链技术应用于证券交易的清算和结算。

2016年2月，日本交易所集团和IBM日本进行区块链概念测试，研究区块链技术的局限和市场应用的可能性。

2016年4月，东京证券交易所参与野村综合研究所(Nomura Research Institute，NRI)的区块链技术项目。

2016年5月，纳斯达克推出“Nasdaq Financial Framework”(纳斯达克金融框架)，用其金融基础设施为包括传统交易所在内的用户提供服务，允许交易所、经纪商、清算机构和托管机构在统一的平台上实现合作。

2016年11月，德国央行德意志银行与德意志交易所(Deutsche Börse AG LSE: DHE)合作开发了以Hyperledger项目代码为基础的区块链产品，实现转移电子证券、数字货币和赎回功能。

2016年12月，日本交易所集团联合东京证券交易所、大阪证券交易所(Osaka Securities Exchange，OSE)和日本证券结算公司建立金融机构联盟，并与IBM合作进行Hyperledger支持的概念验证测试，试行开源分布式分类平台。

2017年初，纳斯达克创建基于区块链技术的投票和代理委托应用“Nasdaqe Voting”，成员可通过网络前端获得投票的必要信息，降低投票成本，提高会议和投票流程的效率。

2017年3月，上海证券交易所与杭州趣链科技有限公司合作课题“高性能联盟区块链技术研究——以去中心化主板证券竞价交易系统为例”，研发高性能联盟区块链技术，并在去中心化主板证券竞价交易中验证。

2017年5月，多伦多证券交易所(toronto stock exchange，TSX)运营商TMX Group(TMX集团)利用区块链技术为其全资子公司Natural Gas Exchange服务，Natural Gas Exchange和数字基础设施开发企业Nuco共同开发区块链系统，对美国天然气交付地区的天然气运输信息进行跟踪，从而优化天然气的结算流程。

2017年7月，包括泛欧证券交易所(Euronext N.V.)在内的多家金融机构投资金融科技公司LiquidShare，该公司主要为中小型企业开发区块链的基础设施，提高交易安全性。

2017年7月，隶属于伦敦证券交易所集团的意大利证券交易所(Borsa Italiana)和IBM合作构建区块链系统，帮助欧洲中小企业实现证券发行的数字化，可便于跟踪管理股权信息，发掘投资机会。

2017年7月，多伦多证券交易所运营商TMX集团开发基于区块链的股东电子投票系统，使股东在无须亲自到场的情况下也可行使投票权，从而提高股东大会投票的效率、准确性，增强股东参与企业管理的积极性。

2017年8月，上海证券交易所对百度、长安新生(深圳)金融投资有限公司、天风证券股份有限公司合作的“百度—长安新生—天风2017年第一期资产支持专项计划”无异议，该计划是中国第一个基于区块链技术的交易所资产证券化产品。

2017年8月，香港交易所计划推出共享服务平台“HKEX Private Market”，利用区块链技术为创业公司的投资者提供股票登记、转让及信息披露等服务。

2017年9月，日本交易所集团发表《分布式账本技术在资本市场应用探索趋势》，讨论区块链在资本市场基础设施中的应用。并表明自2017年3月起，东京证券交易所开始实施区块链PoC建立联盟，在联盟成员间共享信息。

2017年9月，纳斯达克与瑞典北欧斯安银行(Skandinaviska Enskilda Banken，

SEB）合作开发了基于区块链技术的产品服务于共同基金份额的发行和结算。

2017 年 11 月，深圳证券交易所的区块链研究和四板技术支持联合工作组发布《区域性股权市场市场信息披露业务系统建设白皮书》，并利用区块链技术，与 5 家股交中心合作开发了区域性股权市场中介机构征信链以共享信息，同时制定了中介机构征信的数据结构和权限隔离标准，在股交中心之间、股交中心与监管机构之间创建出新型交互关系。

2018 年 1 月，纽约证券交易所母公司洲际交易所集团（Intercontinental Exchange, Inc.，ICE）与区块链初创公司 Blockstream 共同推出比特币交易数据服务，由 Blockstream 支持实时传送 ICE 的加密数字货币数据，此数据来自全球主要的数字货币交易所中关于比特币及其他几种加密数字货币的价格的订单数据。

2018 年 3 月，德意志交易所集团（Deutsche Börse AG，DBAG）计划建设区块链系统，以建成更高效的证券结算系统为证券借贷业务服务，对此，HQLAX 及区块链初创企业 R3 的 Corda 平台将为其提供技术上的支持。

2018 年 3 月，香港交易所与澳大利亚证券交易所交流，借鉴其在利用区块链进行交易结算方面的经验，并利用区块链平台对股票借贷和场外交易进行结算。

2018 年 4 月，纳斯达克和比特币交易平台 Gemini 合作，利用其 SMARTS 市场监视技术来监督 Gemini 平台上全部数字资产，通过 SMARTS 技术可实时监控交易活动，并在发现异常后向交易所发出警报。

2018 年 5 月，为完成深圳市技术标准文件项目计划中《金融行业区块链平台技术规范》的制定，深圳证券交易所、深圳前海微众银行股份有限公司和深圳证券通信有限公司、深圳市互联网金融协会、深圳市标准技术研究院及深圳前海联易融金融服务有限公司成立起草小组负责文件的起草工作，文件中对金融行业的区块链平台的功能组件、分层框架及技术规范进行了规定。

2018 年 5 月，加拿大银行（Bank of Canada）、多伦多证券交易所运营商 TMX Group，以及非营利组织 Payments Canada 合作的实时证券结算项目“Project Jasper”完成试运行，现金和资产可在支付网络内进行实时交换。

2018 年 6 月，多伦多证券交易所（Toronto Stock Exchange，TSX）推出区块链交易所交易基金（Exchange Traded Fund，ETF）。

2018年6月，纳斯达克证券交易所测试与ABN AMRO Clearing、EuroCCP和Euroclear联合开发的基于区块链的证券抵押平台，新的区块链平台由纳斯达克为中央交易对手，为在交易所交易时间结束后所进行的保证金追踪提供便利。

2018年第二季度，多伦多证券交易所运营商TMX Group推出加密数字货币经纪业务，主要聚焦于比特币和以太坊。

2018年7月，纳斯达克交易所与印度国家证券交易所（National Stock Exchange of India，NSE）合作，印度国家证券交易所利用纳斯达克的结算和清算技术应用于股票交易。

2018年7月，伦敦证券交易所和区块链专家Nivaura共同测试用于发行证券类代币的去中心化平台"20|30"以方便公司募集资金。该平台已进入英国金融监管局的监管沙盒。

2018年7月，上海证券交易所发布《区块链技术在证券领域的应用与监管研究》，在报告阐明了区块链技术在证券发行、交易、清算、结算、客户管理方面的优势。

2018年8月，上海证券交易所和中国保险资产管理协会合作，利用区块链技术改善保险和养老金行业，创造高效率、低成本和更安全的行业。

2018年8月，洲际交易所集团宣布推出全球性的数字资产平台Bakkt，并拟于2018年11月推出实物比特币期货合约。且隶属于洲际交易所的美国期货交易所和清算中心也拟于2018年11月推出为期1天的实物交割比特币合约及实物仓储。

2018年8月，深圳证券交易所与杭州趣链科技有限公司合作研究了区块链应用的安全管理与技术研究，并试图解决将区块链技术应用于证券期货行业中所面对的数据安全、隐私保护和智能合约等技术难点。为发挥区块链技术在证券发行、证券交易和资金结算等方面的优势，深圳证券交易所对区块链底层进行优化和改造，打造实用性强的区块链应用平台。

2018年9月，纳斯达克收购了为交易所提供交易清算技术、管理和开发实时结算系统的交易平台Cinnober，且利用该平台在加密货币托管服务和多重签名方案方面的优势，纳斯达克可间接地参与加密货币的交易。

2018年9月，德意志交易所集团宣布成立"DLT（distributed ledger technology，分布式账本技术）、加密资产和新市场结构"部门以研究区块链技术。

2018 年 9 月，国泰君安与上海证券交易所、深圳证券交易所合作研究区块链的应用场景及监管。

2018 年 9 月，用数字货币进行房产交易的 Ruden Holdings 公司在东京证券交易所上市，该公司正测试利用比特币进行交易，并在房产销售中使用智能合约。

2018 年 10 月，日本交易所集团发布论文《在 KYC（Know your customer，充分了解你的客户）流程中使用区块链的概念测试》。

2018 年 10 月，香港交易所首席中国经济学家办公室和创新实验室发布《金融科技的运用和监管框架》，报告中介绍了将区块链应用于证券交易结算的主要优势。

2019 年 1 月，原定于 Bakkt 平台推出的比特币期货产品仍未上线，且 Bakkt 本身仍未获得监管部门的全面批准。但洲际交易所集团宣布了合约的更多细节，如将以 BTC/USD（比特币/美元）形式交易、使用洲际交易所集团的电子交易平台等。

2019 年第一季度，纳斯达克计划上线比特币期货产品。

附录4　2015年至2018年证券业区块链实践大事记

2015 年 10 月，美国纳斯达克交易所推出的基于区块链的证券交易系统 Linq，为非上市企业提供证券私募融资服务。“股权时间轴”通过可视化的颜色块展示股份是如何发给投资者的，又是如何在投资者间进行转移等。有效的证书和取消的证书都有不同的视觉效果，前者还会显示诸如资产 ID、每股价格等信息。颜色则代表特定资产列表，资产类别可由发行人自行定义(包括股权类型和融资次数)。创业公司还可以通过发行日期查阅证书，了解并评估某投资者在企业内所持有的股份。

2016 年 1 月，数字安全巨头金雅拓(Gemalto)宣布与区块链创业公司 Symbiont 达成合作协议，让金融机构更安全地在以区块链为基础的平台上执行交易和智能合约。

2016 年 2 月，纳斯达克正式发起基于区块链的股东投票系统试验项目。

2016 年 3 月，英国交易商经纪公司毅联汇业集团宣布他们已经完成了关于证券交易后处理的内部区块链技术试验。这次测试使用到了一种叫做 Harmony 的多重资产消息和匹配网络，通过这个网络，消息信息会被实时地转换成区块链智能合约。

2016 年 4 月 19 日，中国分布式总账基础协议联盟(China Ledger 联盟)由中证机构间报价系统股份有限公司、中钞信用卡产业发展有限公司、北京智能卡技术研究院等 11 家国企和民企共同发起，致力于开发研究分布式总账系统及其衍生技术，其基础代码将用于开源共享。

2016 年 4 月，法国巴黎银行证券服务部门宣布他们已经与法国众筹平台 SmartAngel 建立了合作关系，他们将共同开展一项试点项目，该项目将会使用区块链技术为小型公司和创业公司提供发行股份和获得散户投资的能力。

2016 年 9 月，京东金融推出了“ABS 云平台”，包括资产云工厂的资本中介业务、夹层基金投资业务和资产证券化服务商的基础设施服务业务。其中，资产云工厂的资本中介业务的核心就是透过创造金融产品和充当交易对手，为客户提供流动性和风险管理服务，降低消费金融服务公司发行 ABS 的门槛和发行成本。

2016 年 9 月，瑞士信贷银行、花旗银行、汇丰银行等七家金融机构宣布将发起区块链数据管理试验，利用分布式账簿软件 Axoni Core 模拟企业债券发行中的标准数据合作管理。该项目获得了区块链公司 Axoni 和 R3CEV 的全力支持。

2016 年 12 月，国务院印发《“十三五”国家信息化规划》，规划中提到，到 2020 年，“数字中国”建设取得显著成效，信息化能力跻身国际前列，其中区块链技术首次被列入了国家信息化规划。

2017 年 5 月，百度联合佰仟租赁、华能信托发行基于区块链技术的资产支持证券。利用自动账本同步审计功能，利用智能合约实现款项自动划拨、资产循环购买和自动收益分配等功能，降低出错率，提高现金流管理效率。同时应用区块链技术助推资产支持证券底层资产穿透。

2017 年 7 月，伦敦证券交易所集团与 IBM 达成合作，在欧洲建立了一个数字化发行私人证券的中小企业解决方案。新平台的目的是通过将所有信息存储在分布式分类账上来帮助简化跟踪和管理股东信息，有效开拓交易和投资的新机会。之后，伦敦证券交易所集团旗下的意大利交易所运营商 Borsa Italiana 构建和测试这个基于区块链的新平台。它将允许欧洲的中小企业取代电子数据表和纸质记录，方便快捷地在区块链上访问无法更改的信息。这反过来又为公司提供了更多的透明度和所有权。此外，这些优势还有益于公司获得潜在投资者的信任，也可能扩大其获得信贷的机会。

2017 年 7 月 11 日，“SETLcoin”加密货币结算系统被授予了专利，SETLcoin 为谷歌和微软等公司使用 SETLcoin 兑换数字股票或数字货币(特别是比特币和莱特币)，SETLcoin 钱包可以存放单一证券或不同面值的相同证券，也可以存放多种证券。

2017 年 9 月 4 日，中国人民银行联合六部委(中央网信办、工业和信息化部、工商总局、中国银监会、中国证监会、中国保监会)联合发布《关于防范代币发行融资风险的公告》，启动了对 ICO 活动的整顿，叫停了 ICO。

2017 年 10 月，英国汇丰银行、荷兰国际集团、百达银行、加拿大皇家银行等九家欧洲银行发起了基于区块链技术的股票交易试点 Fundchain。

2017 年 12 月，德邦证券浙商银行池融 2 号资产支持专项计划成功在上海证券交易所发行，本产品成功应用了区块链技术。这也是首单区块链贸易融资 ABS 产品。

本项目就该平台上的应收账款成功走通资产证券化路径，延伸了区块链供应链金融资产的流转链条，实现了区块链技术与金融的高效结合。

2017 年 12 月，韩国监管机构禁止了比特币期货交易。科威特、尼日利亚和哥伦比亚的银行也禁止交易加密数字货币。在日本、澳大利亚、美国和欧盟，监管者变得越来越活跃。

2017 年 12 月，全球最大的期货交易所芝加哥商品交易所推出了自己的比特币期货合约，并以“BTC”为代码进行交易。虽然在推出 2h 后开始下跌，但参与此次交易的人数还是远远超过了芝加哥期权交易所(Chicago Board Options Exchange，CBOE)。比特币期货的推出是加密货币发展史上一个重要的里程碑。

2018 年 3 月，德意志交易所集团和 HQLAX 签署了一份意向书，旨在通过 Corda 平台建立一个创新的证券借贷解决方案。这一基于 Corda 的 HQLAX 抵押贷款解决方案，将利用 Corda 独特的区块链技术建立一个完全集成的前台，用来支持高质量的流动资产，得以更高效地进行抵押品管理。

2018 年 4 月，韩国推出区块链证券。此证券是投资区块链关联产业的产品，不仅包括这个月初上市到纽约证券交易所的“区块链 ETF”，还有 IBM 等国内外关联企业。

2018 年 6 月，交通银行正式上线聚财链，这是业内首个投行全流程区块链资产证券化平台，本质是一条由交通银行、交银国际、券商、评级机构、会计及律师事务所等组成的联盟链。

2018 年 8 月 23 日，美国证券交易监督委员会(Securities and Exchange Commission，SEC)以申请不符合《证券交易法》的要求，特别是关于防止欺诈和操纵行为的规则为由，拒绝了包括 ProShares、Direxio 公司等在内的 9 例 BTC ETF 申请，同时，SEC 也对 BTC 衍生品市场是否有能力抵抗“价格操纵”表示了担忧。

2018 年 9 月 26 日，中央国债登记结算有限责任公司上海总部成功支持交盈 2018 年第一期个人住房抵押贷款资产支持证券簿记建档发行，总规模 93.14 亿元。此债券是市场首单基于区块链技术的信贷资产证券化项目，是区块链技术在资产证券化领域的一次重要创新探索。

2018 年 10 月，香港交易所已与区块链公司 Digital Asset 开展合作，加快交易后的流程。这个系统是由香港交易所与上海和深圳证券交易所合作完成测试的，名为“Stock Connect”。Stock Connect 项目允许投资者通过本地交易平台在彼此的市场上进行交易，以提高北向交易的效率。

2018 年 10 月，中国人民银行数字货币研究所所长姚前在《资产证券化区块链平台的创新设计及其应用》中，介绍了基于某金融资产交易所资产证券化产品开发设计的一个基于区块链技术的资产证券化信息披露平台。中国人民银行数字货币研究所试图利用现代金融科技手段，解决中小企业资产证券化业务底层信息真实穿透难题。

2019 年 1 月 25 日，电商巨头 Overstock 旗下证券型代币交易平台 tZERO 宣布，已正式开放交易。注册投资者可以通过 Dinosaur 金融集团数字经纪账户交易证券代币，Dinosaur 金融集团将充当经纪交易商。

2019 年 2 月 19 日，日本第二大证券经纪公司——大和证券表示，区块链概念验证(PoC)已经完成。PoC 在交易后处理的交易匹配中运用了区块链技术。区块链试点项目名为“JPX 资本市场基础设施使用区块链/ DLT 的概念验证测试”，涉及 26 家公司，包括金融机构、系统供应商和机构投资者。

附录5　2015年至2018年大宗商品区块链实践大事记

2016年5月，区块链技术在中国大宗商品电子商务中的应用与发展研讨会在京举行，此次会议意在推动区块链技术在中国大宗商品电子商务中的应用与发展。

2016年9月，香港金融资产交易及清算所下属企业香港金融资产交易有限公司（香港金交所）与香港应用科技研究院有限公司签署谅解备忘录共同合作推进区块链技术的应用。香港金交所选中的节点是智能互联网开户、智能电子仓单、智能电子合同及可信交易系统，这几个环节联通了开户交易、仓储物流和供应链管理等商品流通的核心领域，为其实现增信的同时就等同于实现了大宗商品流通环节的整体增信。

2017年2月，国内区块链应用于大宗商品的首例是中美大豆贸易。在卖方法国路易达孚商品公司和买方山东渤海实业股份有限公司线下达成协议后，使用线上ETC 区块链平台进行合同签订及贸易资质审核等流程。

2017年2月，国际大型能源和大宗商品交易商摩科瑞联合法国兴业银行和荷兰国际集团进行原油交易区块链试点应用。

2017年3月，托克联合法国外贸银行和IBM组织进行美国得克萨斯州原油交易，试点区块链应用。

2017年6月，英国石油公司联合意大利埃尼集团、奥地利维也纳能源公司、加拿大技术公司BTL和安永开展区块链天然气交易试点。

2017年12月，中国中化集团公司针对从中东到中国的原油进口业务，成功完成我国第一单区块链原油进口交易试点。对这次交易流程进行的效果分析显示，该技术应用的两大支撑——数字提单和智能合约，可以大幅提升原油交易执行效率，优化20%～30%交易融资成本。

2018年4月，美国纽约的数字资产交易所Gemini推出一项新服务，即允许投资者在该公司本身的交易账簿以外进行大宗交易。

2018年8月，基于以太坊的多中心化交易平台AirSwap推出了其场外大宗交易界面。

2018年9月，世界上最大的15家银行和商品公司宣布成立Komgo SA，这家合资企业将通过一个基于区块链的开放平台实现贸易和大宗商品融资流程的数字化，并已与专注于以太坊区块链基础设施和解决方案的Consensus集团合作开发。

2018年10月，浙江石油化工交易中心仓单通业务系统正式完成试运行，标志着全国首个油品交易区块链仓单通平台正式落实，实现了业务的全流程操作。存货人可通过该平台将提货单及仓储货物转化为标准化的区块链电子仓单，既可将其向受让人进行转让交易，又可质押给银行获得在线融资，从而对电子仓单赋予了金融工具的属性，增强其流通性；提货时，仓单持有人可凭合法取得、非质押的区块链仓单向仓储监管方提取货物，实现线上挂牌交易、线下实物交割同步进行。

2018年11月，总部位于瑞士的Transoil International和Solaris Commodities已经进行了黑海小麦的区块链试点。这两家公司都参与了国际农产品的交易，如小麦、植物油和面粉。

2018年11月，交易后管理平台VAKT宣布公司已向最初的原油行业客户群推出了基于区块链的处理工具。VAKT使用的是摩根大通的Quorum区块链技术，目前已经向BFOET[①]原油参与者推出。

2018年11月，新加坡星展银行和大宗商品贸易公司Agrocorp合作推出区块链平台。该平台将帮助农民更快地收到商品付款，使供应链上的各方能够查看商品的来源，了解贸易的交易细节。

2018年12月，上海煤炭交易所有限公司上线以区块链技术为核心的区块链服务平台，该平台已完成首单基于区块链技术的煤炭大宗商品全交易现货流程，这是国内乃至国际上首例以区块链技术为依托，无主体担保及主体授信，而是基于真实交易的资产本身完成的大宗商品资产证券化交易。

① 一种原油代码。

后 记

作为现代经济的基础和核心，金融业是推动全球经济发展的重要动力，也是中心化程度最高的产业之一。金融市场中的信息不对称和交易费用等因素，使得交易双方间难以建立有效的信用机制，产业链条中大量中心化的信息中介和信用中介的存在，增加了资金的融通成本，降低了整体的运行效率。进入 21 世纪，尽管金融的顶层设计和业务流程创新风起云涌，但基于信用中介这一核心职能的限制，金融运行模式的底层逻辑和基本架构并未得到本质的改进。而区块链基于分布式账本、共识算法和点对点的交易网络及现代密码学手段，具有信息公开透明、数据不可篡改的内在属性，为去中心化的信用机制的重构提供了可能，具备改变金融基础架构的潜力。

本书的研究契点始于 2018 年初关于区块链赋能大宗商品的课题，在研究中，因大宗商品交易链条长、业务环节多，我们在深入解构区块链底层技术的同时，还广泛了解了区块链在诸如供应链、跨境支付、登记结算和仓储物流等多个场景中的应用。这引起了我们系统梳理区块链在金融细分行业的落地场景、探究区块链这一颠覆性技术在金融领域的深刻变革的兴趣。

但在 2018 年第一季度后，随着比特币等加密数字货币价格的多次探底，“币圈”进入了投资熊市。资本寒冬中，我们在犹豫和初步研讨中却发现，区块链的应用实践并没有停下前进的脚步，在银行、保险、证券及大宗商品等领域，大量的区块链项目仍纷纷落地。在潮水退去之后，区块链的真正价值才在比特币造富神话的遮蔽中显露。

类似于 2000 年的互联网泡沫，在资本的洗牌中，Amazon、Netflix、Yahoo 和 eBay 等一批互联网公司不但存活下来，还迅速发展成为具有百亿、千亿乃至万亿美元市值的科技巨头。比特币泡沫正在消退，而真正关心应用场景、深度应用区块链解决现实问题的“平台”型企业反而有机会获得进一步的发展。区块链所支撑的价值互联，有潜力推动互联网发展到下半场，开启价值互联网的新时代。

当然，必须认识到，相对于互联网技术，区块链这一当下最富前景又充满分歧和争论的技术，尽管潜力巨大，但仍处于朦胧和野蛮生长的阶段。在未来的发展中，还需要对区块链的概念和内涵有正确的理解。首先，关于去中心化与中心化政府之间，需要明确两者之间并不矛盾，区块链的去中心化并不是反中心化，其实质属于“分中心化”，各节点相互平等、共同参与记账，反而有利于政府监管。其次，关于区块链技术的公开透明与隐私保护特征，区块链的信息传递机制通过地址公开见证、公私钥加密的方式，在保证所有信息公开透明的同时也保护了每个人的隐私安全。此外，关于区块链技术的颠覆性，在 2016～2017 年，伴随着比特币价格的暴涨，一大批科普性的读物出版，并纷纷冠以“革命”“重构”“定义”等字眼，显示出对未来的巨大信心；沉淀至今，我们需要调整区块链应用的预期，其通往可编程社会的道路还很漫长，区块链还不是一个“普适性”的技术，需要摒弃“万能论”，谨慎筛选应用场景。当前，鉴于区块链分布式记账、不可篡改、内置合约的技术特点，参与节点多、验证成本高、交易流程长的行业拥有较大的赋能空间。

本书也就在此基础上，选取了 11 个痛点明显、增量显著、发展快速且实践试点较多的金融场景，尝试通过案例的深入分析，寻找现有的行业痛点，探讨技术可行性约束下，区块链对金融行业的实质改进。本书研究由中国科学技术大学国际金融研究院新金融研究中心支持，并由我带领我的几位学生经过多次讨论完成，参与本书写作的包括朱元倩、乔若羽、王珂、王梦寒、禹路、徐晓宇和吴丽利。同时，感谢王志峰、谌鹏、刘堃、赵丽梅和范瑞彬等对书稿提出的有益意见。

本书经过四轮的反复修订，最终定稿。尽管我们在写作过程中投入了大量的精力，但是面向区块链这样一个多学科交叉、快速发展、技术不断进步的新兴行业，即使在“区块链+金融”这一部分，我们看到的也难免具有片面性和局限性。当前，区块链的应用场景还处在探索阶段，本书中介绍的场景案例都只是对区块链技术的试水，本书编写的信息来源也都是各个区块链平台主体公开发布的信息，我们相信可能未来有部分案例会脱颖而出，成为引领区块链技术及其应用的领头羊，但是也不排除个别案例存在不实信息的可能，我们也将在本书重印或再版的过程中予以调整。

本书的定位在于面向实践，希望能在“寒冬”中抛砖引玉，疏漏和不足之处在所难免，恳请各位专家指正，以期在今后的跟踪研究中不断改进和深入。

巴曙松

2019 年 5 月 30 日